기본소득이 있는 복지국가:
리얼리스트들의 기본소득 로드맵

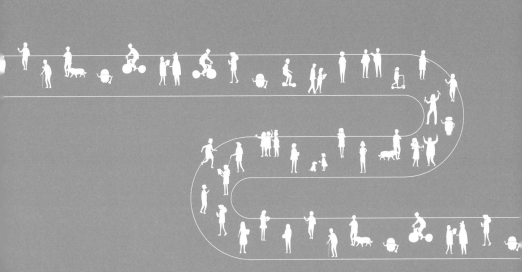

리얼리스트들의 기본소득 로드맵

기본소득이 있는 복지국가

단행본 발간에 부쳐

『기본소득이 있는 복지국가: 리얼리스트들의 기본소득 로드맵』은 지난 8월 17일 기본소득한국네트워크가 발간한 PDF『한국 사회 전환: 리얼리스트들의 기본소득 로드맵』(이하『로드맵』)을 단행본 형식으로 세상에 내놓는 것이다.

『로드맵』을 발표한 지 두 달의 시간이 흐르고 있는 지금, 2022년 3월에 있을 대통령선거를 향한 진영과 인물 들의 싸움이 말로 하기 어려울 지경으로 험악하고 천박한 수준에서 벌어지고 있다. 대의제정치가 가장 낮은 수준으로 떨어질 때 어떤 모습인지를 보여 주기 위해 애쓰는 것 같다. 하지만 어떻게 하겠는가, 우리는 우리의 일을 해야 한다.

우리가 급하게『로드맵』을 발표한 것은 하이네가 노래한 것처럼 "용의 이빨을 뿌렸는데 벼룩을 수확했다"라는 사태를 피하기 위해서이다. 지난 십 년 사이에 기본소득한국네트워크를 비롯한 기본소득운동의 노력과 시대의 흐름이 만나 기본소득이 정말로 실현될 뿐만 아니라 더 큰 변화를 위한 돌파구를 열 수 있는 기회를 맞이한 것은 사실이다. 하지만 우리가 지금 목격하고 있는 사태는 변화를 위한 끈질긴 노력이 아니라 변화를 막기 위한 완강한 저항이다.『로드맵』은 이런 상황에서 우리가 나아갈 길을 가리키는 방향타로서, 길을 가다가 언제든지 돌아와 참조할 수 있는 출발점이다. 이를 단행본으로 출판해서 함께 나누게 되어 기쁘게 생각한다.

두 달 전 『로드맵』을 발표할 때 미처 하지 못한 감사의 말을 전하는 게 도리일 것이다. 우선 이 책은 기본소득한국네트워크의 집단적 생산물이다. 쟁점토론회를 비롯해서 우리의 논의가 풍부하고 날카로워지는 데 함께한 모든 회원에게 감사드린다. 이 책이 기본소득한국네트워크의 이름으로 나가지만, 모든 글에 개별 저자들이 있다. 애써 주신 모든 저자에게 감사드린다. 끝으로 시간에 쫓겨 표면이 거칠고 군데군데 작은 구멍이 있었던 원고를 살뜰하게 다듬어 준 박종철출판사에 감사드린다.

2021년 10월 15일
안효상

발간사 _ 기본소득, 지금 여기에서

시간은 포고령이 아니다. 분명 시간이 지나면서 분명해지는 것이 있지만 시간의 흐름만으로 변화가 일어나는 것은 아니기 때문이다. 변화에는 인간의 의지와 행동이 필요하며, 따라서 우리가 포고령으로 삼아야 할 것은 시간이 아니라 바로 그 자리에 있다는 의미에서 선언이다. 맑은 눈과 밝은 귀로 보고 듣고자 하는 모든 사람에게 내놓는『한국 사회 전환: 리얼리스트들의 기본소득 로드맵』(이하『로드맵』)은 그런 점에서 우리의 선언이다. 길게는 십여 년 사이에 짧게는 일 년 남짓한 사이에 기본소득 의제가 부상한 게 우리의 선언을 재촉하긴 했지만, 그것이 지금 우리가 선언을 내놓는 이유의 전부는 아니다. 지금이야말로 기본소득을 실현하지 않는다면 우리가 제대로 살아갈 시간 자체가 사라질 것이라는 절박함과 의지가 우리의 계획을 드러낸 힘이다.

『로드맵』에는 모든 사람에게 월 30만 원을 지급하는 부분기본소득에서 출발해서 10년 내에 중위소득의 50%를 지급하는 완전기본소득으로 나아가는 길이 담겨 있다. 이 과정에서 기본소득의 원천인 공유부를 어떤 방식으로 모으고 나눌 것인지, 그리고 기존 복지제도는 어떤 방식과 형태로 조정할 것인지를 주된 내용으로 다루었다. 우리가 내놓은 제안이 실현될 경우, 모두가 존엄한 삶을 살 수 있는 최소한의 경제적 토대가 마련될 뿐만 아니라 생태적 전환과 생태적 삶을 위한 조건이 형성될 것이라고 본다.

이번 『로드맵』을 제출하기 위해 기본소득한국네트워크는 작년 2월부터 쟁점토론회라는 형식으로 기본소득의 정의와 정당성, 기본소득의 다양한 효과, 우리가 직면한 사회적, 생태적 전환에서의 기본소득의 역할, 기본소득이 있는 복지국가의 상, 기본소득과 관련하여 최근 제출된 다양한 대안 등을 검토했다. 그런 다음 최종적으로 기본소득 재원을 어떤 방식과 형태로 마련할 것인지, 그리고 기본소득의 도입과 확대 과정에서 기존 복지제도를 어떻게 조정, 개혁할 것인지를 도출했다. 이 과정에 참여한 모든 분께 감사의 말씀을 드린다.

한 가지 더 말씀드릴 게 있다. 쟁점토론회를 통해 『로드맵』을 마련하는 과정에서 기본소득한국네트워크는 학문적, 정책적 연구를 좀 더 특화할 필요가 있다고 판단하고, 이를 수행할 부속기관으로 '기본소득연구소'를 설립했다. 향후 '현실 속의 기본소득'에 대한 연구가 더욱 진척되기를 기대한다.

이제 『로드맵』의 이중적 지위에 대해 말씀드려야겠다. '서론'에 분명하게 나와 있지만, 우리는 오늘날 우리가 겪고 있는 다중적 위기의 뿌리에 불평등이라는 불의가 있으며, 이를 넘어서는 데 기본소득이 효과적일 뿐만 아니라 정당하다고 본다. 이런 점에서 기본소득은 전환의 필수 요소이다. 『로드맵』은 이를 분명하게 드러낸다는 점에서 선언이다. 하지만 필수 요소가 있다고 해서 하나의 건축물이 완성되는 것은 아니다. 다양한 설비와 장식이 필요하다. 이런 점을 감안할 때, 『로드맵』은 진보적이고 민주적인 방식으로 사회적, 생태적 전환을 모색하고 실천하는 모든 사람에게 말을 걸고자 한다. 우리가 주제로 제시한 선율을 더 풍부하게 만들 수 있는 게 무엇인지 함께 논의하자고 말이다. 아마 이런 대위법적 논의 과정 속에서 우리는 각각의 음이 살아 있으면서도 거대한 합창으로 어울릴 하모니를 연출할 수 있을 것이다.

우리는 이 『로드맵』을 포고령으로 만들고자 한다. 우리가 이를 내놓는 시점이 한국 사회의 전환에서 매우 중요한 시기라는 것을 모를 사람은 없을 것이다. 이런 점에서 우리는 한 가지 의미에서 리얼리스트이다. 우리에게 주어진 기회를 이용하고 거기에 뛰어든다는 의미에서 말이다. 2022년의 대통령선거와 지방선거, 그리고 2024년의 총선까지 이어지는 정치 일정은 어쩌면 우리가 사회적, 생태적 전환을 위해 민주적 제도 속에서 싸울 수 있는 마지막 기회일지 모른다. 하지만 상황이 녹록하지 않을 뿐만 아니라 분위기가 바람직하지 않다는 것도 분명하다. 이를 분명히 인식한다는 점에서 우리는 다른 의미에서 리얼리스트이다. 설사 기본소득이 포고령처럼 위에서 선포된다고 해서 바로 그것이 달성되지 않을 것이라는 점을 안다는 것이다. 우리는 『로드맵』이라는 포고령이 아래로부터 선언되었을 때 비로소 시대의 명령이 된다는 것을 충분히 알고 있다. 이런 점에서 우리의 선언은 사회적, 생태적 전환이라는 고통의 골짜기를 함께 건너고 새로운 삶을 살고자 하는 모든 이에게 말을 거는 것이다. 지금 여기에서 유토피아가 가능하다고.

2021년 8월 11일
저자들을 대신하여
안효상

차 례

11

서론: '푸른 하늘'과 '게으를 권리', 혹은 기본소득의 두 좌표

류보선

1. 우리의 제안, 우리의 희망

우리의 제안은 분명하다. 이것이다.

하나, 모든 사회구성원을 대상으로 한 월 30만 원 부분기본소득을 즉각, 구체적으로 말하면 2023년에 도입한다.

하나, 월 30만 원 부분기본소득은 그러나 단지 출발점이다. 2033년 중위소득 50%(2021년 기준 월 91만 원) 수준의 완전기본소득 출발선에 진입, 그것이 우리의 궁극적인 목표이다.

하나, 월 30만 원의 부분기본소득을 실시할 경우, 공공부조인 생계급여는 유지하고, 이후 기본소득의 증가에 따라 그와 연계하여 생계급여를 줄이는 방식으로 조정하여 완전기본소득 진입 시 자산조사 방식의 공공부조제도가 상당 부분 필요 없는 사회로 이행한다. 월 30만 원의 부분기본소득 도입 시에는 충분한 수준의 기본소득이 아니기 때문에 현행 복지제도에서의 급여체계와 적절한 조합이 필요하며, 이때 부분기본소득 도입으로 인해 현재의 어떤 복지급여 수급자도 불리하게 되지 않도록 한다.

하나, 월 30만 원 부분기본소득을 도입할 경우, 연 186조 원 정도의 예산이 소요될 것으로 추산한다.

하나, 월 30만 원 부분기본소득 시행에 필요한 재원은 공유부 재원 신설(토지보유세 30.6조 원 + 시민소득세 79.5조 원 + 탄소세 27.6조 원), 세제 개혁(역진적 세액공제제도 폐지 46.8조 원), 복지 체제 재편(10조 원) 등을 통해 마련한다. 이후 공유부 기금, 주권화폐 등 혁신적인 제도의 도입을 통해 추가 재원을 확보, 2033년에 중위소득 50%(2021년 기준 월 91만 원) 수준의 완전기본소득을 실현할 기반을 마련한다.

하나, 우리는 우리 사회가 안고 있는 사회적으로 긴급한 (부동산, 생태, 젠더) 문제들을 지금 당장 해결하지 않으면 우리에게 지속가능한 미래란 없으며 또한 현재 제안된 여러 정치적 기획을 놓고 보면 기본소득 배당만이 이 난관을 진정으로 해결할 수 있는 출발점이라고 믿는다. 따라서 우리 사회 전체는 가용할 수 있는 모든 지혜와 역량을 가장 이상적이면서도 가장 현실적인 기본소득 도입 방안에 모아야 한다. 특히 차기 정부는 기본소득 도입을 최우선 과제로 설정하고 빈틈없는 개혁 입법과 전방위적 공론화 과정을 밟아 나가야 한다.

만약 위의 선언이 명료하게 다가오지 않는다면 더 분명하게 말할 수도 있다. 우리의 제안은 오로지 이것이다. '전 사회구성원을 대상으로 한 월 30만 원의 부분기본소득 즉각 시행, 그리고 최단기간 내 중위소득 50%(2021년 기준 월 91만 원) 수준의 완전기본소득 실현.' 이것이 우리의 제안이고, 바람이며, 절규이고, 호소이다. 아니 우리의 냉철한 전망이다. 우리가 오늘날의 현실을 보고 또 보고, 읽고 분석하고, 해석하고 예측한 바에 따르면, 오로지 이것이어야 우리 사회는 모든 구성원이, 아니 모든 생명이 공생共生하고 공락共樂할 수 있게 된다. 또한 그럴 때라야 지구의 생명 전체는 지속가능하다.

운만 뗐을 뿐인데 여기저기서 비판의 목소리가 들려오는 듯하다. '잠깐, 잠깐, 지나치게 이상적인 거 아닌가, 아니 너무 조급하지 않은가, 현실을 고려해야 하는 거 아닌가.' 만약 이런 진지한 문제 제기라면 우리는 환영한다. 특히 '모든 제안이 무엇보다 오늘날의 현실 속에서 나와야 한다'라고, '당신들의 제안도 그런가'라고 문제를 제기한다면, 우리는 그것이 우리를 비판하는 의견이라고 하더라도 손을 내밀어 맞잡을 수 있다. 그렇다. 우리의 출발점이 바로 그곳이다. 우리의 어떤 제안도 문제는 리얼리즘이어야 한다는 원칙 위에 서 있으며, 우리의 제안은 오늘날의 현실에 대한 집요한 응시 끝에 나온 것이다. 우리는 김구 선생처럼 아름다운 나라를 꿈꾸지만 결코 이상주의자이거나 달뜬 개혁주의자가 아니다. 오히려 반대다. 우리는 리얼리스트다. 우리는 오로지 현실을 보고 또 보는 자들이다. 이 각에서 올려다보고 저 각에서 내려다보는가 하면 측면까지 찬찬히 살펴 가며 현실을 다층적으로 입체화하여 분석하고, 그리고 그 안에서 보다 나은 미래를 향한 길을 찾는 자들이다. 우리의 제안은 그렇게 오늘날의 현실의 총체적 파악 속에서 나온 것이다. 만일 우리의 제안이 이상주의적이고 조급하다면, 그것은 우리가 이상주의적이고 조급해서가 아니라 오늘날의 현실이 그러한 대책을 요구하고 있는 까닭이다. 우리는 차근차근 현실을 개선해 가면 된다는 태연한 입장이 전혀 현실을 직시하지 않는 안이한 사유의 결과물이라 보며, 그런 이들이 있다면 오히려 이렇게 되물을 수밖에 없다. '잠깐, 잠깐, 오늘날의 현실을 너무 이상적으로 보고 조급한 판단을 하고 있지 않은가, 현실을 고려해야 하는 거 아닌가' 하고 말이다. 굳이 당장 기후정의를 실현하지 않으면 지구의 지속가능성이 불가능하다는 이들의 말을 빌리지 않더라도 오늘날 '우리는 실패할 권리가 없다.'

그렇다. 우리는 '현실적인 대책'으로는 우리가 안고 있는 문제를 해결할 수 없는 이미-파국적 상황을 경과하고 있다. 눈을 들어 현실을 보라! 아니, 매일 보던 그곳 말고 약간만 우왕좌왕하고 조금만 좌고우면해 보라. 상징질서에 의해 가려진 그 너머를 잠시만 응시해 보라. 그럼 보일 것이다. 지금 "우리는 가장 빠르고 확실하게 죽어 가고 있다"(건국대 인류세인문학단의 표현). 이는 결코 비유적 표현이 아니다. 인류세적 지구는 이미 한쪽은 불타오르고 다른 한쪽은 물바다가 되는 아수라장이다. 또한 대지에 가한 인간의 지속적인 횡포의 결과인 코로나19로 오늘도 수많은 소중한 생명이 속절없이 죽어 가고 있다. 이뿐인가. 얼마나 많은 이가 눈에 뜨이지 않는 곳으로 떠밀려 가서 강요된 죽음의 길에 들어서고 있는가. 또 안전이 전혀 보장되지 않는 노동 현장에 어쩔 수 없이 걸어 들어가서 얼마나 많은 이가 돌아 나오지 않고 있는가. 오늘도 적지 않은 소중한 생명이 속수무책으로 떨어지고, 끼이고, 깔리고, 뭉개지고 있는 것이 사실이다.

우리가 현재 매일 목도하는 치명적인 위기도 심각하지만, 더 심각한 것이 있다. '가장 빠르고 확실하게 죽어 가고 있'는 데도 불구하고 우리는 이 위기를 위기로 받아들이지 않고 있다는 것. 이런 심각한 상황 속에서도 우리 대부분은 지구의 위기적 상황을 해결하는 데 모든 지혜와 힘을 모으는 것이 아니라 그것을 외면하거나 어떤 면에서는 그것을 더욱 강화하고 있다. 현재 우리 사회의 가장 치명적인 문제는 경제적 불평등 혹은 불평등 경제다. 절대부자는 저 높은 곳에서 넘치는 재화를 감당하지 못해 쓰레기로 지구를 오염시키고 있고, 반면 다수의 하위주체는 생존의 위기와 바로 내일에 대한 극심한 불안에 쫓기는 쓰레기가 되는 삶, 혹은 벌거벗은 삶을 살고 있다. 현재의 경제적 불평등이 더 심각한 것은 지금의 경제적 불평등이 재화가 부족해서 생기는 불평등이 아니라는 점이다. 재화는 넘쳐 난다. 공공이 만들어 낸 생산물을 개인들이 불균등하고 비대칭적으로 소유하면서, 그것도 소수가 독점하면서, 소수의 소수는 감당할 수 없는 부를 어디엔가 쌓아 두고 그 나머지 다수는 생존을 위한 혈투를 벌이고 있는 상황이 펼쳐지고 있다.

그러므로 우리에게 필요한 것은 넘치는 재화를 정의롭고 현명하게 나누는 일이다. 그래야만 다수의 하위주체가 쓰레기와 같은 삶으로 전락하는 일을 막을 수 있고, 또한 과잉 경쟁으로 인간들이 지구의 모든 생명체에게 가하는 폭력으로부터 지구를 지킬 수 있다. 그런데 어찌된 일인지 우리 사회는 그와 정반대의 방향으로, 그러니까 파국을 향해 질주해 가는 모양새다. 성장 후 분배라는 목적 없는 합목적성이 현재의 우리 사회를 이미-파국으로 몰아넣었음에도 불구하고 여전히 성장을 우리 사회의 목표이자 우리 사회를 평가하는 지표로 떠받드는가 하면, 국가와 개인 사이의 '동물의 왕국'적 경쟁 혹은 투쟁이 지구의 지속가능성을 위협하고 있음에도 불구하고 여전히 '공정'을 앞세워 경쟁을 부추기고 있기도 하다. 이렇게 세상을 바라보는 시선이 성장을 위한 경쟁, 경쟁을 통한 성장에 모아지는 사이, 우리 사회는 만인과 만인이 투쟁하는 각자도생의 사회로 정글화되어 가고 있다. 소수의 소수는 넘치는 재화를 만끽하며 지구를 떠날 채비를 하고 있는데, 그 나머지는 주변의 모든 사람과의 경쟁 혹은 투쟁에서 살아남기 위해 만인과 만인이 투쟁하는 재난적, 전쟁적 상황을 살고 있다. 그 결과, 세상 사람들은 이 전쟁에서 살아남기 위해 매 순간 혼신의 힘을 쏟아 내고 있다. '무한 경쟁의 사회'이고, '피로사회'이고, '잠의 종말의 사회'이다.

그런데 문제는 게으름이나 여유를 부리기는커녕 '잠'조차 불가능한 우리 삶의 잔혹극이 플랫폼 경제 혹은 긱 경제의 도래와 더불어 더욱 빠르게 가혹해지고 있고 이후 그 잔혹의 정도는 더욱 가속화되리라는 것이다. 소위 4차 산업혁명이 속속 현실화되면서 '초연결', '초지능', '초융합'의 시스템이 본격화되어 인공지능이 인간이 할 일을 전방위적으로 대체하기 시작했고, 그나마 인간이 할 수 있는 일은 '초연결망'을 활용한 초단기적 고용 형태로 바뀌어 가고 있다. 빠르게 대부분의 노동자가 불안정, 불완전 노동자, 즉 프레카리아트로 전락하고 있으며, 게다가 이 프레카리아트들은 노동자로서의 권리도 박탈당하는 상황이다. 여기에 그림자노동들은 여전히 그늘 속에 있어 잘 보이지 않으며, 점점 더 양산되고 있기도 하다. 김난도의 표현의 빌리자면 '내 일'이 불안정해지면서 '내일'이 불투명해지는 삶이 우리 시대의 실존 형식이 되어 가고 있다고나 할까.

이렇게 하루하루가 불안하니, 그런데다 내일은 더 불투명해지니, 우리 사회의 구성원 대부분이 영혼까지 끌어모아 주식시장으로, 부동산시장으로 달려가는 것은 오히려 당연한지도 모른다. 거의 모두 벼락부자를 꿈꾸는 상황이 벌어지는 듯하더니 이제는 그 정도를 넘어 누군가 벼락부자가 되면 자신이 '벼락거지'로 전락한 듯한 상실감을 맛보는 것도 이해할 만하다. 그런데 이 과잉의 불안감이 팔아넘기려 해도 팔아넘길 수 없는 영혼까지를 병들게 하고 있다는 것은 경계할 만한 일이다. '내 일' 혹은 '내일'이 보이지 않는 적자생존의 정글 안에 살면서 우리 대부분은 우리 주변의 존재들을 적대하는 짐승들로 전락하고 있다. 부모 덕분에 벼락부자가 된 것을 부끄러워하는 것이 아니라 벼락부자가 되지 못하는 존재들을 오히려 경멸하고, 벼락부자를 부러워하는 정도가 아니라 자기보다 낮은 주변의 존재들은 혐오하는 사회. 이것이 바로 고개를 들고 눈을 뜨면, 그리고 조금만 우왕좌왕하고 좌고우면하면 우리 앞에 펼쳐지는 우리의 실재적 현실이다.

그러므로 우리에게 필요한 것은 이중, 삼중으로 뒤엉킨 문제, 좀 더 자세하게 말하면, 경제적 불평등과 그로 인해 발생한 사회적 증상을 동시적으로 해결할 수 있는 적절한 정책이다. 프로이트가 말하고 라캉이 강조했듯 증상 자체가 소망과 현실의 적절한 타협의 산물이자 또 하나의 견고한 현실이기도 하다면, 우리에게는 한편으로는 현실적 모순을 해결하는 동시에 증상에 대한 치료도 함께 수행하는 섬세하면서도 근본적인 대책이 필요한 셈이다. 우리는 우리 사회가 안고 있는 가장 핵심적인 모순인 경제적 불평등과 그에 따른 과잉 경쟁의 원인이 생산은 모두가 하고 소유는 개인이 하는 자본주의 시스템과 최소한의 투자로 최대한의 이윤을 창출하는 것이야말로 가장 합리적이라고 설교하는 (신)자유주의적 모럴에 있다고 본다. 이제까지 인류의 분배 시스템은 '생산의 공공성과 소유의 사적 성격'이라는 원리에 의해 작동해 왔다. 사회 전체의 모든 것, 그리고 인류 역사 전체의 모든 것이 생산은 한자리에 모여 이루어지는데, 그것의 소유는 자의적이고 우연적인 계기에 근거해 각 개인에게 돌아간다. 우리가 알고 있는 것처럼 이윤 거의 전체가 자본가에게 쌓여가는 것은 말할 것도 없고, 노동자들이 행하는 노동에 있어서도 개인의 몫이 과잉 계상되는 경우가 많다. 그 결과, 인류 전체가 만들어 낸 공통의 부가 점점 더 극소수에게 집중되어 가고 있고, 그 극소수가 소유한 것을 제외한 아주 작은 부분을 놓고 99%의 다수가 다투는, 그러므로 당연히 전쟁을 벌이듯 투쟁하는 상황이 벌어지고 있는 것이다.

종합하자면 오늘날 우리에게 필요한 정책은 현실 속에서 발생하는 한두 문제를 해결하는 사후적 방안이 아니다. 우리 사회를 살풍경의 그것으로 만든 근본적인 원인을 해소하고 사회의 흐름 자체를 바꿔 내야 한다. 우리에게 필요한 것은 현재의 사회적 흐름을 단절시키고 그것의 방향을 선한 쪽으로 바꾸는 일이다. 그럴 때만이 우리의 실존을 규율하는 경제적 불평등 문제와 우리 사회를 가로지르는 혐오와 증오의 정동들을 해소하고 전환할 수 있다.

우리는 지금의 이 잔혹한 땅에서 우리를 탈주시켜 줄 열쇠를 기본소득, 그것도 완전기본소득이라고 확신하고 있다. 코로나19의 비상사태를 진정시키기 위해 시행되었던 '재난기본소득' 등등의 대책 때문에 널리 알려지기도 했지만 상당 부분 오해되기도 한 기본소득은 단순히 모든 사회구성원에게 보편적으로 현금을 지급하는 정책, 더더구나 선심성 정책 정도가 아니다. 기본소득에는 우리 사회가 안고 있는 본질적 모순과 그로 인해 발생한 사회적 병증을 동시에 해소할 근본적 대책, 그러니까 대안적 잠재성이 담겨 있다. 우리는 기본소득을 "공유부에 대한 모든 사회구성원의 권리에 기초한 몫으로서 모두에게, 무조건적으로, 개별적으로, 정기적으로, 현금으로 지급되는 소득"(기본소득한국네트워크 정관 제2조)이라고 정의하는바, 이러한 기본소득에는 우리 사회를 보다 선한 방향으로 바꿀 사회 전환의 원리 혹은 인식론적 전환의 계기가 꿈틀거리고 있다.

우리가 지향하는 기본소득의 첫 번째 잠재성은 모든 사회구성원에게 공유부에 대한 권리를 부여했다는 것이다. 우리는 사회구성원 모두가 같이 만들어 낸 부, 즉 공유부에 대해서는 사회구성원 모두가 먼저 그 당연한 권리를 보장받아야 한다고 믿으며, 이는 우리 사회의 경제적 불평등이라는 모순의 근본적 원인인 '생산의 공공성과 소유의 (비대칭적, 독점적) 사적 성격'이란 현행 원리를 크게 혁신하여 우리 사회를 지금과는 전혀 다른 사회로 변화시킬 가능성이 높다. 예컨대 지금은 공공이 생산한 것마저 소수의 개인이 독식하는 구조라고 한다면, 공유부를 재원으로 하는 기본소득이 도입되면 공공이 생산한 것은 공공에게 먼저 분배하고 나머지를 각각이 행한 역할에 따라 개인이 소유하게 된다. 이는 분배 구조 혹은 소유 제도에 있어 일대 전환이라 할 수 있다. 즉 기본소득이 도입되면 '모두의 것을 각 개인이 불균등하게 소유하는 사회'에서 '모두의 몫은 모두에게, 개인이 기여한 것은 개인에게 주어지는 사회'로의 전회가 가능해지며, 이는 현재의 경제적 불평등을 근본적으로 개혁하는 효과를 낳을 수 있다.

우리가 정의한 기본소득에 잠재된 역사의 방향을 바꿀 만한 또 하나의 요소는 기본소득을 가구 단위가 아니라 개인 단위로 지급한다는 것이다. 지금까지는 사회보장은 물론 소득까지도 가구 단위로 수준이 계상되어 온 것이 사실이다. 이 가구 단위의 소득은 알게 모르게 가부장적 질서를 공고하게 하는 기제로 작동하고 있다. 하지만 우리가 꿈꾸는 기본소득은 소득을 각 개인에게 지급하며, 이는 기존의 견고했던 가부장적 질서를 해체하여 젠더 갈등 문제의 상당 부분을 해결할 것으로 보이며, 또한 가부장 이외의 존재들의 발언권을 높여 각 개인의 실질적인 자유를 확대하는 데 결정적인 역할을 할 것으로 보인다.

우리의 기본소득안에 잠재된 마지막으로 중요한 혁신적 요소는 기본소득의 사전적 성격이다. 기본소득은 사회구성원 모두에게 정기적으로 그 어떤 조건에도 상관없이 지급하되, 미리 지급한다. 사회보장을 받을 만한 정도인지 평가받고, 경쟁에서 떠밀려 실직한 상태가 되고 난 후 대체 자신이 수급 대상이 되는지, 언제까지 수급 대상이 되는지, 만약 별도의 수입이 생긴다면 수급액이 얼마나 줄 것인지, 조마조마하며 받는 현재의 사후적 사회보장체계와 전혀 다르다. 기본소득은 정기적으로, 별도의 수입과 상관없이, 미리 지급된다. 기본소득이 제도화되면, 그것도 나름 기초적인 생활을 할 수 있는 완전기본소득이 지급되면, 우리 모두는 내일의 계획을 세울 수 있고 자기 인생을 설계할 수 있게 된다. 발레리의 표현을 빌리자면 "사는 대로 생각하는 것이 아니라 생각하는 대로 살 수 있게 된다." 오로지 살기 위해 쫓기듯 원하지 않는 무한 경쟁의 틀 속에 들어가는 대신에 즐거운 마음으로 소위 '소확행'의 삶, '자발적 가난'의 삶, 또 게으름의 삶까지도 선택할 수 있게 되며, 이렇게 과잉 경쟁이 줄어들면 그로 인해 발생한 폭발 직전의 사회적 병증도, 들끓는 지구의 온도도 조금은 가라앉힐 수 있을 것이다.

이처럼 기본소득은 개인의 실질적 자유를 보장하는 것은 물론 우리 사회가 안고 있는 병증과 그것을 촉발한 경제적 불평등을 해소하는 한편, 지속가능성을 위협받고 있는 지구 생태계 문제의 해결에도 기여할 수 있는 혁신적인 정책이다. 그러므로 기본소득은 '좌'의 것도 '우'의 것도 아니다. 오히려 그 이전이자 그 이후의 정책이라고 해야 한다. 기본소득은 사회구성원 모두가 스스로 그 자체 목적인 삶을 살 수 있는 최소한의 조건을 마련하자는 것일 뿐 '좌'가 지향하는 그것과도 '우'가 이어 가고자 하는 그것과도 무관하며, 이런 점에서 기본소득은 '좌'와 '우'라는 사상적 거점 이전의 정책이라 할 수 있다. 그런가 하면 '좌'와 '우' 그 이후이기도 하다. 이제까지 그 사회의 어느 누구가 아니라 사회구성원 모두의 자유와 행복을 증진하기 위한 여러 이데올로기가 있었고, 흔히 '좌'와 '우'로 대별되는 이데올로기들은 조화로운 공동체를 만들기 위한 다양한 정책을 펼쳐 온 것이 사실이다. 이런 통시적인 맥락에서 보자면 기본소득은 분명 '좌'와 '우' 그 이후이다. 다시 말해 기본소득은 그동안 '좌'의 이데올로기에 기반한 정책과 '우'의 이데올로기에 기반한 정책의 업적과 한계를 모두 계승한 그것인 것이다. 그렇다면 지금 우리에게 필요한 것은 '좌'적이지도 않고 '우'적이지도 않은 기본소득을 두고 '좌'의 것이네 '우'의 것이네 하는 소모적인 논쟁이 아니다. 보다 중요한 것은 기본소득을 통해 우리 사회가 안고 있는 난마와 같은 문제들을 풀어 나갈 수 있는 통로를 찾아내는 것이다.

우리는 기본소득이 그 특유의 전환적 성격 때문에 다양한 사회적 병증을 치유하는 한편 지금 우리 사회의 근본적인 모순인 경제적 불평등 문제도 동시에 해결할 것이라고 기대한다. 물론 유사한 문제의식에서 출발한 여러 제도, 예컨대 기본자산제, 안심소득제, 일자리보장, 보편적 서비스 등등이 제안되고 있음을 우리도 잘 알고 있다. 그 제도들 또한 우리 사회가 안고 있는 경제적 불평등, 그에 따른 하위주체들간의 과잉 경쟁과 사회구성원 사이에 만연해 있는 혐오의 정동들을 풀어 보려는 고심의 산물임이 너무도 명백한 터여서, 우리는 그 제도들 안에 깃든 열정과 지혜에 깊은 연대감을 느낀다. 동시에 경쟁에서 도태된 사회적 약자들에게 보다 많은 혜택을 베풀려는 그 따뜻한 마음에 뜨거운 박수를 보내는 바이기도 하다. 그러해서 우리는 우리가 제안한 기본소득과 그 외의 여러 다른 제안을 총체적으로 종합하고 체계적으로 조합하여 우리 사회 전체가 나선형적 선순환의 구조로 전환되길 희망한다.

하지만 현재의 상황처럼 예산 문제 등 현실적 여건을 들어 각 제도의 정당성을 배타적으로 주장한다면, 우리는 그 배타적인 주장과 단호히 논전을 벌일 것이다. 기본자산제, 안심소득제, 일자리보장 등은 만약 그 하나만이 배타적으로 시행된다면 그 선한 의도에도 불구하고 우리가 안고 있는 문제를 해소할 수 있는 근본적인 대책이 되기에는 역부족인 까닭이다. 안심소득제 등은 현재 우리 사회의 흐름을 이어 가면서 그때그때 발생하는 문제를 사후적으로 해결하는 데에 초점을 두고 있는 정책들이다. 이 정책들은 우리가 안고 있는 문제를 어느 정도 해결할 수 있을지는 모르나 근본적으로 해결할 수는 없으며, 또한 우리 사회 전체를 선한 순환으로 전환하는 데는 한계가 명확하다. 지금 우리에게 필요한 것이 공정한 경쟁이 아니라 경쟁이 최소화된 공정사회이고, 초단기적이고 불안정한 일자리를 자꾸 만드는 것이 아니라 기본적인 소득을 제공해 살인적인 노동시간을 줄이고 일자리를 나누는 대대적인 방향 전환이라면, 안심소득제 등은 이 시대사적 과제를 해결하기에 충분치 않은 것이 명백하다. 그런데, 그럼에도 불구하고 지금처럼 기본소득을 부정하고 기본자산제 등을 배타적으로 주장한다면, 우리는 이 주장에는 단호하게 맞설 것이다. 사후적이고 일시적인 해결책 때문에 어떤 문제가 발생하지 않게 하는 예방적이고 근본적인 대안이 부정당하는 일이 있어서는 안 되겠기 때문이다.

굳이 기후정의론자들의 명제, 구체적으로는 '우리 모두의 일Notre Affair à Tous' 그룹의 '우리에겐 실패할 권리가 없습니다'라는 표현을 빌리지 않더라도, 우리에겐 이제까지의 실패를 무의미하게 반복할 시간이 없다. 이제까지처럼 점점 더 모순이 심화되는데도 불구하고 사회의 근본 시스템은 그대로 두고 발생한 문제들만을 대증 치료로 대응해서는 안 된다. 그 것은 단기적 효과는 있을지 몰라도 오히려 사회적 모순을 더욱 심화하는 일이며, 이러한 단기적 대응만 반복하면 그 사회는 돌이킬 수 없는 치명 적인 상태에 빠져들 가능성이 농후하다. 그렇다면 이제 우리에게 필요한 것은 연일 발생하는 사회적 문제를 해결하면서 동시에 그 사회의 근본적 인 모순도 같이 해소하는 혁신적이고도 근본적인 대안이며, 우리가 완전 기본소득의 전면적 도입을 주장하는 것은 바로 이 때문이다.

3. 월 30만 원 부분기본소득, 혹은 우리의 첫 계단

그렇다. 우리는 완전기본소득이 현재 우리 사회가 안고 있는 거의 모 든 문제를 해결할 수 있는 유일한 대책이라고 믿고 있으며, 그러므로 완 전기본소득이 하루빨리 시행되기를 간절히 바라고 있다. 하지만 우리는 가슴은 뜨겁지만 머리까지 들떠 있지는 않다. 우리는 완전기본소득의 즉 각적 도입을 원하지만 현실을 고려하여 기본소득을 단계적으로 도입할 것을 제안한다.

이유는 두 가지이다. 하나는 기본소득의 도입을 위해서는 무엇보다 전 사회구성원의 동의 절차를 반드시 거쳐야 한다는 판단 때문이다. 그 어떤 제도도 비록 그것이 사회구성원의 권리를 신장하기 위한 것이라 하 더라도 사회구성원의 동의 절차를 철저하게 밟지 않으면 그 제도의 실행 은 강압적인 제도 혹은 제도의 강압적인 실행이 된다. 하물며 기본소득 처럼 지금 현재의 실존 형식 전체를 바꿔야 하는 제도를 도입하는 마당 에랴. 비록 기본소득이 앞서 여러 차례 강조한 것처럼 모든 사회구성원 의 실질적 자유를 보장하고 사회적 병증을 해소하는 한편 위기에 빠진 지구생태계를 구원할 수 있는 미래지향적인 정책이라고 하더라도, 오히려 그런 선한 정책이기 때문에, 보다 광범위하고 철저한 동의 절차는 필수적이다. 그래야만 형식적으로가 아니라 자발적으로 기본소득에 동의할 것이며, 그런 자발적인 동의 속에 시행될 때만 기본소득 안에 내재된 그 잠재성이 충분히 발현될 수 있겠기 때문이다. 그러므로 완전기본소득에 대한 보다 많은 구성원의 동의와 동참을 이끌기 위해서는 먼저 부분기본소득을 도입하여 기본소득의 잠재성을 온몸으로 경험하게 하는 한편 부분기본소득의 시행 과정에서 발생하는 문제들을 조절하는 기회를 갖는 것이 무엇보다 필요해 보인다.

그리고 우리가 부분기본소득의 우선 시행을 제안한 또 하나의 이유는 바로 재원 문제이다. 비록 기본소득을 반대하는 측에서 집중 부각하고 있는 문제이지만, 완전기본소득의 실현을 위해서는 막대한 재원을 필요로 하는 것이 사실이다. 아니, 부분기본소득만을 시행하더라도 그것에 소요되는 예산은 만만치 않은 것이 현실이다. 완전기본소득의 현실화를 위해서는 국가의 재정구조 전반을 혁신해야 한다. 국가의 재정 규모를 키우는 것은 물론 국가의 조세제도 전반을 전면적으로 개편해야 한다. 이는 곧 국가의 운영체계를 전반적으로 재조정하는 일과 마찬가지의 일이며, 여기에는 제법 긴 시간에 걸친 치열한 논쟁과 조정 절차가 요구된다. 완전기본소득의 실행을 위해서는 이처럼 국가 재정구조 전반을 바꾸는 긴 과정이 필요한 만큼, 먼저 가능한 재정정책부터 시행해 그것을 재원으로 부분기본소득을 실시하고, 재정구조의 변화 수준을 반영하여 점차 기본소득을 확대하며, 재정구조의 혁신이 완성될 때 비로소 완전기본소득을 전면 실시하는, 기본소득의 단계적 도입은 불가피한 것으로 보인다.

이런 이유로 우리는 단계적 기본소득의 도입을 제안하며, 우리가 그 첫 계단으로 설정한 것은 모든 사회구성원을 대상으로 한 월 30만 원 부분기본소득이다. 월 30만 원 부분기본소득을 출발점으로 설정한 이유는 두 가지이다. 우선 첫 번째 이유는 기본소득이 우리 사회가 안고 있는 문제를 풀고 그러한 문제가 재발하지 않도록 하는 선제적 대책 혹은 근본적 대안이 되기 위해서는 기본소득의 잠재성이 최소한 발휘될 수 있는 적정 지점을 찾는 것이 필요했고, 우리는 그것이 월 30만 원이라고 추산했다. 월 30만 원의 부분기본소득이라면, 물론 더 많은 기본소득이 주어지면 그 효과가 월등 배가되겠으나, 지금의 소득 위에 이 기본소득이 얹어지거나 아니면 이 기본소득 위에 각자가 벌어들이는 노동소득이 더해짐으로써 최소한의 안정된 생활은 유지할 수 있을 것으로 판단했다. 그러면 많은 이가 지금의 과잉 경쟁의 전쟁터에서 약간은 물러설 수도 있을 것이며, 많은 이가 생활의 안정을 찾고 전쟁터에서 빠져나온다면 전투와 같은 경쟁으로 인한 수많은 문제를 해소할 발판은 마련될 것으로 보인다. 게다가 모든 사회구성원에게 월 30만 원의 부분기본소득을 지급하려면, 현재의 조세제도를 혁신해야 하며, 그 제도의 혁신은 '생산의 공공성과 소유의 (비대칭적, 독점적) 성격'을 전면적으로 재조정하는 방향으로 이루어질 수밖에 없다. 그렇게 되면 우리 모두의 것, 즉 공유부를 극소수가 독점하면서 발생하는 극단적인 경제적 불평등이 부분적으로나마 해소되는 사회 전환의 교두보를 확보할 수 있을 것으로 보인다.

우리가 부분기본소득의 첫 계단으로 월 30만 원을 책정한 또 하나의 이유는 재원 문제와 관련이 깊다. 앞서도 밝혔지만 우리의 궁극적인 목적지는 완전기본소득의 실현이고, 우리가 상정하고 있는 완전기본소득은 중위소득 50%(2021년 기준 월 91만 원) 정도의 수준이다. 월 91만 원의 완전기본소득을 위해서는 국가 재정 규모의 확충은 물론 조세 전반에 대한 대대적인 변화가 있어야 하며, 이 제도 개혁이 완성되려면 어느 정도 시간이 요구된다. 그러므로 지금은 국가의 운영체계 전반을 갑자기 뒤흔들지는 않되 우리 사회를 올바른 방향으로 전환할 수는 있는 정도의 조세개혁으로 마련할 수 있는 재원으로 부분기본소득을 시행하는 역사의 간지가 필요하며, 우리는 그 지점을 월 30만 원의 부분기본소득으로 설정했다. 월 30만 원의 부분기본소득이 당장 국가의 운영체계를 폭력적으로 재편하지는 않으면서도 우리 사회의 흐름은 선한 방향으로 바꿀 수 있는 조세개혁을 통해 큰 혼란 없이 확보할 수 있는 재원으로 가능하다고 판단되었기 때문이다.

군이 기본소득론자가 아니더라도 현재 우리 사회가 고질적인 사회문제(경제 불평등, 부동산, 젠더 갈등 등)를 해결하고 지속가능한 사회로 나아가기 위해서는 과감한 조세개혁(역진적 세액공제 폐지 등)과 혁신적 세제(예컨대 토지보유세, 시민소득세, 탄소세 등)의 도입이 필요한 시점이라는 것을 부정하는 이는 많지 않을 것이다. 그렇다. 우리는 바로 조세 전반을 개혁해야 하는 그 시점에 있다. 그런 만큼 반드시 행해야 할 세제 개혁을 과감하게 단행할 필요가 있으며, 그 세제 개혁을 통해 마련된 재원을 그 세제 개혁의 목적에 가장 부합하는 기본소득의 재원으로 사용할 필요가 있다. 그렇게 된다면 우리 사회의 구성원들의 복지는 물론 우리 사회 전체의 지속가능성은 비약적으로 증진될 것이다. 우리가 현실의 변화를 감안해서 읽고 또 읽고 거듭 계산한 바에 따르면, 토지보유세, 시민소득세, 탄소세의 도입과 역진적 세액공제 폐지 등의 조세개혁만으로 월 30만 원의 기본소득 지급은 충분히 가능하며, 이것이 바로 우리가 부분기본소득의 출발점으로 월 30만 원의 기본소득을 설정한 이유이다.

물론 단계별 기본소득의 도입이 우리 사회가 안고 있는 문제를 모두 해결할 수 있는 것은 아니다. 단계별 기본소득의 도입이 우리가 꿈꾸는 지속가능한 사회의 발판이 되려면 해결해야 할 난제도 많다. 그중 대표적인 것이 바로 사회보험과 공공부조로 대표되는 현행 복지제도와의 조정이고, 또한 우리 사회를 개선할 유력한 정책으로 검토되고 있는 일자리보장제, 기본자산제 등등과의 조율이다. 후자의 경우는 예산상의 문제를 내세우며 각 정책을 우선적으로 시행해야 한다는 고집만 부리지 않는다면 같은 테이블에 올려놓고 충분히 서로를 보완하는 큰 그림을 같이 그릴 수 있을 것으로 보인다. 전자의 경우는 완전기본소득으로 단계별로 나아가는 과정에서 충분한 논의와 검토를 거쳐 효율적이고 합리적인 조정이 필요해 보인다. 특히 우리가 설계한 안에는 기존의 사회보험과 공공부조로 대표되는 현행 복지제도와 겹치는 부분이 있으므로 전면적이면서도 섬세한 조정이 불가피하며, 이를 계기로 현재의 사회보험이나 공공부조의 제도가 안고 있는 문제들을 해결하는 계기로 삼을 필요도 있다. 우리가 그리고 있는 밑그림은 완전기본소득을 도입할 경우, 소득보장의 1층은 보편적이고 무조건적인 공유부 배당 기본소득이 소득 안전판income floor으로서의 역할을 하고, 소득보장의 2층은 소득 기반 사회보험이 자리 잡으며, 여기에 사회서비스의 확충을 통해 기본소득과 소득 기반 소득보험을 통한 소득보장과 사회서비스의 균형적 발전을 실현할 수 있도록 하는 것이다.

하지만 완전기본소득이 아닌 부분기본소득일 경우, 특히 월 30만 원의 부분기본소득일 경우, 기존 복지제도와의 조정 작업은 섬세하게 이루어질 필요가 있다고 보고 있다. 월 30만 원이라는 부분기본소득이 기본적인 생활을 하기에 충분하지 않고 또한 현재의 사회보험과 공공부조의 지급 방식이 천차만별인 까닭에 만약 지금의 사회보험과 공공부조에 기계적으로 월 30만 원의 부분기본소득을 결합하면 기본소득의 원칙이 훼손되거나 아니면 기존의 사회보험과 공공부조의 정책 안에 웅크리고 있는 문제점을 더욱 강화할 가능성도 있다. 그래서 우리는 우리의 기본소득의 출발점인 월 30만 원의 기본소득이 지급될 경우, 월 30만 원 부분기본소득과 기존의 사회보험과 사회보장의 제도 사이를 작은 범위 안에서 섬세하고 예민하게 조정하려 한다. 그때 가장 큰 원칙은 부분기본소득 도입으로 인해 현재의 어떤 복지급여 수급자도 불리하게 되지 않도록 하는 것이며, 우리는 이에 대한 복안도 가지고 있다.

4. '푸른 하늘'과 '게으를 권리': 코로나19의 두 교훈

최근 간행된 『얼굴 없는 인간』에서 아감벤은 코로나19로 대변되는 오늘날의 전 지구적 상황을 불타는 집에 비유한 바 있다. 물론 오늘날의 지구를 재난 혹은 재앙적 상황으로 바라본 이는 아감벤이 처음은 아니다. 지젝은 이미 오래전부터 오늘날의 지구적 상황을 "임박한 파국"이라 경고해 왔으며, 촘스키도 "파멸 전야"라는 표현을 사용하는 데 망설이지 않은 지 오래다. 굳이 이렇게 널리 알려진 이들의 말이 아니더라도, 우리가 이미-재난적 상황에 처해 있음을 감지하기란 어렵지 않다. 도대체 알기 어려운 일이 아닌 것이다. 아니 모르기 어려운 일이라고 해야 하리라. 지금은 일상이 된 코로나19의 상황만 떠올려 봐도 되는 일이다. 코로나19는 바로 인류세적 위기에 처한 지구가 우리에게 전하는 강력한 경고의 메세지인지도 모른다. 그만큼 우리는 우리의 삶을 규율하는 상징질서에 갇혀 스스로 위태로운 삶을 사는 것은 물론 지구 전체를 인류세적 파탄의 상황으로 몰아가고 있다.

우리는 어쩌면 대답이 뻔한 선택지 앞에 서 있는 것처럼 보이기도 한다. 이러한 위기에도 이러한 위기를 초래한 지금의 상징질서를 반복할 것인가, 아니면 코로나19 이후를 준비하는 새로운 노멀을 만들어 갈 것인가. 많은 사람이 후자의 길이 아니면 안 된다는 강력한 의지를 보이고 있는 것이 사실이다. 그러나 안타깝게도 상황은 코로나19 이전으로 빠르게 돌아가고 있다. 우리 대부분은 조금 더 걷고 머그컵을 들고 다니고 손수건을 자랑하면서, 곧 새로운 노멀이 형성되겠지 기대하고 있다. 하지만 많은 사람은 오로지 '보복 (해외)여행', '보복 매수', '보복 투자'의 그 타이밍만을 기다리고 있다. 어떻게 보면 우리는 일시적이고 사소한 행동 하나로 새로운 노멀을 만들기 위해 노력하고 있다고 오인하면서, 아니면 자기까지를 기만하면서 자연스럽게 코로나19 이전으로 회귀하고 있는 중이다.

하지만 우리는 새로운 상징질서를 만들어 내는 단계까지 나아가야 한다. 지구가 불타고 있는데도, 위기에 처한 지구가 이처럼 명확하게 경고를 보내는데도 새로운 길을 만들어 내지 못하면 우리에겐 더 이상의 기회가 없을 수 있기 때문이다. 다시 한번 말하지만 '지금 우리는 가장 빠르고 확실하게 죽어 가고' 있고 그런 만큼 '우리에겐 실패할 권리가 없'다. 특히 우리 때문에 생을 시작하지도 못할 수 있는 미래세대를 떠올린다면, 이번에는 반드시 이전과는 다른 삶의 질서를 만들어 내야 한다.

다만 다행인 점이 있다면 지구가 코로나19를 빌려 경고의 메시지만을 보낸 것이 아니라 우리가 나아갈 길까지 보여 주었다는 점이라고나 할까. 우리는 코로나19 발생 초기 코로나19의 기세에 눌려 잠시 우리의 상징적 질서 전체가 잠시 느슨해졌던 때를 떠올릴 필요가 있다. 그때 보고 맛보았던 푸른 하늘과 맑은 공기, 그리고 그런 상황 속에서도 노동의 현장에서 잠시도 떠나지 못하던 노동자들을 말이다. 우리의 자본주의적 상징질서가 잠시 멈춘 그때 잠시 모습을 드러내고 사라진 그 실재적 풍경 속에 우리의 갈 길이 제시되어 있었던 것은 아닐까. 그러니까 우리는 오로지 과잉의 이윤추구를 위해 파국 속에서도 무모하게 질주하는 현재의 상징질서의 속도를 늦추는 데 온 힘을 모아야 하는 것은 아닐까. 그리고 그 순간에도 생존을 위해 목숨을 걸고 노동해야 하는 이들에게 잠시 쉴 수 있는 틈, 게을러야 할 때 게으를 수 있는 여유와 권리를 보장해야 하는 것은 아닐까. 만약 현재 상징질서의 질주를 멈출 수 없다면, 사회구성원 모두에게 게으를 수 있는 여건을 만들어서 신자유주의적 상징질서의 광기의 질주를 멈추게 해야 하는 것은 아닐까. 그리고 이것이 코로나19가 그 엄중한 경고와 함께 우리에게 보여 준 '진리의 빛'이 아닐까.

그리 오래되지 않은 때에 지젝은 『처음에는 비극으로 다음에는 희극으로』라는 저서에서 "역설적이지만 재난을 막는 유일한 방법은 재난을 불가피하게 받아들이"고 "예방 행동('선제공격')의 발상을 과감하게 복원해야" 하는 것이라고 말한 적이 있다. "참된 행위는 그에 관해 완벽한 지식을 가지고 있는 어떤 투명한 상황 속의 전략적 개입이 결코 아니며, 오히려 참된 행위가 지식의 틈새를 메우는 것"이기 때문이라는 것. 우리가 기본소득이라는 상상을 현실화해야 하는 것도 바로 이와 같은 맥락이라 할 것이다. 우리는 기본소득을 제도화하기 위한 '예방 행동' 혹은 '선제공격'을 멈추지 말아야 한다. 기본소득의 도입을 통해, 파국 혹은 파멸로 치달을 자본주의적 상징질서를 멈춰 세워야 하고 그것을 보다 선한 순환의 흐름으로 전환해야 한다. 물론 우리는 기본소득이 위기에 처한 우리를 구원할 것인지에 대한 완벽한 확신을 가질 수는 없다. 하지만 이렇게 말할 수는 있다. '모두의 몫은 모두가 먼저 나누어 누리고 연후에 각자의 몫은 각자가 소유하는' 기본소득의 원리가 구현되는 세상을 향해 한발 한발 걷다 보면 결국 우리가 꿈꾸는 세상, '푸른 하늘'과 '게으를 _{schole} 권리'를 만끽하는 세상에 도달할 수도 있을 것이라고. 아직까지는 기본소득이 그곳에 갈 수 있는 유일한 길이라고.

　　말이 길어져 복잡한 논의처럼 보일 수도 있겠다. 하지만 간단한 이야기다. 코로나19로 확인할 수 있는 것처럼 우리는, 아니 지구 전체는 지속 가능성을 확신할 수 없을 정도로 이미-재난적 상황에 처해 있으며, 이러한 파국적 상황으로부터 탈주하기 위해서는 기본소득의 실현이 무엇보다 시급하다는 것. 보다 구체적으로 말하자면, '전 사회구성원을 대상으로 한 월 30만 원의 부분기본소득 즉각 시행, 그리고 최단기간 내 월 91만 원의 완전기본소득 실현', 이런 기본소득 세상이 도래해야만 말 그대로 미래가 우리에게 주어진다는 것.

　　'설마' '과연' '그러면 다른 문제들은?' 하는 분이 많을 터이다. 지금의 상황에서 '설마 우리가 그렇게까지 위기적 상황인 것일까' 하는 의심과 '그래, 그렇다 치자. 그렇게 엄중하다면 기본소득이라는 상상이 이

파국적 상황을 과연 헤쳐 갈 수 있을까' 하는 의구심, 그리고 '그렇다고 그것이 우리 사회의 이 문제까지를 해결할 수 있을 것인가'라고 의문을 표하는 것은 오히려 당연한지도 모른다. 만약 우리의 기본소득 세상을 향한 발걸음을 두고 이런 의심과 의구심, 그리고 의문을 표하는 분들이 있다면, 우리의 로드맵을 세심하게 읽어 주십사 권하고 싶다. 우리의 로드맵이 바로 그런 의심과 의구심과 의문들 속에서 도출된 것이기 때문이다. 그러므로 당연히 우리의 로드맵을 따라 읽다 보면 그 의문의 상당 부분은 풀릴 수 있을 것이라 믿는다. 만약 그래도 어떤 의구심이 남는다면, 우리는 그 의견의 사소한 것까지 경청하고 대화할 것이다. 같은 문제의식에 출발했음에도 불구하고 우리와 같은 결론에 도달하지 않았다면, 그것은 우리가 놓친 무엇이 있거나 우리가 경청해야 할 또 다른 철학적 판단이 있다는 것을 의미하겠기 때문이다. 우리는 우리의 로드맵에 모든 사람이 동의해 주길 바라지 않는다. 우리가 바라는 것은 여러 다른 의견과의 비판적 대화와 소통을 통해 더 완벽한 로드맵을 만드는 것이다. 그리고 그렇게 점점 정교해지는 보다 완벽한 기본소득 로드맵을 통해 정말 위기에 처한 우리 사회가 선순환의 구조로 방향을 틀기를, 그래서 우리 사회가 '푸른 하늘'과 '게으를 권리'를 만끽할 수 있는 그곳이 되기를 바란다.

이제, '푸른 하늘'과 '게으를 권리'를 만끽할 수 있는 기본소득 세상을 향한 여정이 본격적으로 시작된다. 기본소득에 동의하는 분들뿐만 아니라 여전히 그것에 의심과 의구심과 의문이 남아 있는 분들의 기꺼운 동행과 '전지적 참견'(?)을 기대하며, 다음 페이지로 넘어가시길 권한다.

제1부
사회적 생태적 대전환의 열쇠, 기본소득

제1장 _ 공유부와 기본소득: 공유부 배당의 정의 실현

금민

1. 기본소득의 정의와 공유부

기본소득한국네트워크는 기본소득을 "공유부에 대한 모든 사회구성원의 권리에 기초한 몫으로서 모두에게, 무조건적으로, 개별적으로, 정기적으로, 현금으로 지급되는 소득"(정관 제2조)으로 정의한다. 이러한 정의는 기본소득지구네트워크의 기본소득 정의에 충실하면서도 기본소득의 원천을 명확하게 드러낸다는 점이 특징적이다.

기본소득지구네트워크는 기본소득을 "자산심사나 노동에 대한 요구없이 무조건적으로 모두에게 개별적으로 주어지는 정기적인 현금 이전"(BIEN, 2016)으로 정의한다. 이러한 정의는 기본소득을 공적 이전소득의 일종으로 보고 어떻게 이전되는지의 문제를 중심으로 그 특징을 드러내준다. 즉 기본소득은 조세수입을 비롯한 정치공동체의 수입을 공동체의 구성원에게 현금 형태로 무조건적, 보편적, 개별적, 정기적으로 분배하는 제도이다. 여기에서 무조건성, 보편성, 개별성, 정기성, 현금성은 기본소득이라는 분배 방식의 특징으로 나타나며, 이 다섯 지표의 충족 여부에 따라 기본소득은 다른 종류의 공적 이전소득들과 구별된다. 즉 기본소득은 무조건성, 보편성, 개별성을 모두 충족하는 반면에, 현존하는 복지국가의 공적 이전소득들에서 이 세 가지가 동시에 충족되는 경우는 없다. 나아가 정기성에 의하여 기본소득은 성년에 도달할 때 일회적인 목돈 형태로 지급되는 "기본자산"과 구분되며, 현금성은 용처가 특정 재화나 서비스의 구매에 제한된 바우처와 기본소득을 구별할 수 있게 한다.

한편 한국네트워크의 기본소득 정의는 무엇을 나누어 주는지의 문제를 명확하게 밝히는데, 이는 왜 무조건적, 보편적, 개별적으로 나누어 주어야 하는지의 문제도 동시에 명확하게 한다는 장점을 가진다. 한국네트워크가 기본소득의 원천으로 간주하는 "공유부共有富"란 사회가 생산한 부 중에서 성과의 원리에 따라 특정 주체의 몫으로 배타적으로 귀속될 수 없는 몫, 곧 모두의 몫이다. 모두의 몫은 특정 주체의 성과로 귀속될 수 없기 때문에 개별적인 모든 사람에게 조건 없이 평등하게 분배되어야 한다. 따라서 노동 여부나 자산 수준에 따른 선별 분배나 차등 분배는 정당하지 않게 되며, 무조건적, 보편적, 개별적 이전 방식인 기본소득만이 모두의 몫을 모두에게 되돌려 주는 유일하게 정당한 이전 방식이 된다. 이처럼 기본소득의 원천을 명확하게 밝힘으로써 무조건적, 보편적, 개별적 소득 이전의 내적 정당성이 확립된다(금민, 2020).

2. 기본소득은 성과에 따른 분배가 이루어지기 위한 전제 조건

사회적 부의 생산에 기여한 사람들 각자에게 기여한 만큼 몫이 돌아가야 정의로운 분배가 이루어진다. 기본소득은 유급 노동의 수행 여부와 관계없이 지급되며 자산 수준과 무관하게 지급된다. 기본소득은 기여나 성과와 무관한 소득 이전이다. 이는 언뜻 보면 성과의 원칙에 위배되는 것처럼 보인다. 하지만 여기에서 주목해야 할 점은 기본소득의 원천은 공유부라는 점이다. 즉 성과의 원칙에 따라 특정한 경제주체에 배타적으로 귀속될 수 없는 몫을 무조건적, 보편적, 개별적으로 분배하는 제도가 기본소득이다. 그렇다면 이러한 제도는 성과의 원칙에 위배되지 않는다. 오히려 모두의 몫을 개별적인 모두에게 조건 없이 되돌려 준 이후에야, 성과에 따른 분배가 제대로 이루어질 전제 조건이 충족된다. 경제활동 참여자들에게 각자의 성과에 따른 몫이 정당하게 분배되려면, 먼저 모두의 몫에 대한 무조건적, 보편적, 개별적인 평등 분배가 이루어져야 한다. 기본소득은 '각자에게 각자의 몫을 주라suum cuique tribuere'는 정의 원칙이 지켜지기 위한 전제 조건이다.

3. 무엇을 공유부로 볼 수 있을까?

가장 직관적인 공유부는 자연적 공유부이고 토지는 자연적 공유부의 원형이다. 토지를 개간한 사람이 토지의 가치를 증대했을지라도 토지 그 자체를 창조하지는 않았다. 건물을 지은 사람이 땅을 창조하지는 않았을뿐더러, 부동산 가격의 등락은 건물 가격보다는 토지의 위치, 사회경제적 입지 조건에 좌우된다. 천연자원 또는 생태환경은 원래 인류 모두에 속한 자연적 기초이고 인류 모두의 것이다. 천연자원을 채굴한 사람은 채굴을 통하여 천연자원의 가치를 증대했을지라도 천연자원 그 자체를 창조한 것이 아니다. 법률적 소유권을 누가 가지고 있든 천연자원은 원래 모두의 것이고 채굴로 발생하는 수익의 일부는 모두에게 조건 없이 배당되어야 한다. 토지와 천연자원에 대한 원천적인 공동소유자로서 모든 사람은 수익의 일부를 배당받을 권리를 가지고 있다. 나아가 생태환경은 세대와 세대를 넘어 인류 모두의 삶의 기초이며, 현세대의 인류는 무분별한 개발로 생태환경을 파괴하지 않을 책임을 진다. 생태에 부담을 지운 기업이 생태환경의 사용에서 발생하는 수익을 독차지하는 것은 반생태적일 뿐만 아니라 분배정의에 위배된다. 토지 그 자체, 천연자원, 생태환경 등은 모두의 것이며 이로부터 나온 수익의 상당 부분은 자연적 공유부이다. 노동과 자본의 투하만으로 공유부의 독식이 정당화될 수는 없다. 자연적 공유부는 모든 사람 각자에게 조건 없이 분배되어야 한다.

자연적 공유부만이 아니라 인공적 공유부도 기본소득의 중요한 원천이다. 인공적 공유부란 사회적 협력에 의해서 발생하며 누가 얼마만큼 기여했는지를 따질 수 없기에 특정한 경제주체의 성과로 귀속될 수 없는 수익이다. 경제학자 사이먼(Simon, 2000)은 모든 소득의 90%가 이전 세대에 의해서 축적된 지식의 외부효과라고 보았고 이 중에서 적어도 70%는 기본소득으로 분배할 것을 제안하였다. 이러한 외부효과가 개별적인 사회구성원 모두에게 무조건적으로 다시 할당될 때에만 비로소 분배정의는 이루어진다. 지식은 '전승된 공유부'일 뿐만 아니라 현재의 지식생산 역시 지식공동체에 빚지고 있는 만큼 '협동적 공유부'라고도 말할 수 있다. 지식 발전에는 개인의 창의력이 필수적이지만, 공통 지식에 기초한 지식공동체가 없다면 개별적 창조력의 개화는 아예 불가능하다.

지식뿐만 아니라 빅데이터도 인공적 공유부로 볼 수 있다. 데이터 기반 의사결정의 확산과 인공지능 혁명으로 오늘날 기업 자산 중에서 빅데이터가 차지하는 중요성이 점점 더 커지고 있다. 빅데이터는 인간 활동의 전 영역에 대한 디지털기록물이며 매 순간 갱신되고 새로 생성된다. 플랫폼 알고리즘은 빅데이터에 의존하여 업그레이드된다. 디지털 기업은 데이터가 수집되고 저장되는 플랫폼을 소유함으로써, 데이터를 활용하고 빅데이터를 생성하며 인공지능을 개발하고 이윤을 증대한다. 이와 같은 이윤 창출 메커니즘은 플랫폼 외부의 디지털 활동이 데이터의 형태로 공급되어야만 유지될 수 있다. 플랫폼 없이는 데이터가 수집되지도 않으며 빅데이터가 생성될 수도 없지만, 사람들의 디지털 활동이 없다면 플랫폼은 어떠한 데이터도 수집할 수 없으며 빅데이터가 만들어질 수도 없다. 따라서 플랫폼 기업이 빅데이터 활용으로 발생한 수익 전체를 차지하는 것은 정당하지 않다. 빅데이터로부터 발생한 수익 중 일부는 공유부로 간주할 수 있으며, 따라서 개별적인 모든 사람에게 조건 없이 기본소득으로 배당하여야 한다.

4. 공유부 배당의 다양한 형태

기본소득은 공유부의 무조건적, 보편적, 개별적 배당이다. 기본소득의 재원은 공유부이다. 그런데 시장소득 차원에서 공유부는 불평등하게 분배된다. 예를 들어 토지소유자, 화석연료를 사용하는 기업, 플랫폼 기업 등의 소득에는 공유부가 포함되어 있다. 근본적으로 모든 종류의 소득은 공통 지식의 외부효과에 의존한다. 조세 기반 기본소득은 이와 같이 사적 시장소득에 포함된 공유부를 조세로 회수하여 개별적인 사회구성원 모두에게 조건 없이 되돌려 주는 제도이다. 여기에서 국가는 조세추출 기구이자 소득 이전 기구로서 매개적인 기능만을 담당하며 재량적 재정지출 권한을 가지지 않는다. 공유부는 원래 개별적인 국민에게 평등하게 귀속되어야 하는 것이므로 국가는 공유부에 과세한 세수에 대해 재량적 처분권을 가지지 않는다.

물론 이와 같은 조세수입만이 아니라 국공유 자산의 수입이나 국가투자 지분의 수입도 기본소득 재원이 될 수 있다. 비록 현재 수많은 국부펀드 중에서 수익의 일부를 기본소득으로 배당하는 경우는 알래스카영구기금Alaska Permanent Fund뿐이지만, 이와 같은 모델은 기본소득 재정의 다각화라는 측면에서 주목할 필요가 있다. 국공유재산의 수익을 기본소득 재원으로 하려면 그 수익에 대한 국민 모두의 수익배당권을 도입하는 법률 개정이 필요하며 아울러 국공유재산의 비즈니스모델의 개발도 이루어져야 한다. 여기에서 국가는 시장참여자로서 적극적인 가치 창조자로서의 역할을 맡게 된다. 아울러 이와 같은 수익배당권의 도입은 국가나 지방자치단체의 공적 소유public ownership로부터 국민 모두의 공동소유

common ownership로의 전환을 뜻한다.

국가가 기업에 투자하고 지분을 획득한 후 지분 수익을 기본소득 재원으로 할 수도 있다. 산업정책, 특히 R&D 정책에 이러한 모델을 적용할 수 있다. 국가가 기업으로부터 지분을 획득하고 경영에 개입하지 않지만 수익배당을 받아 이를 다시 사회구성원 모두에게 조건 없이 배당하는 모델은 일찍이 제임스 미드(Meade, 1989: 38, 40)가 제안했었다. 여기에서 공공투자로 국가가 획득한 기업지분 수익은 공유부 수익으로 간주된다. 디지털 전환과 인공지능 혁명으로 인하여 산업정책의 고용유발효과가 급감한 오늘날의 경제 상황에서 이와 같은 공유지분 모델의 도입은 산업정책의 역진성을 완화하면서 자산불평등 및 소득불평등 완화에 기여한다. 『세계 불평등 보고서 2018』(알바레도 외, 2018: 3부)은 민간 자본의 증대와 공공 자본의 감소가 자산불평등의 주요 원인 중 하나라고 분석하는데, 공유지분 모델이 도입되어 기본소득형 산업정책이 추진될 경우에는 자산불평등의 해소에 기여하면서 동시에 소득불평등을 완화할 수 있다.

5. 공유부 분배와 사유재산권

이와 같은 세 가지 유형의 공유부 배당 방식은 헌법상의 사유재산권 보호와 충돌하지 않는다. 조세 기반 공유부 배당은 사유재산권의 이용·수익·처분을 직접적으로 제한하거나 박탈하지 않으며, 재산권에 입각한 수익을 과세를 통해 제한할 뿐이다. 다만 짧은 기간 동안 재산 가액 전체에 달하는 세금을 부과하여 사실상 재산권을 무상으로 몰수하는 결과에 이르게 될 경우에는 헌법상의 재산권 보호와 충돌한다(헌법재판소 2001. 2. 22.). 국공유 자산 수익의 무조건적, 보편적, 개별적 배당은 국공유 자산의 소유자를 개별적인 국민 모두로 본다면 오히려 소유자 원칙에 입각한 당연한 수익 분배일 뿐이다. 공공투자 지분의 수익을 개별적인 사회구성원 모두에게 분배하는 것 역시 사적 투자자가 소유 지분에 입각한 수익을 배당받는 것과 동일한 논리이며 소유자 분배 원칙에 어긋나지 않는다.

이처럼 공유부 배당은 사유재산권 보호와 충돌하지 않지만, 기여자 원칙이나 소유자 원칙에 따라 소득이 분배될 뿐인 현존하는 소득분배 패러다임의 대전환을 뜻한다. 조세 기반 공유부 배당은 기여자와 소유자의 소득 중에서 공유부를 환수하여 무조건적, 보편적, 개별적으로 나누어 준다. 이 점에서 공유부 배당은 기존 GDP 분배에 대한 수정을 뜻한다. 기본소득이 도입된다면, 기본소득으로 분배될 공유부 소득은 이윤, 지대 등 자본소득이나 노동소득과 구별되는 별개의 독자적인 요소로서 자리 잡게 된다.

공유부 분배정의의 핵심은 모두의 몫은 개별적인 모두에게 조건 없이 분배되어야 한다는 것이며, 공유부의 분배에 기여자 원칙이나 소유자 원칙을 적용한다면 분배정의에 위배된다.

6. 세수 전액의 무조건적, 보편적, 개별적 이전은 기본소득 재정의 특성

기본소득은 시장소득 분배에서 개별적 경제주체의 소득으로 편입된 공유부를 조세제도를 통해 회수하고 원래의 주인인 사회구성원 모두에게 되돌려 주는 제도이다. 여기에서 국가는 공유부를 회수하고 개별적 사회구성원 모두에게 조건 없이 이전하는 역할만을 맡는다. 즉 공유부 세수는 기본소득으로 지출될 뿐이며 세수의 용처에 대해 재정 당국은 재량권을 가지지 않는다. '세수 전액의 무조건적, 보편적, 개별적 이전'은 기본소득 재원의 성격이 공유부라는 점으로부터 나오는 재정 원칙이라고 말할 수 있다. 이 점에서 기본소득 재정은 국가가 법률에 기초하여 비용을 개별 국민에게 부담시키는 일반적 의미의 재정과 분명히 구별된다.

이러한 특성은 기본소득 재정을 특별회계로 계리할 때 형식적으로도 분명해진다. 기본소득 재정은 "특정한 세입으로 특정한 세출에 충당함으로써 일반회계와 구분하여 회계처리"(「국가재정법」제4조 ③항)하는 특별회계로 관리해야 한다. 기본소득 특별회계의 수입에 대해 재정 당국은 재량권을 가지지 않으며, 수입 전액이 무조건적, 보편적, 개별적 이전지출이 되므로 세입과 세출은 내적 견련관계를 가지게 된다. 특별회계로 기본소득 재정을 관리할 경우의 장점은 부담하는 세금과 지급되는 기본소득 액수를 누구나 명료하게 비교하여 명확한 손익계산이 가능하게 된다는 점이다. 과세와 혜택의 상관관계가 직접적으로 계산되지 않는 일반적인 조세와 달리 기본소득을 위한 과세에서는 세금은 많이 내지만 혜택은 적다거나 조세부담보다 많은 혜택을 받고 있다는 오해, 곧 재정환상fiscal illusion이 발생하지 않는다.

기본소득 재정과 관련하여 아울러 밝혀 둘 필요가 있는 것은 기본소득 재정 규모는 명목 부담 규모가 아닌 순純부담 규모로 계산해야 한다는 점이다. 과세와 이전의 연동, 특히 거둔 세수 그대로 모두에게 무조건적으로 1/n로 분배된다는 특징으로 인하여 기본소득의 총부담과 순부담은 불일치한다. 기본소득에 필요한 순부담은 기본소득 지급 총액보다 훨씬 적다. 기본소득의 순純비용은 지급받은 기본소득 액수보다 더 많은 세금을 부담한 사람들이 추가로 부담한 액수의 합계이기 때문이다. 부담한 액수와 지급받은 액수에 차이가 생기는 것은 개별적인 시장소득에 포함된 공유부의 크기는 상이하지만 회수된 공유부에 대해서는 누구에게나 동일한 몫이 돌아가기 때문이다. 기본소득으로 인한 재분배 규모는 순부담 규모와 일치한다.

금민 (2020). 『모두의 몫을 모두에게. 지금 바로 기본소득』 동아시아.

알바레도, 파쿤도 외 (2018). 『세계 불평등 보고서 2018』 글항아리.

헌법재판소 (2001. 2. 22). 선고 99헌바 3 · 46 (병합).

BIEN (2016). "The report from the General Assembly", by Toru Yamamori, Oct 11, News. (https://basicincome.org/news/2016/10/bien-report-general-assembly/)

Meade, James (1989). Agathotopia: The Economics of Partnership, London: Pergamon and Abreden University Press.

Simon, Herbert (2000). "UBI and the Flat Tax", Phillip van Parijs eds., What's Wrong with a Free Lunch, Beacon press.

제2장 _ 생태적 전환 속의 기본소득

안효상

1. 다중적 위기의 시대

우리 시대가 다중적 위기를 겪고 있다는 것을 부정하는 사람은 거의 없을 것이다. 경제위기, 기후위기와 환경위기, 불평등의 위기, 재생산의 위기 등등 열거하자면 끝이 없을 것이다. 그런데 이런 위기들은 서로 무관하게 발생한 것이 아니라 상호 연관되어 있고 상호 영향을 미치고 있다. 화석연료의 대량 사용 및 자연 자원의 대규모 추출에 의해 추동된 자본주의가 "지구온난화"라는 말로 상징되는 기후위기를 낳았다. 이때 지구온난화는 그 말과는 달리 모든 인류에게 동일한 영향을 미치는 게 아니라 차별적인 효과를 낳는다. 기후위기를 낳은 온실가스를 가장 적게 배출한 사람과 지역이 도리어 기후위기로 인해 더 큰 피해를 입고 있다는 것이 대표적인 예이다. 이런 점에서 기후위기는 그 자체로 부정의하다(김병권, 2020; Lawrence & Laybourn-Langton, 2021). 이것만이 아니다. 역사적으로 온실가스를 가장 적게 배출한 사람과 지역은 자본주의의 전개 속에서 자신들이 가지고 있는 삶의 기반, 즉 토지를 비롯한 자연 자원과 삶의 지혜도 약탈당했으며, 이는 최근 수십 년간 더 심해졌다. 거대한 토지와 자연 자원과 인간에 대한 수탈을 자행한 제국주의와 식민주의는 과거의 일만이 아니다. 상업적 농업과 축산을 위해 오늘날에도 아마존 유역을 비롯한 세계 곳곳에서 토지 수탈이 이루어지고 있으며, 지역 고유의 종자 및 토착 지식에 대한 약탈("생물 해적질")도 벌어지고 있다

(시바, 2000).

화석연료의 대량 사용 및 자연 자원의 대규모 추출에 기초한 자본주의는 분명 인류의 일부에게 '물질적 풍요'를 가져다주었다. 하지만 자본주의를 추동한 또 다른 힘인 이윤과 무한한 축적의 추구는 모두의 필요나 웰빙이 아니라 극심한 불평등을 낳았다. 우리는 250년 동안의 자본주의의 역사가 불평등의 심화와 이를 교정하려는 사회의 개입 사이에서 왕복운동을 했다는 것을 잘 알고 있다. 하지만 최근 수십 년 동안 이 왕복운동은 이윤추구라는 '일방운동'으로 바뀌었으며, 지구적 불평등과 사회적 불평등이 더는 감내할 수 없는 수준으로까지 진행된 이유가 바로 이것이다. 이는 주로 가장 추상적인 수준의 자본 운동인 금융화 때문이다. 논리적으로 볼 때 어떤 매개도 없이 이윤의 증가만을 추구하는 금융자본은 현실에 대한 고려, 즉 인간적 삶과 필요와 자연의 보존 등에 관심을 기울일 필요가 없으며, 말 그대로 "자본의 효율성"만 추구한다(프레이저, 2021).

금융화는 자본주의의 존립 자체도 위태롭게 한다. 실물경제로부터 최대한, 가능하면 완전히 벗어나는 방식으로 운동하는 금융자본은 결국 가치의 창조가 아니라 가치의 이전, 즉 수탈 혹은 강탈에 의한 이윤 및 축적의 추구로 이어지는데, 이는 경제 내부에서는 기존의 부의 이전이며 경제 외부에서는 자연과 인간의 부를 추출하는 행위에 불과하다. 이런 금융화는 우리가 더 빨리 생태적, 사회적 한계에 직면하게 만들었다. 왜냐하면 금융자본주의는 자본의 가장 추상적인 운동 형태이기 때문에 현실의 제약을 전혀 고려하지 않으려 하기 때문이다. 하지만 금융자본은 무한한 경쟁 속에서 자유낙하에 처할 수밖에 없다. 이것이 꽤 오래 지속되고 있는 경제위기의 한 측면이다.

현대자본주의의 운동 방식으로 인해, 그리고 이에 대한 대항추가 약화된 상태에서 우리가 겪고 있는 또 다른 위기는 사회 재생산의 위기이다. 역사적으로 인류의 가족 형태는 다양했을 뿐만 아니라 변화해 왔지만, '여성의 세계사적 패배' 이후 (사적인) 돌봄노동이라는 사회 재생산의 주요 형식은 주로 여성에게 귀속되었다. 이는 사회구성원(시민)의 삶을 국가가 책임진다고 하는 현대 복지국가에 와서도 변하지 않았다. 생계부양자(가장)의 완전고용과 사회보험이라는 현대 복지국가의 기본 원리와 형태가 이를 잘 보여 준다. 하지만 현대자본주의와 국가에서 진행된 개별화, 여성의 지속적인 '의식화', 값싼 노동력을 찾아 나서는 자본의 운동 속에서 최근의 사회 재생산 방식과 형태가 위기에 처했다(폴브레, 2007; 페데리치, 2011). 인류는 지난 세기에, 특히 지난 세기 후반에 한편으로 '인구 폭발'을 경험했지만 다른 한편으로 '쓰레기가 되는 삶'과 '버려진 삶'을 목격했으며, 이는 오늘날에도 지속되고 있다.

물론 사회 재생산의 위기는 좁은 의미의 돌봄의 위기에 한정되지 않는다. 개별화와 무한 경쟁 속에서 우리는 '우리'라는 말과 삶의 형식 자체를 상실해 왔다. 다시 말해 우리는 인간 및 비인간 존재를 포함한 세계와의 관계를 끊어 버리고, 세계를 오직 대상으로만 바라보게 되었다. 만약 우리가 버리는 플라스틱이 강과 바다에서 다른 생물종을 거쳐 결국 우리에게 돌아온다는 것을 '정말로' 안다면 과연 우리가 플라스틱을 그렇게 버릴 수 있을까? 이렇게 보면 사회 재생산의 위기는 관계의 위기, 즉 관계의 해체로 인한 우리 삶의 기반의 해체이다. 따라서 기후위기와 환경위기는 사회 재생산의 위기와 떨어져 있는 것이 아니다(Bollier & Helfrich, 2019).

우리가 겪고 있는 기후위기와 환경위기는 결국 인간들의 관계 및 인간과 세계가 맺고 있는 관계의 위기의 한 차원이다. 따라서 기후위기 및 환경위기를 넘어서는 일 혹은 이를 완화하거나 거기에 적응하는 일이 다른 위기를 그대로 놓아둔 채로는 가능하지 않을 것이다. 다시 말해 우리가 이름을 어떻게 붙이건, 위기를 넘어서는 일은 지금까지 우리가 살아

온 방식 전체를 근본적으로 바꾸는 일이 될 것이다.

2. 환경위기 속의 기후위기

한때 극성을 부리던 기후변화 부정론자들을 이제는 쉽게 찾아볼 수 없다는 사실이 어쩌면 기후위기의 심각성을 드러내는 일인지도 모른다. 물론 기후위기에 맞선 우리의 대응이 긴급하다는 데에도 많은 사람이 동의하고 있다는 점은 다행스러운 일이다. 늦어도 2050년까지 탄소배출 제로에 도달하는 탈탄소의 경제와 사회를 만들어야 지구온난화를 산업화 이전 대비 섭씨 1.5도 이내로 억제할 수 있음을 많은 사람이 동의하고 있다(촘스키, 폴린, 2021). 하지만 어떤 가치를 가지고 어떤 방향으로 나아가야 하는지에 대해서는 여전히 모호하거나 기존의 것을 유지하려는 경향이 강하다. 좁은 의미에서 산업을 재편하려는 시도에 머무는 "녹색 성장"이 대표적인 예라 할 수 있다. 기후위기만이 아니라 전반적인 환경위기 시대에 에너지 체제 전환을 중심 내용으로 하는 녹색 성장 및 그린 뉴딜은 출발점이 될 수 있을지는 몰라도 종착점일 수는 없을 것이다 (Aronoff et al., 2019; Hickel & Kallis, 2019).

물론 환경위기 가운데에서도 기후위기는 정말로 심각한 사태이다. 지난 250년 사이에, 좀 더 가깝게는 지난 70년 사이에 인류가 배출한 탄소가 급격하게 늘어났다. 대기 중 이산화탄소$_{CO_2}$는 250ppm에서 400ppm 이상으로, 메탄$_{CH_4}$은 700ppb에서 1700ppb로 늘어난 것이다. 이로 인해 모든 대륙에서 기록적인 기온 상승이 일어나고 있으며, 해수면이 상승하고, 삼림이 불타고, 빙하가 녹고, 슈퍼 폭풍이 빈발하고 있다.

2018년 10월에 나온 IPCC(Intergovernmental Panel on Climate Change, 기후변화에 관한 정부간 협의체) 특별 보고서 『섭씨 1.5도 지구온난화』에 따르면,

최근의 인위적 온난화로 인한 온도 상승 추세는 10년마다 섭씨 0.2도이며, 현재 속도로 지구온난화가 지속되면 2030~2052년 사이에 섭씨 1.5도 상승할 가능성이 높다고 한다. 산업화 이전에 비추어 섭씨 1.5도 상승하는 것도 인류의 삶에 커다란 위협이 되지만, 섭씨 1.5도 상승 수준으로 억제하는 것도 쉽지 않은 과제이다. 이를 위해 2030년까지 2010년 대비 CO_2 배출량을 최소 45% 감축하고, 2050년까지는 전 지구적으로 배출량 순제로에 도달해야 한다(김병권, 2020; 촘스키, 폴린, 2021).[1]

이렇게 기후위기가 심각한 것은 사실이지만, 인류를 포함해서 지구상의 모든 생물이 심각한 위기에 처해 있다는 것이 더 현실적인 판단이다. 자연 세계의 경우, 자원이 소비되고 생태계 자체가 파괴되는 속도가 회복되는 속도보다 훨씬 빨라졌다. 이를 우리는 "행성적 한계"라는 개념으로 이해할 수 있을 것이다. 다시 말해 인류를 비롯한 모든 존재의 삶을 떠받치고 있는 생태적 한계ecological boundaries가 있는데, 현재 이를 넘어서고 있다는 것이다. 스톡홀름 회복력 센터Stockholm Resilience Center는 대기권 오존 고갈, 생물권의 온전함의 상실, 화학적 오염과 새로운 물질의 방출, 기후변화, 대양 산성화, 담수 소비 및 지구적 수자원 순환, 토지 체제의 변화, 질소와 인의 배출, 대기 에어로졸 부하 등 아홉 가지의 행성적 한계를 제시하며, 그 가운데 기후변화를 비롯한 몇 가지는 이미 그 한계를 넘어섰다고 말한다(Rockström et al., 2009).

이렇게 본다면 우리 시대를 기후위기를 포함한 전반적인 환경위기, 더 나아가 "환경 붕괴environmental breakdown"의 시대라고 보는 게 맞을 것이다. 다시 말해 지금까지 인류의 모든 행위, 즉 우리가 문명이라고 부르는 것

---

1) 이 글을 쓰는 시점에 IPCC가 「제6차 평가보고서 제1실무그룹 보고서」(IPCC, 2021)를 승인했다는 보도가 나왔다. 이 보고서에 따르면, 지금과 같은 수준의 온실가스배출이 지속될 경우 산업화 이전 대비 지구 평균 기온이 섭씨 1.5도 이상 상승하는 시기가 2021~2040년 사이라고 한다. 게다가 탄소배출량을 많이 줄인다 하더라도 상승 온도가 1.5도 이상에 도달할 가능성이 50% 이상이 된다고 한다. 말 그대로 지구온난화가 가속되고 있으며, 탄소배출의 급격한 감축 이외에 다른 길은 없어 보인다.

을 만들어 낸 인류의 역사는 지구의 자연사가 특유하게 안정적인 시기에 이루어진 것인데, 이제 이런 시기가 끝났다는 것이다(Lawrence & Laybourn-Langton, 2021). 이제 우리는 이런 붕괴를 최대한 막아 내면서도 여기에 적응하며 살아가야 하는 새로운 시기에 이미 접어들었다고 할 수 있다.

3. 환경정의와 사회정의

"인류세Anthropocene" 개념은 오늘날 우리가 직면한 환경 붕괴를 이해하는 실마리를 제공한다. 인류세는 "여러 가지 면에서 인간이 지배하는 현재의 지질학적 세epoch"를 가리키는데, 멀리는 18세기 후반에 시작되었고 가깝게는 1950년대 "거대한 가속"을 통해 분명해졌다. 인구 증가 및 1인당 자원 이용의 증가로 지구환경에 미치는 인간의 영향력이 커졌다는 것을 알게 해 주는 이 인류세 개념은 오늘날 인류가 직면하고 있는 환경 붕괴가 인류 공통의 도전이라는 점을 말한다(Bonneil & Fressoz, 2016).

인류세 개념과 인류 공통의 도전이라는 말은 현재의 환경 붕괴를 이해하는 실마리를 제공하긴 하지만 사태의 절반만을 드러낸다. 왜냐하면 인류는 착취, 억압, 차별 등등의 말로 표현할 수 있는 분할된 관계를 형성하고 있으며, 이 속에서 현재의 환경 붕괴에 더 큰 책임이 있는 지역, 집단, 개인 들이 있기 때문이다. 그리고 분할된 관계를 우리는 하나의 체제라고 말할 수 있을 것이다. 이런 점에서 앞서 말했듯이 기후위기를 포함한 환경위기 자체가 부정의이며, 따라서 '정의로운 전환'이 아닌 전환은 전환이 아니거나 가능하지 않다.

인류세 시대에 인류가 만들어 내고 발전시킨 체제는 보통 자본주의라고 불린다. 자본주의 체제는 과거에 있던 그 어떤 사회체제와도 달리 자유로운 경제활동, 그리고 끊임없는 이윤추구와 축적을 목표이자 존재 이유로 삼고 있다. 이는 화폐의 양과 순환 속도의 증대로 나타난다. 하지만 이는 구체적인 상품의 증대 및 물질적 처리량의 증대를 통해서만 가능하다.

20세기 들어 이런 자본주의의 근거이자 목표를 대신하는 말이 (경제)성장이다. 자본주의적 성장 속에서 인류의 일부가 물질적 혜택과 풍요를 누리는 한편 노동생산성 향상이 이루어졌고, 이는 더 많은 자원과 에너지의 소비로 이어졌다. 하지만 물질적 풍요는 착취와 수탈을 통해 소득과 부의 불평등을 낳았다. 또한 자본주의의 끊임없는 축적 요구는 끊임없는 소비로 이어져야 했기에 의도적인 희소성을 고안했고, 이는 언제나 결여와 격차를 낳았다.

한편 자본주의적 성장은 에너지와 물질의 처리량throughput의 지속적인 증대로 나타나며, 이것이 자본주의의 생태적 모순을 이룬다. 자본주의에서 이 처리량은 지속적으로 더 많이 자연에서 추출되어야 한다. 또한 처리량은 폐기물이 되어 생태계로 흡수되어야 한다. 이러한 자원의 추출과 폐기 모두 생태적 효과를 낳으며, 앞서 말한 것처럼 이는 우리의 행성적 한계를 넘어서는 사태이다(Kallis, 2018).

이처럼 자본주의적 성장은 생태계의 한계를 넘어설 정도로 자원을 추출하고 폐기물 처리의 부담을 안긴다는 점에서 강탈적 성격을 지니고 있다. 경제학에서 이를 "외부성"이라고 말하는 것은 화폐로 포착되지 않기 때문인데, 이는 결국 자본축적의 대가를 자연에 전가함을 다르게 표현한 것에 불과하다.

자본주의는 축적의 대가를 자연에만 전가하는 것이 아니다. 임금노동을 통한 잉여가치의 착취는 말할 것도 없고, 돌봄노동처럼 지불되지 않는 노동의 전유가 없다면 자본의 축적 자체가 불가능할 것이다. 왜냐하면 살아 있는 노동을 착취[이용]하는 것은 자본이지만 살아 있는 노동을 끊임없이 재생산하는 것은 자본 외부의 자연과 사회이기 때문이다(페데리치, 2011).

　또한 자본주의는 아직 '개발되지 않은', 다시 말해 자본주의에 포섭되지 않은 지역과 문화에 대한 정복과 수탈에 기초해서 발전했다. 한때 이를 제국주의와 식민주의라 불렀지만, 포스트식민주의 시대를 사는 오늘날에도 이는 지속되고 있다. 게다가 이런 지역들이 자본주의적 성장이 초래한 환경 붕괴로부터 가장 큰 피해를 보고 있다는 점에서 불의는 이중적이다.

　결국 환경 붕괴를 넘어서서 환경정의를 추구하는 일은 사회정의를 실현하는 것과 긴밀하게 얽혀 있다. 성장과 추출의 거대한 엔진으로 작동하고 있는 현대자본주의를 넘어서는 것과 환경 붕괴를 막는 것은 서로 다른 일이 아니다. 따라서 현재의 체제를 바꾸고 새로운 삶의 방식과 경제 활동 방식의 토대를 만드는 공동의 프로젝트가 필요하다. 이는 생명의 부양, 공동의 돌봄, 연대 등에 기초한 회복의 경제를 만드는 일이며, 사실은 우리가 함께 만들어 낸 것이지만 불평등하게 분배되어 온 공동의 부를 나누는 새로운 제도를 만들어 내는 일이다. 여기서 공동의 부를 나눈다는 것은 특정 사회 내에서만 이루어지는 일이 아니다. 인간과 자연의 새로운 관계를 수립하기 위해 '자연의 몫'이 할당되어야 한다. 지속가능성이라는 말에서 알 수 있듯이 현세대와 미래세대 사이의 정의가 수립되어야 한다. 끝으로 발전한 지역과 그렇지 않은 지역 사이에서, 한편으로는 역사적 책임을 다하고 다른 한편으로는 공동의 번영을 꾀하기 위한 정의가 필요하다. 지구적 기본소득 같은 정책은 이런 맥락에서 나온 것이다.

　이렇게 새로운 것을 상상하기 위한 집단적 노력이 필요한데, 이를 가능케 하는 출발점은 평등하고 자유로운 개인들의 형성이다. 이에 기초하여 자연적 공유지와 사회적 공유지를 함께 관리해야 한다. 그리고 집중화된 경제 권력이 아니라 민주적인 시장, 공적 영역의 토대를 만드는 새로운 국가가 요청된다.

4. 사회적, 생태적 전환과 기본소득

모두에게 아무런 조건 없이 개별적으로 정기적으로 현금으로 지급하는 기본소득은 그 자체로는 생태 중립적으로 보인다. 이는 기본소득 재원을 어떻게 마련하는지, 사람들이 기본소득을 어디에 쓰는지, 기본소득이 도입된 해당 사회가 다른 어떤 제도를 가지는지, 그리고 사람들이 어떤 가치와 지향을 가지는지에 따라 전혀 다른 효과를 발휘할 수 있다는 말이 된다.

하지만 기본소득의 정당성과 원천이 공유부common wealth에 대해 모두가 무조건적으로 가지고 있는 몫이라고 한다면, 여기에는 분명 생태 지향적 함의가 있다. 공유부는 우리가 공유자라는 현실과 관념에서 나온다. 공유지commons를 가지고 있거나 여기에 속하며 함께하고 있는commoning 공유자commoner로서 우리는 우리의 삶을 세계에 의존하고 있다. 따라서 자연과 사회 모두의 지속가능성은 우리 모두에게 사활적인 일이 된다(금민, 2020; Bollier & Helfrich, 2019).

이는 인간에게만 해당되는 원리가 아니다. 기본소득의 원리 가운데 가장 까다로운 게 무조건성이다. 모두에게 아무런 조건 없이 무언가를 주어야 한다는 것은 (양적이건 질적이건) 등가교환이 정의라고 간주할 경우 정당화되기 어렵다. 하지만 자연적 공유부를 생각할 때 이는 추상적 사회관에서 나온 것이라 할 수 있다. 자연과의 관계를 벗어난 사회란 존재할 수 없는 것이기에 인간들 상호 관계에서만 정의를 찾을 수는 없다. 또한 인공적 공유부를 생각할 때도 그 부가 개별로 분화될 수 있는 활동에서만 나온 것이 아니라 존재의 관계에서 형성된 것이라면 그 존재 자체가 권원權原이라 할 수 있다. 그렇다면 기본소득의 보편성은 모든 존재로 확장될 필요가 있다. 즉 자연에게도 자신의 정당한 몫이 있다는 것이다. 최근 새로운 환경주의로 떠오른 "공생의 보존주의"나 "새로운 보호주의" 모두 이를 인정하는 것이다(Büscher & Fletcher, 2020).

자본주의의 역사는 이런 공유지에 대한 인클로저나 포획을 통해 사적인 이익을 증대하고 자본축적으로 가속화하는 것이었다. 그리고 최근 수십 년 사이에 이런 경향을 더욱 커졌다. 이것이 자본주의의 생태적 모순을 이룬다는 것에 대해서는 이미 앞에서 말했다. 따라서 생태적 전환은 공유지를 회복하는 일을 포함해야 한다.

공유지를 회복하고 공유부를 나누기 위해서는 우리 모두가 공유자라는 것을 확인하는 일에서 출발해야 할 것이다. 우리 모두가 공유자라는 것은 서로가 동등한 인간이라는 것을 말한다. 하지만 현재의 사회체제는 다양한 분할, 위계, 사적 지배 등으로 이루어져 있으며, 그 원인 가운데 하나는 경제적 불평등이다. 이를 넘어서는 과정이 필요한데, 이때 요청되는 것이 모두에게 경제적 보장을 제공하는 일이다. 모두에게 아무런 조건 없이 경제적 보장이 제공될 때 타인의 사적 지배나 부당한 간섭에서 벗어나서 자유와 자율을 누릴 수 있다. 이럴 경우에만 앞서 말했듯이 새로운 삶의 방식을 상상하고 실천할 가능성이 열릴 것이다(안효상, 2021).

이제 우리가 이야기해야 하는 것은 기본소득의 생태적 효과이다. 자본주의적 성장은 이윤과 축적을 보장하는 것이지만, 인류의 일부에게 일자리와 소득과 물질적 혜택을 보장함으로써 자본주의를 안정화하는 기제이기도 하다. 따라서 사회적, 생태적 전환을 위해서는 이런 성장주의 패러다임에서 벗어나야 한다. 이때 기본소득은 경제적 보장과 성장 및 일자리 창출 사이의 연계를 끊어 내는 역할을 한다. 성장과 일자리 창출이라는 강박에서 벗어날 경우, 사람들은 시장도, 국가도 아닌 자율적 영역에서 더 많은 활동을 할 수 있을 것이다. 여기서 사람들은 생태적 영향은 더 적고, 개인적, 사회적으로 더 의미가 있는 활동을 벌일 수 있다. 물론 여기에는 온전한 의미의 여가sc|hole가 포함된다(Howard et al., 2019).

다음으로 기본소득은 생태적으로 부정적 영향을 끼치는 소비주의에서 우리가 벗어날 가능성을 연다. 앞서 말했듯이 자본주의적 성장과 끊임없는 축적은 소비주의를 내장할 수밖에 없었다. 하지만 자본주의 내의 위계적이고 불평등한 질서는 타인과의 동등한 소비와 함께 타인과 구별되는 소비를 부추긴다. 보통 "과시적 소비"나 "지위재의 추구"라고 부르는 이런 행위는 동등한 인간으로 이루어진 좀 더 평등한 사회로 나아갈수록 약화될 것이다(금민, 2020).

끝으로, 앞서도 말했듯이 기본소득은 그 자체로는 생태 중립적일 수 있다. 따라서 「3. 환경정의와 사회정의」에서 말했듯이 새로운 가치와 지향, 적절한 제도 등과 잘 어울릴 때 분명한 생태적 효과를 발휘할 수 있을 것이다. 반복하지만, 모든 사람의 자유와 자율을 보장하는 국가 및 공적 영역, 민주화된 시장 등이 필요하다.

5. 생태적 전환과 탄소세-탄소배당

최근 생태적, 사회적 전환을 위한 포괄적인 계획으로 제출된 것이 그린 뉴딜이며, 이제는 정도의 차이는 있을지언정 이를 거부하는 사람은 없는 것처럼 보일 정도이다. 그린 뉴딜의 주요한 내용 가운데 하나가 에너지 체제의 전환을 포함해서 탈탄소의 경제와 사회를 만드는 것이다. 이를 위해서는 여러 조치와 방법이 필요한데, (공적) 투자의 확대를 통해 탈탄소의 경제와 사회의 인프라를 만드는 것이 대표적이다. 하지만 재생에너지 체제를 확대한다고 해서 그동안 지배적이었던 화석연료 부문이 빨리 퇴출되는 것은 아니다. 따라서 재생에너지 부문을 장려하는 것과 동시에 탄소 경제를 억제하는 조치가 있어야 한다. 그 가운데 하나가 "교정 조세corrective tax"로서의 탄소세이다(Boyce, 2019).

시장이 제대로 작동할 때 탄소세는 가격에 거의 그대로 반영되어 탄소배출량이 많은 제품의 생산과 소비를 억제하는 데 효과적인 방책이다. 바로 이런 이유로 탄소세는 역진적일 수밖에 없다. 지구적으로 볼 때 부유한 지역에서, 사회적으로는 부유층이 더 많이 탄소를 배출한다고 할 때, 생태적 전환을 위한 탄소세가 역진적이라는 사실은 아이러니이자 정의롭지 못한 것이다. 그리고 이는 프랑스 '노란 조끼' 시위에서 알 수 있듯이 생태적 전환 자체를 가로막게 될 것이다.

이 문제를 해결하려고 제안된 것이 탄소세와 연동된 탄소배당이다. 즉 탄소세로 거둔 수입의 전부 혹은 거의 전부를 모든 사람에게 동등하게 분배하는 것이다. 이때 탄소세-탄소배당은 두 가지 의미가 있다. 우선 탄소세는 탄소배출권과 달리 탄소배출 총량을 규제하는 게 아니라 시장의 가격 메커니즘을 활용해서 탄소배출을 억제하는 것이다. 따라서 생태적 전환 과정에서 필요한 만큼의 탄소를 줄이기 위해서는 탄소세율을 탄력적으로 조정할 수 있어야 한다. 탄소배당은 이를 가능케 한다. 예를 들어 탄소세가 오를 경우 탄소배당도 그만큼 많아지기 때문에 저항을 막을 수 있다. 다음으로, 앞서 말한 것처럼 탄소세와 결합한 탄소배당은 역진성을 넘어서 진보적일 수 있다. 탄소를 많이 배출하는 사람들은 그만큼 탄소세를 많이 부담할 것이지만 배당은 똑같이 이루어지기 때문이다.

여기서 다시 확인해야 할 것은 탄소세는 교정 조세라는 점이다. 그리고 탄소배당이 그 말처럼 기본소득 형태를 취하긴 하지만 탄소세의 원래 취지에서 벗어나서는 안 된다는 것이다. 탄소배당은 생태적 전환을 촉진하고 이 과정에서 에너지를 비롯한 삶의 토대를 모두가 누릴 수 있어야 한다는 맥락에서 나온 것이다. 이런 점에서 탄소배당은 가능하면 빨리 적어질수록 그리고 가능하면 빨리 없어질수록 좋은 정책 수단이다.

6. 나오며

우리가 다중적 위기를 겪고 있을 뿐만 아니라 사태의 무게에 눌려 체념에 빠지지 않고 언제나 그러했던 것처럼 다중의 힘으로 인간적 삶을 지속시키기를 원한다면, 그 다수의 힘과 지혜를 발휘할 수 있는 기반을 마련하는 것이 그 무엇보다 시급한 과제가 될 것이다. 이때 기본소득은 그 정당성과 원천, 그 원리와 작동 방식이라는 점에서 가장 뚜렷하고 효과적인 수단이다.

기본소득은 그 정당성과 원천이라는 관점에서 보았을 때, 인간과 세계, 인간과 인간이 상호 의존적일 뿐만 아니라 공통의 기반에 서 있다는 것을 깨닫게 해 주는 아이디어이다. 이런 점에서 기본소득은 생태 지향의 잠재력이 있다. 하지만 그 잠재력이 실현되기 위해서는 가치와 지향은 말할 것도 없고 다양한 정책 및 제도와 결합되어야 한다. 기본소득이라는 경제적 보장을 디딤돌로 해서 사람들이 생태적일 수 있는 자율적 영역으로 옮겨 가기 위해서는 노동시간 단축, 기본적인 필요를 만족시킬 수 있는 공적 부문, 자율적 영역에 대한 제도적 뒷받침 등이 필요할 것이다. 이런 점에서, 언제나 말하듯이, 기본소득은 만병통치약은 아니지만 새로운 사회를 만들고자 할 때 빠져서는 안 되는 필수 요소라 할 수 있다.

금민 (2020). 『모두의 몫을 모두에게. 지금 바로 기본소득』 동아시아.

김병권 (2020). 『기후위기와 불평등에 맞선 그린뉴딜』 책숲.

시바, 반다나 (2000). 배기윤 외 옮김, 『자연과 지식의 약탈자들』 당대.

안효상 (2021). 「기본소득의 오디세이아」, 『녹색평론』 5-6월호.

촘스키, 놈 & 로버트 폴린 (2021). 이종민 옮김, 『기후 위기와 글로벌 그린 뉴딜』 현암사.

페데리치, 실비아 (2011). 성원·김민철 옮김, 『캘리번과 마녀』 갈무리.

폴브레, 낸시 (2007). 윤자영 옮김, 『보이지 않는 가슴』, 또 하나의 문화.

프레이저, 낸시 (2021). 김성준 옮김 , 『낡은 것은 가고 새것은 아직 오지 않은』 책세상.

Aronoff, Kate, Battistoni, Alyssa, Cohen, Daniel Aldana and Riofrancos, Thea (2019). A Planet to Win: Why We Need a Green New Deal. London and New York: Verso.

Bollier, David & Helfrich, Silke (2019). Free, Fair and Alive: The Insurgent Power of the Commons. Gabriola, BC: New Society Publisher.

Bonneil, Chrisophe & Fressoz, Jean-Baptiste (2016). The Shock of the Anthropocene: The Earth, History and Us. London and New York: Verso.

Boyce, James K. (2019). The Case for Carbon Dividends. Cambridge: Polity Press.

Büscher, Bram & Fletcher, Robert (2020). The Conservation Revolution: Radical Ideas for Saving Nature beyond the Anthropocene. London and New York: Verso.

Hickel, J, & Kallis, G. (2019). "Is Green Growth Possible?", New Political Economy. (http://doi.org/10.1080/13563467.2019.1598964)

Howard, Michael W., Pinto, Jorge and Schachtschneider, Ulrich (2019). "Ecological Effects of Basic Income," Malcolm Torry (ed.), The Palgrave International Handbook of Basic Income. Cham, Switzerland: The Palgrave Macmillan.

IPCC (2021). Climate Change 2021. The Physical Science Basis. Summry for Policymakers.

Kallis, G. (2018). Degrowth. Newcastle upon Tyne: Agenda Publishing.

Lawrence, Mathew & Laybourn-Langton, Laurie (2021). Planet on Fire: A Manifesto for the Age of Environmental Breakdown. London and New York: Verso.

Rockström et al. (2009). "A Safe Operating Space for Humanity," Nature 461, September 24.

제3장 _ 기본소득과 젠더평등: 모두의 존엄과 인정을 위한 기본소득

이지은, 김교성

1. 공유부에 대한 개인의 권리, 기본소득

개인은 자연환경과 사회공동체에 속해 있으며, 우리는 이 공동체의 일원으로서 공유부를 배당받을 권리가 있다. 존재함으로써 존엄한 우리는 기본소득을 받을 권리가 있는 것이다.

기본소득은 사회구성원 모두에게 아무런 조건 없이 개별적이고 정기적으로 현금을 지급하는 제도이다. 기본소득이 지급되어야 하는 까닭은 원래 모두에게 속해 있던 공유부를 모두에게 동등하게 나누어야 정의롭기 때문이다. 이처럼 기본소득은 '공유부'에 대한 사회구성원의 권리에 기초한 '몫'으로 제공된다. 이러한 배당 원리로 인해, 기본소득은 자산조사나 기여가 필요한 기존 복지 원리와 완전히 다른 차원의 접근이다. 따라서 현 사회보장체계를 대체함으로써 취약계층의 복지를 악화시키는 방식으로 작동하지 않는다. 오히려 보편 증세를 통해 사회적 신뢰를 형성하고, 새로운 보편의 기틀을 확립할 토대가 될 수 있다.

기본소득은 모든 개인의 '존엄'을 위한 기초가 될 수 있다. 현대사회에서 개인의 생존과 재생산의 문제는 일차적으로 가족과 개인의 능력에 따른 각자도생에 맡겨져 있다. 부족한 소득은 개인의 생존에 영향을 줄 뿐만 아니라, 관계의 양과 질도 변화시킨다. 원하지 않는 일을 할 수밖에 없는 상황을 만들고, 저임금 불안정노동자의 지위로 내몬다. 진입할 수 있는 일자리의 수준은 비관적인 경우가 많고, 이마저도 얻을 수 없는 사람들은 사회 속에서 자신의 자리를 점점 더 잃어 간다. 현 구조에서 일자리를 통한 소득보장은 이 그림자 속에 묻혀 있는 사람들의 존엄을 지키기에 미약하다. 주로 여성인 가사노동자·돌봄노동자, 예술가, 학생, 원하지 않은 일자리를 오래 견디지 못하는 감수성을 가진 사람, 신체적·정신적으로 아픈 사람 들을 배제한다. 이에 반해 공유부에 대한 권리로서 지급되는 기본소득은 개인의 자율성을 향상하면서 최소한의 존엄을 지키는 수단이 될 수 있다.

기본소득은 개인의 개념을 재정립한다. 고군분투하며 경쟁에서 살아남은 승리자의 모습이 아니라, 공동의 자원에서 길러진 '모두에 속한' 개인, '상호 의존적인' 개인으로 개념을 전환할 수 있다. 기본소득을 받을 권리가 '우리 모두'에게 있기 때문이다. 개인의 생존과 존엄은 온전히 나의 능력과 자원에 기초한 것이 아니라, 정치공동체 공통의 자원에서 나온 부를 평등하게 분배함으로써 공동체 구성원의 당연한 권리로 지켜진다. 이러한 이유로 기본소득이 지급된 사회에서 우리는 개인의 자율성과 존엄을 지키면서 공공 속에 존재하는 개인으로서의 삶을 영위하는 방식을 배울 수 있다.

2. 불평등과 모욕을 넘어: 기본소득의 의미

'그녀'에게 정책은 지금까지 다른 세상 이야기거나 굉장히 불쾌한 경험이었다. 내가 어떤 사람인지를 증명해야 했고, 가족관계나 노동시장 지위와 관련된 서류들이 필요했다. 오랫동안 아이들을 키우느라 돌봄노동에 전념했던 그녀의 인생에서 증명할 수 있는 내용은 가족관계뿐이었다. 국가로부터 어떤 것을 받는 순간, 그녀는 그것을 사용한 내역을 모두 증명해야 했다. 매우 골치 아픈 과정이었다. 그 과정에서 자기검열과 눈치는 계속해서 늘어 갔다. 무엇보다 참을 수 없는 것은 이 모든 서류심사를 통과한 후에 급여가 남편(세대주)에게 지급되었다는 사실이다. 정책이 낙인을 찍거나 눈치 보게 하는 것이 아니라 희망일 수는 없을까?

현대사회에서 기본소득은 무슨 의미일까? 누군가의 아내, 엄마로 불리던 그녀에게 내 이름의 무엇이 생겼다. 그것의 이름은 '기본소득'이라고 했다. 신청 단계에서 '나의 관계와 상황을 증명하는' 서류는 확연하게 줄어들었으며, 기본소득이 지급된 뒤에도 어떠한 증빙을 요구하지 않았다. 기본소득은 나 자신에 대한 인정으로 느껴졌고, 처음으로 느껴 보는 '시민'으로서의 감각을 발현시켰다. 기본소득은 나의 존엄을 지킬 수 있는 최소한의 수단이 되었다. 기본소득은 누군가에겐 쓸모 있는 소비로, 여유로, 시간으로, 다른 삶을 시작해 볼 수 있는 기회로, 그리고 희망으로 다가왔다.

경제적 안정은 심리적 안정과 밀접하게 연결된다. 생계를 꾸리는 것이 1순위인 사람들에게 '여유 없음'은 만성적인 불안과 스트레스에 시달리게 한다. 짙은 안개처럼 깔린 불안은 장기적 측면에서 삶을 계획할 수 없는 상황으로 사고의 폭을 축소한다. 나아가 자원의 빈곤은 관계의 빈곤을 유발한다. 사회적 배제나 고립과 밀접하게 연관되어 있다. 이러한 상황에서 정기적이고 안정적으로 지급되는 기본소득은 '먹고사니즘'에서 어느 정도 벗어나 삶의 만족과 행복을 추구할 수 있는 경제적, 심적 여유를 제공한다. 마음의 여유는 관계의 회복과 새로운 '관계 맺기'에도 큰 변화를 줄 수 있다.

자원이 부족한 사람들은 자원을 많이 가진 사람들보다 더 많은 불평등과 모욕을 감당해 내고 있다. 역설적인 것은 이를 견뎌 내는 삶 속에서 원하지 않는 방식으로 굴욕을 내재화하고 또 다른 모욕과 폭력을 재생산하고 있다는 점이다. 가정폭력을 감당한 아동이 부모가 되었을 때 자신의 자식에게 폭력을 행사하는 것처럼, 온몸으로 감당한 불평등과 모욕은 삶 속에 흉터로 남아 관계 속에서 전이된다.

우리 사회의 놀라운 경제성장의 이면에는 세계 최고 수준의 노동시간과 경이로운 자살률 등의 병폐가 산재해 있다. 어두운 현실은 '과연 현재의 방식이 괜찮은가?'라는 질문을 남긴다. 재난 시기, 기후 우울이 만연하고 '희망 없음'이 삶을 질식시키고 있는 상황에서, 대안적 삶과 사회를 상상하는 일을 멈춘다. 그럴 여유와 시간과 자원이 없다. 기본소득은 이러한 흉터 같은 불평등과 모욕을 애초에 피하거나 최소한 자신을 잃지 않게 할 기반이 된다.

웃음이 피어나고 창조적인 생각과 관계가 만들어지는 순간은 서로의 여유로움이 만나는 찰나에 발생한다. 모욕은 또 다른 모욕을 불러일으키며, 폭력은 또 다른 폭력 관계를 재생산한다. 기본소득은 사람들에게 최소한의 여유와 안정을 제공함으로써, 삶의 이야기를 다른 방식으로 창조하는 역할을 할 것이다. '불평등과 모욕'을 '신뢰와 환대'로 전환하기 위해 우리는 지금 기본소득이 필요하다.

3. 반차별과 페미니즘: 기본소득의 가능성

불평등의 반대말은 평등이 아니라 반차별이다. 평등은 차이의 존재를 인정하는 것을 포함한다. 모두를 위한 기본소득은 성별, 나이, 국적, 인종, 가족 형태, 혼인 여부, 성적 지향, 신체 조건, 능력과 사회적 지위로 개인을 차별하지 않으며, 개인의 자율성과 차이를 인정한다. 동시에 공유부 배당으로 인해 연대의 범위가 현세대에서 미래세대로 확장된다. 현재 주어진 공통의 부가 현세대만의 전유물이 아니기 때문이다.

반차별(평등)과 차이의 인정이라는 측면에서 기본소득은 페미니즘의 중요한 가치와 연결된다. 사실 기본소득은 모두에게 지급되기 때문에 젠더 중립적인 정책이다. 그럼에도 불구하고 기본소득은 결과적으로 젠더 정의gender justice에 기여할 가능성이 있다. '권력관계를 재배치할 힘'을 부여하기 때문이다. 하나씩 살펴보자.

첫째, 기본소득은 즉각적으로 빈곤을 완화할 수 있다. (남성) 가구주에 대한 경제적 의존에서 벗어날 수 있는 자원을 제공하며, 자신을 무시하고 모욕하던 고용주와의 불평등한 관계에서 새로운 협상력을 창출한다.

둘째, 기본소득은 개인의 자율성을 증진하며 삶의 다양한 영역에서 참여와 활동을 확장한다. 페미니스트 학자 페이트먼Patemon, C.은 현재의 정책이 양도할 수 없는 '자기 통치권'을 '고용'이나 '결혼'에 기반하게 한다고 비판하면서, 기본소득은 이러한 고용과 결혼, 시민 사이에 내재한 종속 관계를 단절할 수 있게 한다고 주장한다. 단순히 개인의 자유를 증진하는 것을 넘어 삶의 모든 영역에서 참여와 활동을 보장한다는 측면에서 정치적 자유를 확장한다는 의미이다. 여기에는 가구와 직장 내 폭력 관계에서 벗어날 수 있는 여지를 준다는 것도 포함된다. 개인 단위로 제공되는 기본소득은 개별자로서 자기 자신의 통치권을 온전히 확보할 수 있는 기초가 되며, 동시에 타인과 동등한 지위에서 관계 맺을 수 있는 마중물이 될 수 있다.

셋째, 현 사회가 여성의 무급 노동에 무임승차하고 있는 점을 고려해 보았을 때, 기본소득은 '평등'한 여가 시간에 기여할 수 있다. 통계청의 「2019년 가계생산 위성계정」(2021년)에 따르면, 2019년 기준 무급 가사노동의 가치는 약 490조로 국내총생산GDP의 약 25.5%에 달한다. 현재 우리 사회의 '노동-생산 체제'가 주로 여성이 수행하고 있는 무급 가사노동, 돌봄노동에 의존하고 있음을 알 수 있다. 현 체제는 사실상 여성의 무급 노동을 적절하게 보상하는 방식이 아니라 돌봄을 시장화하면서 여성의 노동을 값싸게 활용하는 방식으로 발전해 왔다. 여성의 지위 성장도 사적 영역이라 불리는 무급 노동에 대한 '인정' 측면은 무시한 채, 노동시장 영역에서 지위를 획득하는 방식으로 이뤄져 왔다. 따라서 다수의 여성이 무급 노동에 많은 시간을 투여하는 동시에 유급 노동에 참여함으로써 '이중 노동'을 수행하고 있다. 무급 노동에 대한 구조적 무임승차는 결과적으로 다수의 여성이 경험하고 있는 '시간빈곤' 문제로 부각된다. 이러한 측면에서 기본소득은 여성의 시간 자율성을 향상하는 역할을 할 수 있다.

넷째, 프레이저Fraser, N.가 주장한 젠더 정의는 경제적 자원의 '분배'와 문화적 '인정' 질서의 변화를 통해 궁극적으로 여성의 '동등한 참여'를 보장하는 것을 의미한다. 기본소득은 경제, 사회, 문화 전반에 뿌리 깊게 자리한 젠더 부정의의 심층을 변혁하기보다 그 변혁이 가능하도록 하는 디딤돌로 기능할 수 있다. 개인의 자유를 평등하게 보장하는 일이 공유부를 정의롭게 분배하는 것에서부터 시작할 수 있기 때문이다. 기본소득은 사회구성원으로서 동등한 참여를 보장하는 기반이 된다는 점에서, 그리고 개인의 자율성과 협상력을 강화할 수 있다는 점에서 젠더 정의 실현에 중요한 역할을 할 것이다.

다섯째, 무엇보다 기본소득은 '관계에 대한 상상'을 촉진할 수 있다. 우리의 관계적 상상력은 매우 빈약하다. 현대사회의 개인은 일반적으로 혈연으로 조직된 가족에서 태어나 양육되며, 학교생활을 거쳐 직장을 다니게 된다. 그리고 다시 이성애 남녀의 혼인으로 맺어진 새로운 가족을 생성한다. 돌봄은 가족 내에서 1차적으로 수행되고 주로 여성이 담당한다. 우리는 가족, 학교, 직장, 종교를 벗어난 다른 방식의 관계에 대해 상상할 수 있는가? 비혼주의와 1인 가구가 확대되고 있는 사회에서 우리는 가족 밖 돌봄을 구체적으로 상상할 필요가 있다. 자기 돌봄과 상호 돌봄을 가능하게 하는 공간이 가족을 벗어난 공간에 존재하는가? 우리는 누구와 어떻게 관계를 맺으며 살아갈 수 있을까? 개별 단위로 지급되는 기본소득은 누구와 어떻게 관계를 맺을지를 결정하는 관계 중심적 삶을 기획할 힘과 기회를 부여할 수 있다.

이러한 관계에 대한 상상은 자본과 노동의 관계를 포함한 삶에 대한 집단적 상상으로 발전할 수 있다. 자본주의사회에서 우리의 쓸모는 생소한 시민이라는 정치적 행위자로 인식되기보다 똑똑한 생산자와 소비자인 경제적 주체로 인식된다. 준 만큼 받는다는 경제적 논리에 따른 삶의 방식은 '그냥' 혹은 '그 자체로 의미 있기 때문에' 하는 활동의 영역을 황폐화한다. 감정은 쓸모없는 비용이 되고, 성장하지 않거나 생산적이지 않다고 생각되는 시간은 삭제되어야 할 것이 된다. 이러한 성장에 대한 모든 선형적인 사고로 인해, 타인과 연결된 삶, 나의 감정을 들여다보고 채우려는 비물질적인 관계 노동을 쉽게 외면해 버린다.

GDP로 측정되지 않는 여러 노동과 활동은 과연 무가치한가? 서로를 돌보는 일, 누군가를 위해 마당을 쓰는 일, 자급을 위해 텃밭에 농작물을 기르는 일, 유독 맑은 밤하늘에 뜬 달을 하염없이 바라보는 일 등은 가치가 없는 일일까? 돈으로 환산된 노동의 범위는 너무 좁고, 그마저도 평가절하 된 측면이 있다. 최근 불안정노동의 영역으로 간주되는 서비스, 플랫폼, 필수 노동의 영역이 그러하다. 돈으로 환산할 수 없는 수많은 가치 있는 노동, 그리고 그러한 삶들은 계속해서 외면받아야 하는가?

기본소득은 노동의 개념을 심문하며, 현재 돈으로 환산되는 노동 밖에 있는 삶에서 비가시화된 노동들을 소환한다. 노동시장의 체질을 개선하며, 노동시장의 불평등한 관계에서 탈출할 협상력을 제공한다. 자율성과 공존을 통한 관계의 다양성을 실험할 기회도 창출할 수 있다.

4. 차이에 대한 인정과 존엄을 요구하라: 기본소득 +

20대 후반에 들어선 그녀는 취업준비를 위한 스펙 쌓기를 그만두기로 했다. 막연히 언젠가 누군가와 결혼하여 가정을 꾸리는 삶에 대한 상상도 중단하였다. 그 대신 온전히 자유롭게 살아 보기로 하였다. 그렇지만 그것은 단순히 '자기만의 방'으로의 고립을 의미하는 것은 아니었다. 어린 시절 시골에서 자라 온 경험에 비추어 한적하고 조용한 농촌 마을에 살아 보기로 결정한 뒤, 뜻이 맞는 사람들을 만나 새로운 공동체 생활을 시작했다. 귀농과 귀촌을 위한 정부의 지원이 있었기 때문에, 주거를 구하는 일은 조금의 품으로 해결되었다. 허름하지만 남겨진 빈집을 개조한 적당한 보금자리였다. 앞에는 작은 텃밭이 있어서 룸메이트와 함께 먹을 수 있는 식량은 충분히 키울 수 있었다. 우리는 적게 소비하고 적게 생산하며 자급의 삶에 만족했다. 일주일에 하루는 함께 모여 누군가가 써 내려간 시를 읽고 노래를 부르기도 했으며, 지역의 문제들을 진지하게 논의하고 우리 나름의 해결책을 모색했다. 지역에서는 '전 연령대를 막론하고 함께 돌봄'을 상상하는 녹색돌봄협동조합이 시작되었다. 우리는 지역 안에서 서로 돌보며 함께 살아가는 삶에 익숙해져 갈 것이다. 이 모든 것이 기본소득이 있어서 가능했다. 우리는 원하지 않은 노동을 하지 않는 대신 적게 소비하고 생산하며 삶에 더 집중하는 방식을 선택했다.

우리는 아주 자연스럽게 차이를 차별하여 구분하는 것에 익숙해져 왔다. 경쟁과 생존, 능력주의 패러다임 속에서 개인은 점점 더 많아지는 '차별' 속에 갇혀 스스로를, 그리고 서로의 영혼을 갉아먹는다. 우리는 차별하지 않고 차이를 인정하며 '존재함'으로써 존엄함을 위한 조건으로 기본소득을 요구해야 한다. 우리 모두가 같은 토대를 가지고 있다면, 우리는 남과 '차별화'함으로써 나의 정체성을 찾기보다, '나'이기 때문에 긍정할 수 있는 자기-관계로 나아갈 수 있다. 물은 가장 낮은 곳에서

부터 차오른다. 기본소득은 물처럼 가장 낮은 계층의 삶에서부터 차오르면서 고르게 변화를 시작할 것이다. 모두를 위한 기본소득이지만, 목소리를 잃은 사람들에게 기본소득은 권리의 언어가 될 것이다. 기본소득에 대한 요구는 더 나은 삶에 대한 요구로 표출될 것이다.

기본소득이 지급된 사회는 단순히 기본소득 '만' 지급된 사회를 의미하지 않는다. 우리가 생각하는 사회적, 생태적 전환으로서의 기본소득에 대한 요구에는 기본소득 외에 '플러스알파(+α)'가 있다. 어찌 보면 기본소득이 지급된 사회에서 플러스알파에 무엇이 포함되는지가 더 중요할수 있다. 모두의 차이를 인정하고 존엄을 요구하는 기본소득의 정치에는 '좋은 삶'에 대한 논의가 수반되어야 한다.

페미니즘 관점에서 기본소득의 지향에는 '좋은 돌봄'으로의 패러다임 전환이 동행되어야 한다. 모든 시민이 '함께 일하고', '함께 돌보는' 사회로의 전환을 위해서는 기본소득뿐만 아니라 제반 정책의 마련이 필수적이다. 체계적인 노동시간 단축과 대안적인 근로시간 체제에 대한 구상이 필요하며, 현 노동시장 내 차별금지와 성별 임금격차 해소를 위한 법제화 과정도 수반되어야 한다. 돌봄서비스에 대한 접근권을 높이기 위해 공·사회서비스도 강화해야 한다. 사회구성원 모두가 돌봄의 책임과 권리를 동등하게 분담할 수 있도록 법, 제도, 규범의 변화가 절실하다.

기본소득은 다양한 주변적 지위를 가진 사람들을 배제하지 않으면서 존엄과 연대의 정치 속에서 구현될 수 있다. 보편성, 무조건성, 개별성, 정기성은 젠더 정의의 측면에서 중요한 요소이며, 장기적으로 기본적인 삶을 영위할 수 있는 충분한 수준의 기본소득 도입을 위해 노력해야 할 것이다. 모든 존재가 개별자로서 '같이' 그리고 '따로' 잘 살아갈 수 있는 조건들은 무엇일까? 함께 일하고 함께 돌보는 사회, 좋은 삶과 사회에 대한 논의가 기본소득과 함께 더욱 다양하게 발화되기를 기대한다.

제4장 _ 기본소득과 불평등/분배정의: 불평등을 완화하는 기본소득

윤형중, 백승호

1. 기본소득과 재분배

기본소득과 재분배효과는 오묘한 관계다. 기본소득은 '모두의 몫을 모두에게'라는 공유부의 분배정의 실현이 주요 목적이다. 하지만 역사 속에서 기본소득이 처음 제기된 시기뿐 아니라 주요하게 논의된 여러 국면마다, 빈곤과 불평등, 그로 인한 사회불안이 기본소득이 이슈화되는 주요한 요인이었다. 오늘날의 기본소득론을 주도하고 있는 기본소득지구네트워크BIEN가 결성된 것은 1986년이지만, 이들의 연구와 활동이 전 세계 공론장에서 주요하게 다뤄진 시기는 글로벌 금융위기 이후인 2010년대이고, 주로는 기술적 실업의 위기와 불안정노동자 계층의 확대가 주목을 받은 2016년 이후였다. 불평등이 시대적 과제로 등장한 시기에 그 대안으로 기본소득이 주목을 받은 것이다.

기본소득이 대안으로 부상한 배경에는 불평등의 심화뿐 아니라, 다른 어떤 복지국가 제도들이 재분배정책으로 불평등 완화에 성공하지 못했다는 사실이 있다. 다른 정책보다 재분배효과가 클 것이란 기대로 기본소득이 부상했다는 의미다. 하지만 기본소득이 가장 많이 받는 비판이 재분배효과가 없거나 떨어진다는 것이다. 심지어는 불평등의 대안으로 알려진 기본소득이 불평등을 악화시킨다는 '역설적인 상황'을 강조하는 이들도 있다. 앞서 "오묘한 관계"라고 표현한 이유는 재분배효과와 관련해 기본소득이 극단적으로 상반된 평가를 받고 있기 때문이다.

그렇다면 기본소득은 실제로 재분배에 어떤 효과가 있을까. 여기에 대한 답은 두 가지 측면에서 살펴볼 필요가 있다. 첫째는 경제적 측면에서의 재분배효과이다. 경제적 측면에서의 기본소득의 재분배효과는 고정적이지 않다. 기본소득의 충분성 수준에 따라 재분배효과가 달라지기 때문이다. 그리고 고소득층일수록 높은 세율을 부과하는 누진적 조세 단계에서만 재분배효과가 있는 것도 아니다. 모든 소득계층에 동일한 세율을 적용하여 소득세를 걷는 조세체계에서도 기본소득은 재분배효과가 있다.

둘째는 정치적 측면에서의 재분배 성과이다. 복지는 경제적 효과에 의해서 결정되고 확대되기보다는 정치적 과정에서 결정되고 확대된다. 기본소득 자체가 그 원리상 다른 소득보장 체계보다 재분배효과가 떨어지지 않으면서 재분배에 투입되는 예산의 총액을 늘리는 데에 유리하다. 이런 특징은 결과적으로 다른 소득보장 체계보다 나은 재분배효과로 귀결된다. 복지는 정치다. 복지 확대를 위한 증세는 많은 사람이 복지를 경험할 때 더 쉽게 수용되는 경향이 있음을 북유럽 복지국가들이 이미 보여 주었다. 그럼에도 불구하고 기본소득의 재분배효과에 대한 논의에서 '복지정치적' 측면이 간과되는 경향이 있다.

기본소득이 재분배효과가 떨어지거나 혹은 불평등을 악화시킨다는 주장들은 일견 타당해 보일 수 있다. 하지만 하나하나 따지고 보면 그런 주장은 기본소득의 특징을 제대로 이해하지 못한 논리적 결함을 가지고 있거나, 필수적이고도 재분배효과가 큰 복지정책을 폐지하여 확보한 재원으로만 기본소득을 지급한다는 비현실적인 가정을 전제로 하고 있다.

2. 경제적 관점에서의 재분배효과

첫째, 기본소득은 재정을 마련하는 단계부터 재분배효과를 낳는다.

기본소득은 공공부조와 같은 필요의 원리, 사회보험과 같은 기여의 원리에 따라 재정을 마련하지 않는다. 기본소득은 모두의 것이라는 공유부에 대한 모두의 몫의 선분배라는 분배론적 정의론에서 비롯된다(금민, 2020). 토지나 환경 등의 자연적 공유부를 활용한 생산 활동의 결과에는 자신의 노력 이외에 토지나 환경의 기여분이 이미 포함되어 있고, 지식을 활용할 수밖에 없는 경제활동의 성과에는 이미 나의 노력 이외에 역사적으로 누적되어 온 선조들의 기여분이 포함되어 있다. 빅데이터를 활용한 플랫폼 기업들의 경제활동과 그 결과인 이윤에도 이미 빅데이터를 만드는 데 기여한 우리 모두의 몫이 포함되어 있다. 그럼에도 불구하고 공통의 몫이 포함되어 있는 부를 토지소유권자, 자원을 개발하는 이들, 빅데이터를 모아서 활용하는 플랫폼 기업 등이 더 많이 가져가는 경향이 있다. 기본소득의 재정 원리는 기존에 소수나 기업이 과도하게 편취했던 '모두의 몫'을 모두에게 되돌리는 것이다. 따라서 당연히 소수에게 집중된 부가 다수에게 이전되는 재분배효과가 나타난다.

둘째, 기본소득은 그 원리상 조세체계와 연계된다는 점도 재분배효과를 낳는다. 기본소득의 재원을 마련하기 위해 기존 재정지출의 구조를 조정하는 방안이 제시되기도 하지만, 시민소득세, 토지보유세, 탄소세, 데이터세 등 새로운 세금의 도입 및 세제개편이 필수적이다. 따라서 기본소득은 세금을 거두고 나누는 체계 전반의 변화를 수반하고, 이는 재분배효과로 이어진다. 재분배의 개념이 정부가 세금으로 조성한 재원을 사회서비스나 복지급여로 지출해 시장소득을 조정하는 것이기 때문이다.

이처럼 기본소득에는 원리상 재분배효과가 있을 수밖에 없지만, 모두에게 동일한 금액을 지급한다는 점이 재분배효과가 없다는 인상을 주기도 한다. 이런 인식은 두 가지 측면에서 오류가 있다.

첫째, 모든 계층에 동일한 금액을 지급해도 소득재분배효과는 있다. 같은 금액이라도 계층에 따라 누리는 효용은 다르다. 게다가 동일한 금액이 지급될 경우, 절대적 소득격차가 유지된다고 해도 전체 소득에서 각 계층이 차지하는 소득의 비중은 달라진다. 소득불평등을 측정하는 여러 지표도 바뀐다. A의 소득이 100이고 B의 소득이 900이면, 고소득층이 저소득층보다 몇 배 소득이 많은지를 의미하는 소득배율은 9이다. 여기에서 100씩의 기본소득이 지급된다면 A와 B의 소득은 각각 200과 1,000이 되어 소득배율은 9에서 5로 하락한다. 만일 재원을 확보하기 위해 두 사람에게 20%의 비례세율로 부과했다면 최종 소득은 A는 180, B는 820이다. 이 경우에 소득배율은 4.55로 더 줄어든다. 더 나아가 t%의 비례세를 부과해 조성한 재원으로 모든 사람에게 기본소득을 지급할 경우에는 소득불평등 지표인 지니계수를 t%만큼 개선하게 된다.[1]

같은 금액을 지급하는 기본소득은 소득재분배효과가 없다는 논리의 두 번째 문제점은 과세의 측면을 아예 고려하지 않는다는 점이다. 기본소득은 앞서 보았듯이 동일한 금액을 지급할 때도 재분배효과가 발생하지만, 재원을 마련하는 과정에서 더 큰 불평등 개선 효과를 낳는다. 기본소득 재원안으로 제시된 탄소세, 토지보유세, 데이터세, 공유지분권 등은 모두 고소득자, 자산가, 플랫폼 기업에게 누진적으로 과세하는 방안이다. 기본소득은 다른 복지정책과는 달리 편익 체계와 함께 제시하는 세제 개혁안이라는 성격도 가지고 있다.

간혹 기본소득이 오히려 소득불평등을 악화시킨다는 주장도 제기된다. 이른바 '기본소득의 역설'이 발생한다는 주장이다. 이런 주장은 경제협력개발기구가 2017년에 발간한 보고서(OECD, 2017)에서 제기됐다. 이 보고서가 모의실험을 통해 이런 결론을 내린 이유는 현금성 복지정책을 폐지한 재원으로 모든 사람에게 기본소득을 지급한다고 가정했기 때문이다. 그런데 현실에서 현금성 복지 전액을 폐지한 재원으로만 기본소

---

1) 이 명제에 대한 수학적인 증명은 이건민(2018)에 있다.

득을 지급해 최저생활보다 열등한 대우를 받아들이도록 입법화하는 것은 불가능하다. 국민연금, 고용보험 등을 폐지하라는 법안이 국회에 상정되기도 어렵지만, 상정된다 해도 국회를 통과하기는 어렵다. 이미 이 제도들에 많은 사람이 이해관계를 형성하고 있기 때문이다. 최저생활을 보장하는 「국민기초생활보장법」 자체가 「헌법」 제34조 ①항의 "인간다운 생활을 할 권리"를 구체적으로 보호하는 법률이기 때문에, 이 법의 폐지로 기존 수급자가 낮아진 생계급여를 받는다면 「헌법」 정신에도 반한다. 기본소득이 불평등을 악화시킨다는 주장은 '전제'를 잊은 채 결론을 일반화하는 것에 불과하다. 게다가 현금성 복지를 폐지한 재원으로만 기본소득을 지급한다는 '전제'는 현실에서 실현될 수도 없는 가정이다.

3. 선별적 제도와의 비교 관점에서의 재분배효과

기본소득의 재분배효과는 여타 소득보장정책과의 비교를 통해 입증될 수 있다. 가난한 사람만 지원하는 선별소득보장정책이 형편이 괜찮은 사람을 포함해 모두에게 동일한 금액을 지급하는 기본소득보다 정의롭고 효과적이라고 생각하는 이가 많다. 부자에게도 소득을 지원하느라 세금으로 조성한 재정을 탕진하는 것은 불공정하고 어려운 이들만 선별하면 보다 많은 금액을 지원할 수 있다는 게 이들의 주된 논리다. 하지만 이런 논리는 두 제도의 비교를 통해 쉽게 반박될 수 있다.

거두고 나누는 기본소득의 양면을 모두 고려해 기본소득과 다른 소득보장 체계를 비교해 보고자 한다. 우선 세 사람이 있는 사회에서 소득이 있는 사람들에겐 비례세를 부과하고 소득이 없는 사람에겐 일정한 소득을 보장하는 선별소득보장 체계가 적용된다고 가정해 보자. 이런 가정은 최저생계 기준의 소득을 보장하는 공공부조인 국민기초생활보장제도를 염두에 둔 것이다. 다만 현행 소득세 체계는 모든 구간에서 세율이 같은 '비례세'가 아닌 소득구간이 높아지면서 세율이 높아지는 '누진세' 구조다.

　예를 들어 A, B, C의 시장소득은 각각 0원, 200만 원, 800만 원이다. 이 셋에게 선별소득보장을 제공하기 위해 3% 비례세를 부과하면, B와 C는 각각 6만 원과 24만 원의 세금을 낸다. 이렇게 모인 30만 원을 소득이 0인 A에게 모두 지급하면 〈표 4-1〉의 왼쪽과 같이 세금과 순수혜 금액이 결정된다. 선별소득보장 체계를 운용하는 정부는 소득이 적은 사람에겐 적은 세금을 거두고 소득이 많은 사람에게 많은 세금을 거뒀으며 소득이 없는 사람만 선별해서 지원했다. 합리적인 조세-급여 체계를 운영한 것으로 보인다.

〈표 4-1〉 선별소득보장과 동등한 기본소득 (단위: 만 원)

정책	선별소득보장				동등한 기본소득			
계층	A	B	C	계	A	B	C	계
소득	0	200	800	1,000	0	200	800	1,000
보조금	30	0	0	30	30	30	30	90
세금	0	6	24	30	0	36	54	90
세율	0%	3%	3%		0%	18%	6.75%	
순수혜	30	-6	-24	0	30	-6	-24	0

출처 : 강남훈(2019): 15

　이런 선별소득보장과 똑같은 효과를 내는 기본소득도 가능하다. 시장소득이 0원인 A에게 30만 원의 기본소득을 지급하면서 B와 C에게도 30만 원씩을 지급해야 하니 총 90만 원의 재원이 필요하다. 이 재원을 B와 C에게 과세해 마련해야 한다. 이때 선별소득보장과 순수혜가 같아지도록 B와 C의 세금의 규모를 각각 정하면 된다. B의 경우, 선별소득보장 체계에서 세금을 6만 원 냈고 보조금을 받지 않았으니 순수혜가 -6만 원

<표 4-2> 선별소득보장, 동등한 기본소득, 비례세 기본소득 (단위: 만 원)

정책	선별소득보장				동등한 기본소득				비례세 기본소득			
계층	A	B	C	계	A	B	C	계	A	B	C	계
소득	0	200	800	1,000	0	200	800	1,000	0	200	800	1,000
보조금	30	0	0	30	30	30	30	90	30	30	30	90
세금	0	6	24	30	0	36	54	90	0	18	72	90
세율	0%	3%	3%		0%	18%	6.75%		0%	9%	9%	
순수혜	30	-6	-24		30	-6	-24	0	30	12	-42	0

출처 : 강남훈(2019): 20

이다. 따라서 '동등한 기본소득 체계'에서 과세 금액을 36만 원으로 정하면 B의 순수혜는 -6만 원으로 동일해진다. C의 경우도 마찬가지의 과정을 통해 세금의 규모를 54만 원으로 정하면 순수혜는 -24만 원으로 선별소득보장과 동일해진다. 이렇게, 능력이 있는 사람들에게는 과세하고 어려운 이들에겐 지원하는, 선별소득보장 체계와 동일한 효과의 비례세 기본소득이 탄생하게 된다. 그런데 이 기본소득에는 소득 하위계층인 B의 세율이 18%이고 고소득층인 C의 세율이 6.75%인 역진적인 세율제도가 필요하다. 소득이 적은 사람에게 높은 세율을 부과하는 역진세는 공정하지도 않을뿐더러 정치적으로 도입될 수 없는 제도다.

따라서 동일한 금액의 기본소득을 지급하면서 세율 체계만 비례세 혹은 누진세로 가져간다면 B와 C의 순수혜가 달라진다. 예를 들어 기본소득 체계를 비례세로 한다면, 모두에게 30만 원을 지급하기 위한 90만 원을 마련하기 위해 A, B, C 전체의 소득 1,000만 원에 9%의 세율로 과세해야 한다. 이렇게 과세한 뒤에 기본소득을 지급하면 〈표 4-2〉의 오른쪽과 같이 B와 C의 순수혜는 각각 12만 원과 -42만 원이 된다. 선별소득보장 체계나 그와 동등한 기본소득 체계와 비교할 때, B는 18만 원의 이득을 얻고 C는 18만 원의 손해를 본다.

일각에서는 선별소득보장 체계와의 비교를 통해 '기본소득은 중산층만을 위한 정책이고 취약계층의 순수혜는 달라지지 않는다'라고 주장하기도 한다. 〈표 4-2〉의 왼쪽 선별소득보장과 오른쪽 비례세 기본소득을 비교하면 저소득층인 A의 순수혜는 똑같지만 고소득층인 C에게 더 과세한 금액이 고스란히 B에게 전달되었기 때문이다. 선별소득보장 체계와 비례세 기본소득만 비교하면 중간 소득계층인 B만 이득을 얻는 것이 분명하다.

하지만 기본소득이 중산층에게만 유리하다는 것은 단순화된 모델에서 비롯된 오해다. 일단 대부분의 경우, 소득보장 체계가 전무한 상황에서 선별소득보장과 기본소득 중 하나를 택해야 하는 상황은 없다. 거의 모든 국가에는 이미 선별소득보장 체계인 공공부조가 존재한다. 따라서 이 상황에서의 선택지는 크게 세 가지다. 첫째는 기존 선별소득보장 체계를 강화하는 것이다. 증세로 확보한 재원을 전액 선별소득보장 체계의 강화에 사용하는 것이다. 둘째는 선별소득보장 체계를 유지한 상태에서, 증세로 확보한 재원을 기본소득에 사용하는 것이다. 셋째는 선별소득보장 체계를 아예 폐지한 뒤에 기본소득을 도입하는 것이다. 기본소득지구네트워크를 비롯해 대부분의 기본소득론자들은 공공부조를 폐지하는 기본소득을 주장하지 않는다. 기본소득 지급액이 공공부조 금액을 넘을 경우에만 대체를 고려할 수 있다. 따라서 선별소득보장 체계와 기본소득을 제대로 비교하기 위해서는 증세로 확보한 재원을 기존 선별복지에 더 투입하는 첫 번째 선택지와 기존 공공부조를 유지한 채 증세로 확보한 재원만 기본소득에 사용되는 두 번째 선택지를 비교해야 한다. 첫 번째 선택지가 〈표 4-3〉의 가운데에 있고, 두 번째 선택지가 〈표 4-3〉의 오른쪽이다.

증세로 확보한 재원으로 선별소득보장을 강화할 경우에는, 저소득자인 A의 소득이 30에서 90으로 늘지만 B와 C는 받는 것 없이 올라간 만큼

〈표 4-3〉세율이 3%와 9%인 선별소득보장 체계와
증세분만 기본소득으로 지급하는 안 (단위: 만 원)

정책	선별소득보장(세율 3%)				선별소득보장(세율 9%)				증세분을 기본소득으로 지급			
계층	A	B	C	계	A	B	C	계	A	B	C	계
소득	0	200	800	1,000	0	200	800	1,000	0	200	800	1,000
보조금	30	0	0	30	90	0	0	90	50	20	20	90
세금	0	6	24	30	0	18	72	90	0	18	72	90
세율	0%	3%	3%		0%	9%	9%		0%	9%	9%	
순수혜	30	-6	-24	0	90	-18	-72	0	50	2	-52	0

더 세금을 더 내게 된다. 증세분을 기본소득으로 쓸 경우에는, 저소득자인 A의 소득은 30에서 50으로 다소 적은 폭으로 늘고, 중간 소득계층인 B는 올라간 세율로 세금이 기존 6만 원에서 18만 원으로 늘지만 기본소득 20만 원을 받게 되면서 2만 원의 순수혜를 얻게 된다. 기본소득의 경우, 순純부담자가 되는 이는 고소득자인 C뿐이다. C는 20만 원의 기본소득을 받지만, 72만 원의 세금을 내면서 총 52만 원의 순부담을 지게 된다. 따라서 선별소득보장과 비교한 기본소득의 특징은 중산층 '만' 이익을 얻는 게 아니라 중산층 '도' 이익을 얻는 것이다.

한편에서는 밀턴 프리드먼Milton Friedman이 주장한 마이너스소득세Negative Income Tax가 기본소득보다 재분배효과와 재원 규모 면에서 더 나은 정책이라는 시각이 있다. 마이너스소득세란 기준 소득 이상의 소득계층에게는 소득세를 부과하고 기준 소득 이하의 소득계층에게는 현금을 지급하는 정책이다. 국내에서도 한국형 마이너스소득세가 설계돼 발표된 적이 있으며(박기성·변양규, 2017; 변양호 외, 2021), 이들 정책의 설계자들은 마이너스소득세가 기본소득보다 우월한 정책임을 강조하고 있다.

기본소득과 마찬가지로 마이너스소득세도 설계에 따라 다른 효과를 낼 수 있다. 기본소득은 지급 금액과 재원 마련 방안에 따라 재분배효과가 차이가 있고, 마이너스소득세는 기준 소득과 마이너스소득세율을 어느 수준으로 결정하는지에 따라 효과가 달라진다. 기준 소득은 지급 대상을 정하는 기준이고, 마이너스소득세율은 지급 금액과 최저보장소득을 결정한다. 예를 들어 기준 소득이 5,000만 원이고 마이너스소득세율이 50%이면 최저보장소득은 2,500만 원이다. 소득이 3,000만 원이라면, 기준 소득과의 차액인 2,000만 원에 마이너스소득세율 50%를 곱한 1,000만 원이 지급받는 금액이다.

마이너스소득세의 계산식은 다음과 같다. 마이너스소득세 = 마이너스소득세율 × (기준 소득 - 소득)

마이너스소득세는 겉으로 보기에는 기본소득과 전혀 다른 제도처럼 보이지만, 개개인의 입장에서는 기본소득과 동등한 효과를 가져올 수 있다.

〈표 4-4〉 마이너스소득세와 비례세 기본소득의 비교 (단위: 만 원)

정책	마이너스소득세				비례세 기본소득			
계층	A	B	C	계	A	B	C	계
소득	0	400	800	1,200	0	400	800	1,200
보조금	40	0	0	40	40	40	40	120
세금	0	0	40	40	0	40	80	120
세율	-10%	10%	10%		0%	10%	10%	
순수혜	40	0	-40	0	40	0	-40	0

기준 소득이 400만 원이고 ±10% 세율을 적용하는 마이너스소득세의 경우, 소득이 각각 0원, 400만 원, 800만 원인 A, B, C가 있다면, A는 마이너스소득세로 40만 원을 받고, B는 내지도 받지도 않으며, C는 자신의 소득(800만 원)에서 기준 소득(400만 원)을 뺀 400만 원에 10%의 세율을 적용 받아 40만 원의 세금을 내게 된다. 이 방안은 모두에게 10%의 세율로 세금을 거둬 모두에게 40만 원씩 지급하는 비례세 기본소득 방안과 똑같은 재분배효과를 가져온다.

마이너스소득세가 기본소득보다 재분배효과와 재원 규모 면에서 우월하다고 주장하는 근거는 같은 재원이면 재분배효과가 크거나 같은 재분배효과를 가진다면 훨씬 적은 재원이 필요하다는 것이다. 두 제도의 재분배효과가 동일하게 설계된 위의 표에서 비교하면, 마이너스소득세는 40만 원의 세금을 거두고 기본소득은 120만 원의 세금을 거둔다. 마치 재원 규모가 기본소득이 마이너스소득세의 3배인 것처럼 보인다. 하지만 두 제도에서 개개인의 순부담(순조세)은 동일하다. 다만 기본소득은 모두에게 거두고 모두에게 지급하기 때문에 재원 규모가 커 보이는 것이다.

기본소득과 대비되는 마이너스소득세의 중요한 단점은 납세자와 수급자가 완전히 분리된다는 점이다. 이는 다른 선별소득보장 체계와 마찬가지로 제도의 도입과 확대를 어렵게 만드는 핵심 요인이다. 마이너스소득세를 널리 알린 밀턴 프리드먼 역시 이런 단점을 처음부터 인지하고 있었고, 프리드먼은 투표라는 정치적 기제로 인해 소수의 수급자와 다수의 납세자로 구성되어야 할 마이너스소득세가 다수를 수급자로 만들고 소수를 납세자로 만드는 제도로 변질될 가능성이 있다고 우려했다(Friedman, 1962: 194[한국어판 301쪽]). 하지만 마이너스소득세는 납세자와 수급자의 분리로 현실화되지 않았고, 프리드먼의 우려는 과도한 것일 뿐이었다.

4. 복지정치적 관점에서의 재분배효과

앞서 여러 사례에서 볼 수 있듯, 기본소득이 선별소득보장보다 재분배효과가 무조건 우월한 것은 아니다. 선별소득보장과 똑같거나 유사한 재분배효과가 있도록 기본소득을 설계하는 것이 가능하고, 저소득층의 순수혜를 선별소득보장과 동일하게 설계한 기본소득에 비례세율 혹은 누진세율을 적용하면 중간 소득계층이 순수혜자로 바뀔 수도 있다. 중산층은 선별소득보장정책에서 순부담자가 되지만, 기본소득에선 순수혜자가 된다. 기본소득은 중산층과 저소득층을 한배에 태우는 기획인 것이다.

　중산층을 순수혜자로 만드는 특징은 각종 기본소득 재원 마련 방안인 새로운 세목 도입이나 세제개편을 가능하게 하는 정치적 동력이다. 예를 들어 1999년에 처음 도입된 신용카드소득공제제도는 저소득층보다는 고소득층에게 더 많은 금액의 세금을 깎아 주는 제도다. 이 제도의 도입 취지가 거래 투명화로 인한 세원 확보이고, 이미 입법취지는 달성된 상태임에도 폐지되지 않고 있다. 엄밀하게는 일몰제로 도입된 제도이기 때문에 3년이 지나면 자연스레 사라져야 하지만, 매번 국회가 법을 개정해 일몰을 연기해 가며 제도를 유지하고 있다. 고소득자보다 상대적으로 적은 이득을 얻는 중산층도 이 제도의 폐지를 원치 않기 때문이다. 하지만 이 제도를 폐지하여 확보한 재원을 전액 모두에게 동일하게 지급하면 중산층은 순수혜자가 된다. 중산층이 이 제도의 폐지에 찬성할 가능성이 생기는 것이다. 이처럼 기본소득의 주요 재원 방안들인 시민소득세, 토지보유세, 탄소세, 데이터세 등도 모두 중산층을 순수혜자로 만들고, 이는 증세를 통한 재분배를 가능하게 하는 중요한 요인이다.

　'복지정치적' 관점에서 볼 때 중산층을 복지제도로 포괄하는 것은 매우 중요하다. 복지를 확대하기 위해서는 재원이 늘어야 하고, 재원을 늘리기 위해서는 증세가 필수적이다. 기본소득 중심의 보편적 소득보장 시스템은 다른 선별소득보장 시스템보다 중산층의 정치적 지지를 얻기가 쉽다. 선별소득보장 시스템은 중산층을 포괄하는 과반수를 순부담자로 만들었고, 선별된 소수만을 자격이 있는 복지 수혜자로 만든다. 따라서 중산층 이상에겐 복지 확대라는 유인이 약했고, 오로지 노블리스 오블리주, 도덕적 선의에 의존할 때만 증세가 가능했다. 하지만 기본소득은 중산층과 저소득층을 동일한 정치적 이해관계로 묶는다. 비유하자면 중산층을 저소득층과 한배에 태우는 것이다. 이 배가 망망대해에서 잘 헤쳐 나가려면, 먹는 것과 생활필수품을 나누고 각자가 각자의 역할을 잘하도록 서로 도와야 한다. 하지만 선별소득보장 체계는 항공모함을 탄 고소득층과 대형 여객선을 탄 중산층에게 뗏목에 의지해 풍랑을 견디는 저소득층을 도우라고 요구하는 셈이다. 같은 사회구성원으로서 취약계층이 최소한 생명의 안전을 획득할 정도로는 돕겠지만, 자신의 이해와 직접적인 관련이 없기 때문에 좀체 중산층과 고소득층의 부담 금액이 늘지는 않는다.

사회취약계층이나 빈민에게만 집중적으로 지원하는 복지 시스템이 언뜻 보기에는 이들의 생활조건을 개선하고 불평등을 완화할 것 같지만, 실제로는 중산층을 포함한 많은 사람을 포괄하는 보편적 복지 시스템이 오히려 사회취약계층이나 빈민의 삶을 더 많이 개선하고 불평등을 완화할 수 있다. 이는 이미 서구 복지국가의 경험에서 검증되어 왔다. 이른바 '재분배의 역설'이 작동하는 것이다. 결국 기본소득은 중산층의 정치적 이해관계를 바꾸고 이로 인해 정치적 실현 가능성을 높인다는 점에서, 다른 소득보장 체계보다 재분배효과가 높다고 볼 수 있다.

강남훈 (2019). 『기본소득의 경제학』. 박종철출판사.

금민 (2020). 『모두의 몫을 모두에게. 지금 바로 기본소득』. 동아시아.

박기성 · 변양규 (2017). 「안심소득제의 효과」, 『노동경제논집』 제40권 제3호.

변양호 외 (2021). 『경제정책 어젠다 2022』. 21세기북스.

이건민 (2018). 『기본소득의 소득재분배 효과: 테크니컬 노트』. Alternative Working Paper No.05, 정치경제연구소 대안.

Friedman, Milton (1962). Capitalism and Freedom. The University of Chicago Press. [밀턴 프리드먼, 『자본주의와 자유』. 심준보 · 변동일 옮김, 2007년, 청어람미디어.]

OECD (2017). "Basic income as a policy option: Can it add up?", Policy Brief on the Workshop Future of Work: OECD Publishing.

제5장 _ 사회경제적 전환과 기본소득

금민

기본소득은 사회경제적 전환transformation을 낳는다. 전환이란 생산과 분배, 기술혁신과 사회제도, 경제주체의 행동 방식과 국가의 사회정책에 걸친, 과거와 구분되는 새로운 단계의 등장을 의미한다. 기본소득의 전환적 효과는 네 가지 관점에서 나누어 살펴볼 수 있다. 기본소득의 전환적 효과를 제대로 드러내려면 1) 기본소득 도입이 소득분배, 소비, 성장에 미치는 효과, 2) 노동시장, 임금수준, 사회 재생산, 창조적 활동과 공동체 활동에 미치는 효과, 3) 기본소득의 특정 재원 모델 그 자체의 전환적 효과, 예컨대 토지보유세나 탄소세와 같은 교정 조세 또는 공유지분 모델의 전환적 효과, 나아가 4) 파괴적 기술혁신의 시대에 사회개혁의 핵심 과제로서의 기본소득의 의의를 살펴보아야 한다. 제1부를 마무리하는 이 장은 이와 같은 광범위한 주제에 대해 기존 연구를 개괄하며 2021년 한국이라는 구체적인 시공간에서 제안된 기본소득한국네트워크의 로드맵이 어떠한 사회경제적 전환을 함축하고 있으며 어떤 미래를 그리고 있는지를 보여 줄 것이다.

1. 소득 효과, 소비 효과, 성장 효과

기본소득은 개별적인 사회구성원 모두에게 동일한 금액으로 지급된다. 따라서 소득 효과는 기본소득 지급액뿐만 아니라 재원 조달을 위한 과세 모델과도 복합적으로 관련된다. 즉 '소득 이전과 과세가 모두 반영된 상태_{after transfers and taxes}'의 가처분소득(OECD, 2016)을 기준으로 시장소득의 분포가 얼마만큼 개선되는지를 따져야 한다. 모든 소득에 비례세_{flat tax}로 과세하고 일체의 조세감면이 없다는 가정하에 t%를 과세하여 개별적 사회구성원 모두에게 전액을 1/n로 분배하면 지니계수는 정확하게 t%p 개선되는데, 이러한 개선 효과는 수학적으로 증명 가능하며 구체적인 사회의 소득분포와 상관없이 항상 성립한다(Miller, 2017: 245~246; 이건민, 2017). 이는 이 책 제3부에서 다룰 기본소득을 위한 시민소득세에 대해서도 일반적으로 적용된다. 토지세와 탄소세와 같은 교정 조세와 기본소득을 연동한 모델의 소득 효과는 제3부에서 따로 설명한다. 기업이 부담하게 되는 빅데이터세나 기업에 대한 공공투자 지분의 수익을 배당하는 모델의 경우에 재원이 개인소득 외부에서 나오기 때문에 기본소득 지급액 그대로 가처분소득의 순증이라는 효과를 낳는다.

　기본소득의 소득불평등 완화 효과는 기본소득의 원천이 공유부라는 점을 떠올리면 직관적으로 이해된다. 기본소득이 도입되면 GDP는 이자, 지대, 배당 등 자본소득과 노동소득을 합친 시장소득과 공유부 소득으로 구분된다. 기본소득 지급 수준의 상승은 공유부 비중의 증대로 나타나며 그만큼 자본소득과 노동소득으로부터 환수하는 크기가 커진다는 뜻이다. 따라서 모두에게 1/n로 분배되는 공유부 비중의 증대는 그만큼 소득불평등이 시정된다는 뜻이며, 시장소득의 분포가 불평등할수록 시정 효과는 클 것이다.

　구체적인 과세 모델에 따라 불평등 개선 효과는 달라지겠지만, 기본소득은 시장소득을 위에서 아래로 재분배하는 가장 효과적인 방법이다(강남훈, 2011; 2017). 소득재분배 효과는 소비 효과로 이어진다. 저소득층의 한계소비성향이 고소득층의 한계소비성향보다 크기 때문에 고소득층으로부터 저소득층으로 소득을 이전시키는 기본소득은 사회 전체적인 소비를 증가시킨다(Yi, 2017). 이로 인해 노동수요도 증가하여 일자리가 늘어날 수 있으며 성장 효과를 낳을 수 있다(Nikiforos et al., 2017). 이와 같은 성장 효과보다 더 중요한 점은 성장의 성격이 바뀐다는 점이다. 저성장의 가장 주된 원인은 소득불평등, 지대추구 경제, 생태계 파괴였으며, 기본소득은 성장 방식을 변화시켜 지금까지와 달리 생태적이고 사회적으로 지속가능한 성장이 가능하게 만든다.

2. 무조건적, 보편적, 개별적 소득 최저선 보장의 전환적 효과

기본소득의 도입은 개별적인 모든 사람에게 무조건적 소득 안전판 income floor이 부여됨을 뜻한다. 무조건적, 보편적, 개별적 소득 안전판의 보장은 복합적인 사회경제적 변화를 낳는다. 기본소득 도입으로 인한 소득 불안정성의 제거는 노동시장, 임금수준, 건강과 여가, 사회 재생산, 공동체 활동, 생태적 삶 등 다차원적 변화로 이어진다.

1) 현행 사회보장체계와 비교할 때 기본소득 도입은 실업의 덫을 제거하여 기존 공공부조 수급 집단의 노동공급을 증가시킬 것이다(Yi, 2017). 하지만 이와 같은 노동공급 증대가 노동의 대가로 받으려고 하는 최저치인 '유보임금reservation wage'을 전체적으로 낮출 것이라는 예측은 타당하지 않다.

2) 생계 수준 이상의 충분기본소득full basic income을 전제할 때, 한편으로는 비록 저임금이라도 가치 있는 일자리를 선호할 가능성이 높아지면서 다른 한편으로는 충분한 소득 안전판이 부여되어 굳이 임금노동을 하지 않아도 될 만큼 노동자의 개별적인 협상력bargaining power도 높아진다. 전체적으로 볼 때 충분기본소득하에서는 저임금 일자리나 반생태적 일자리에 대한 노동자의 개별적 거부권이 부여되며, 임금수준은 전반적으로

상승하며, 특히 많은 사람이 기피하는 일자리의 임금은 크게 상승하게 될 것이다(Wright, 2006).

3) 반면에 생계 수준 이하의 부분기본소득partial basic income이 임금에 미치는 효과는 다소 논쟁적이다. 임금 보조금과 마찬가지로 부분기본소득도 임금수준을 하락시킬 것이라는 전망(Fitzpatrick, 1999: 84; Roth, 2006)이 있지만, 취업을 조건으로 하는 임금 보조금과 일자리 여부와 상관없이 지급되는 부분기본소득은 임금협상력에 미치는 영향이 다를 수밖에 없다(강남훈, 2017). 근로장려세제EITC와 같은 노동연계복지는 저임금의 고용주에게 보조금을 지급하는 효과를 낳는다(Standing, 2011: 25; 2017: 205; Groot, 2004: 34~35). 미국의 실증연구는 근로장려금 1달러 지출에 대해 고용주가 0.36달러를 가져가서 36%는 임금 삭감으로 이어진다고 보고한다(Rothstein, 2010; Nichols & Rothstein, 2016). 이와 반대로 "무조건적 기본소득UBI은 실제로 구직자들의 협상 지위를 강화하며, 무조건적 기본소득의 액수가 커질수록 더욱 그러하다"(Kasy, 2018).

4) 개별적 협상력이 강화되어 임금에 상승 압박이 가해지면, 기업은 더 많은 자동화를 통해 일자리를 희소하게 만들고 임금수준을 하락시키는 방향으로 움직이게 된다. 여기에 대한 해법은 또다시 기본소득 지급 수준을 올리는 것이다. 즉 기본소득 지급 수준의 제고는 노동자들에게 더 커다란 협상력을 부여하여 임금을 상승시키고 기업은 더 빠른 속도로 자동화에 나설 수밖에 없다. 이러한 과정 전체는 더 빠른 기술혁신, 더 높은 지식생산성, 더 고도화된 경제를 낳는다(Srnicek & Williams, 2016: chap. 5). 기술적 실업의 증대로 일자리의 질이 급격히 악화되고 있는 상황에서 충분한 기본소득은 임금 하락을 막을 뿐만 아니라 기본소득 지급액을 포함한 개별적 가처분소득을 증대한다. 기본소득은 과학기술혁신을 촉진하면서 동시에 과학기술의 새로운 단계에 조응하는 분배 체계를 형성하는 가장 효과적인 정책이다.

5) 그 밖에도 기본소득은 창업 증대, 사회적 경제의 활성화 등 노동시장에 대한 긍정적 효과를 일으키며, 노동시간 단축과 결합될 때 추가 고용 가능성을 증대한다(Gorz, 1999; Bregman, 2017).

6) 지금까지 세계 곳곳의 실험에서는 기본소득이 저소득층의 건강과 행복감을 향상한다는 결과가 공통적으로 나타났다(Torry, 2019: Part IV). 이와 같은 삶의 질의 변화는 더 많은 여가 시간과 젠더평등한 여가 시간 분배로 이어질 수 있다. 기본소득이 젠더평등에 미치는 효과에 대해서는 이 책 제3장에서 다루었다. 나아가, 소득 불안정성의 제거는 사회적 안정 및 통합 등 다양한 공동체 효과도 낳게 되며 정치적 참여 수준을 높여 민주주의를 실질적으로 만든다. 궁극적으로 기본소득 도입은 사회를 생태적으로 전환하는 지름길이다. 여기에 대해서는 이미 제2장에서 자세히 살폈다.

3. 교정 조세 및 공유지분 모델의 전환적 효과

기본소득의 특정 재원 모델은 그 자체로 사회경제적 변화를 낳는다. 토지보유세와 탄소세와 같은 교정 조세는 전환적 효과를 낳는다. 토지보유세는 사회구성원 대다수에게 재정적 이득을 안겨 줄 뿐만 아니라 토지 가격을 하락시켜 '지대추구형 경제'에서 '혁신추구형 경제'로의 전환을 촉진한다. 탄소세는 탄소 기본가격carbon basic price을 상승시켜 탈탄소 혁신을 위한 경쟁을 불붙이고 탈탄소 혁신기업이 생산한 제품의 가격경쟁력을 높임으로서 경제체제를 생태적으로 전환한다. 탄소세의 전환적 효과의 핵심은 최종소비자가격이 상승하더라도 저소득층에게는 재정적 이득이 된다는 점이 아니라 사회 전체적 차원에서의 전환, 곧 화석연료를 소비하여 기후위기를 초래하는 반생태적 경제에서 생태적인 '순환경제'로의 전환에 있다. 기본소득형 교정 조세의 전환적 효과에 대해서는 제3부에서 자세히 살핀다.

공유지분 모델은 공공투자에 대하여 국가가 지분을 획득하고 지분 수익을 기본소득 재원으로 삼는 모델이다. 이와 같은 재원 모델은 특히 그린-디지털 이중전환twin transition의 과제에 직면한 오늘날 공공투자가 역진적이지 않도록 해 준다. 디지털 전환은 국가 간, 기업 간, 사회구성원 간 격차를 발생시킨다. 국가 간 격차를 뛰어넘기 위해 정부의 주도적 투자가 필요하지만, 동시에 사회 내부 격차를 완화하기 위한 정책과 결합되어야 할 것이다. 공공투자 지분 수익의 전 국민 배당은 디지털 전환의 역진적 성격을 완화하며, 이는 그린 뉴딜 투자에 대해서도 마찬가지이다. 공유지분 모델에 의하여 과학기술적 혁신과 소유 및 분배 구조의 개혁을 포함한 사회개혁을 동시에 추진할 수 있다. 공유지분 모델의 출발점은 R&D 및 중소기업 지원금에 대하여 지분을 획득하고 지분 수익을 기본소득 재정으로 삼는 것이다. 나아가 국공유 자산의 운용수익이나 공기업 수익도 기본소득 재원으로 삼을 수 있다. 이와 같은 재원 모델은 국가의 역할을 단순히 시장실패를 교정하는 소극적 역할이 아니라 과감한 투자를 통해 새로운 시장을 만들고 공적 가치를 창출하는 기업가적 국가entrepreneurial state의 역할로 변화시킨다.

4. 기술혁명과 기본소득

현재의 사회제도에서는 과학기술혁명의 잠재력이 충분히 개화될 수 없으며 그 발전 방향은 왜곡되게 된다. 기술적 역량은 단지 사회발전의 잠재력을 규정할 뿐이며 실제로 사회가 그러한 잠재력에 얼마나 근접할 수 있는지는 해당 사회의 제도, 가치 체계, 보상 체계에 의하여 결정된다.

인공지능과 재생에너지로 대표되는 현재의 기술혁명을 잘 활용한다면 인류는 경제적 기본권이 보장되는 '풍요의 시대'에 진입할 수 있지만, 사회의 변화 없이 기술만으로 '풍요의 시대'가 열리는 것은 아니다. 예컨대 에너지전환은 값싼 화석연료에 의존하는 전통 제조업의 저항에 직면하며, 디지털 전환과 자동화는 일자리 질의 하락으로 경제적 불평등을 심화하며 사회적 저항에 부딪친다.

따라서 기술의 혁신과 사회의 혁신은 동시에 추진되어야 하며, 기본소득은 이와 같은 동시적 과제를 해결하는 가장 핵심적인 수단이다. 예컨대 빅데이터세를 도입하고 기본소득 재원으로 삼는 것은 디지털 전환을 추진하면서도 과실을 사회구성원 모두에게 분배하는 효과를 낳으며, 앞서 언급한 공유지분 모델은 국가가 특혜적이고 역진적인 산업정책으로부터 탈피하여 적극적인 가치 창조자이자 불평등을 완화하는 소득분배자로서 등장하게 만든다. 지식과 빅데이터와 같은 인공적 공유부의 경제적 중요성이 점점 커지고 있는 오늘날의 경제에서 공공투자를 매개로 한 공유지분 획득은 인공적 공유부에 대한 공동소유의 비중을 높여 나감으로써 기술혁신의 과실을 모든 사회구성원이 공유할 수 있도록 이끈다. 제12장에서는 공공투자 지분을 통한 기본소득 재원 마련의 구체적인 설계를 살펴본다.

강남훈 (2011). 「한국에서 기본소득 정책과 기초생활보장 정책의 재분배효과 비교」, 『마르크스주의 연구』 8(3).

강남훈 (2017). 「한국형 기본소득 모델의 가구별 소득재분배 효과」, 한국사회경제학회 2017년 겨울학술대회 발표문.

이건민 (2017). 「기본소득의 재분배효과」, 녹색전환연구소, 『전환소식』 5월 8일. (http://igt.or.kr/index.php?mid=column&document_srl=56704)

Bregman, R(2017). Utopia for Realists: And How We Can Get There. Bloosbury. [뤼트허르

브레흐만.안기순 옮김, 『리얼리스트를 위한 유토피아 플랜』 김영사, 2017년.]

Fitzpatrick, T. (1999). Freedom and Security. An Introduction to the Basic Income Debate, London: Palgrave Macmillan.

Gorz, André (1999). Reclaiming Work: Beyond Wage-Based Society. tranl. by Chris Turner, Polity Press. (french Edition: Galiée, 1997.)

Groot, Loek F. M. (2004). Basic Income, Unemployment and Compensatory Justice. Springer Science & Business Media.

Kasy, Maximilian (2018). "Why a Universal Basic Income Is Better Than Subsidies of Low Wage Work", Growthpolicy Working Paper. 8 August 2018.

Miller, Annie (2017). A Basic Income Handbook. Luath Press Limited.

Nichols, Austin & Jesse Rothstein (2016). "The Earned Income Tax Credit," Robert A. Moffitt (ed.), The Economics of Means-Tested Transfer Programs in the United States, Volume 1. Chicago: University of Chicago Press.

Nikiforos, Michalis, Marshall Steinbaum, and Gennaro Zezza (2017). "Modeling the Macroeconomic Effects of a Universal Basic Income". Roosebelt Institute. August. (http://rooseveltinstitute.org/wp-content/uploads/2017/08/Modeling-the-Macroeconomic-Effects-of-a-Universal-Basic-Income.pdf).

OECD (2016). "Income inequality remains high in the face of weak recovery", Income Inequality Update (November).

Roth, Rainer (2006). "Zur Kritik des bedingungslosen Grundeinkommens (BGE)". Frankfurt a. M., Februar. (http://www.alptraum.org/downloads/bge_rr.pdf)

Rothstein, Jesse (2010), "Is the EITC as Good as an NIT? Conditional Cash Transfers and Tax Incidence", American Economic Journal: Economic Policy, Vol. 2, No. 1, February 2010.

Standing, Guy (2011). The Precariat: The New Dangerous Class. London & New York: Bloomsbury Academic. [가이 스탠딩, 김태호 옮김, 『프레카리아트: 새로운 위험한 계급』 2014년, 박종철출판사.]

Standing, Guy (2017). Basic Income: And How We Can Make It Happen. Pelican Books. [가이 스탠딩, 안효상 옮김, 『기본소득: 일과 삶의 새로운 패러다임』 2018년, 창비.]

Srnicek, Nick & Alex Williams (2016). Inventing the Future: Postcapitalism and a World

Without Work, London: Verso.

Torry, Malcolm (2019). The Palgrave International Handbook of Basic Income, Palgrave Macmillan.

Wright, Erik Olin (2006). "Basic Income as a Socialist Project". Basic Income Studies, 1(1). (https://www.ssc.wisc.edu/~wright/Published%20writing/paper%20for%20basic%20 income%20studies.pdf)

Yi, Gunmin (2017). "The Effects of Basic Income on Labour Supply". Paper for the 17th BIEN Congress. 25-27 September. Lisbon: Implementing a Basic Income. (『사회보장연구』 제34권 1호.)

제2부
기본소득이 결합된 복지국가 혁신

제6장 _ 기존 복지국가의 한계와 개혁 방향[1]

백승호, 서정희

1. 자본주의의 거시적 변화

1) 산업자본주의와 복지국가

산업자본주의 시기에 완성된 전통적 복지국가의 주요 제도는 공공부조와 사회보험이다. 공공부조와 사회보험은 두 개의 주요 집단이 직면한 빈곤, 실업, 질병, 노령, 산재 등 사회적 위험에 대한 사회보장을 목적으로 만들어졌다(Laura & Rachel, 2019:683).

첫 번째 집단은 정규직의 표준적 고용관계에 있는 노동자였다. 이들은 자신의 노동력을 이용하는 사업주에게 종속되는 것을 조건으로 탈빈곤이 가능한 임금을 보장받았다. 그리고 실업이나 질병 등으로 인해 소득 활동이 중단될 경우에는 노동시장에 복귀할 때까지 일정 기간 동안 사회보험을 통해 소득을 보장받았다. 노령연금은 생산성이 더 높은 청년들의 노동시장 진입을 원활하게 하기 위해 사회적으로 합의된 퇴직 연령에 소득 활동을 중단한 노인들에 대한 사회적 보상의 성격을 가졌다.(남찬섭·허선, 2018)

1883년에 독일에서 최초로 법제화된 사회보험은 1920년 이후에 유럽 대부분의 국가로, 1930년대에는 남미와 미국, 캐나다 등의 국가로까지 확대되었다. 이후 사회보험은 실업, 질병, 노령, 산업재해 등 사회적 위험으로 인한 소득 상실에 대하여 사회적 보호의 기능을 하는 명실상부한 복

---

[1] 이 장은 백승호·이승윤·김태환(2021)과 백승호(2021)의 일부를 수정한 내용을 담고 있다.

지국가의 주요한 프로그램으로 자리매김했다. 이러한 사회보험은 표준적 고용계약관계를 맺고 있는 정규직의 무기계약 남성 노동자가 지배적이었던 노동시장 환경을 배경으로 만들어졌다. 이들은 사회보험료라는 지속적이고 안정적인 기여를 통해 사회적 위험에 직면했을 때 탈빈곤 수준의 충분한 사회보장 혜택을 받을 수 있었다.

제조업 중심의 산업자본주의 시기에는 고용된 생애주기 동안 안정적인 임금이 보장되고 노동자와 그를 고용한 사용자(고용주)의 경계가 분명하여 사회보험에 대한 기여 책임이 명확하게 확인되었기 때문에, 사회보험이 정상적으로 작동하기에 충분했다. 또한 사회보험은 사용자에게도 노동력 재생산 비용을 효율화하고 노동생산성을 높이며 지속적이고 안정적인 자본축적을 가능하게 하는 방법으로서 중요한 제도적 장치였다. 이러한 노동과 자본의 상호 이해관계 속에서 사회보험은 제조업 남성 노동자를 보호하는 복지국가의 핵심적 프로그램으로 작동할 수 있었다.

사회보장의 두 번째 대상집단은 경제활동을 하고 있지 못해서 소득이 없거나, 경제활동을 하고 있더라도 정부가 정한 최저생계비 이하로 소득이 낮은 집단이다. 이들은 조세로 재원을 마련한 공공부조를 통해 소득을 보장받았다. 이들에 대한 사회적 보호는 소득수준이 국가가 정한 기준선 이하로 하락한 것이 확인된 이후에야 작동하기 시작하였다.

2) 금융자본주의와 일터의 균열

그러나 1970년대에 들어서면서 산업자본주의는 금융자본주의로 변화되었고, 상황은 반전되었다. 상황의 반전은 제조업의 수익성 위기에서 시작되었다. 우선 일터가 변화되었다. 기업의 주요한 자금 출처인 주식시장에서 주주들은 자신들의 이익 실현을 극대화하기 위해 기업들이 핵심 역량에 집중하도록 요구하였다. 그 결과는 일터의 균열로 이어졌다. 일터의 균열은 일차적으로 기업의 경영전략을 변화시켰다. 와일(Weil, 2014)은 기업의 대표적인 경영전략 변화로 프랜차이징화, 제3자 위탁 경영, 공급 사슬 시스템 고도화를 제시한다.

우선 프랜차이징은 복제 가능한 비즈니스모델을 다른 업체에 제공하지만 통제는 본사가 맡는 경영 방식이다. 프랜차이징은 핵심역량 이외의 업무는 외부 업체로 밀어내는 독창적 메커니즘이다. 두 번째로 제3자 경영 위탁은 기업이 핵심역량에만 집중하고 나머지는 제3자에게 경영을 맡김으로써 효율성을 높이려는 전략이다. 마지막으로 공급 사슬 고도화 전략은 원자재와 부품의 공급 사슬 관리를 국내외에 외주화하는 전략이다. 이를 통해 기업들은 효율성을 높이면서 재고 위험과 수요 변동 위험을 획기적으로 줄이고자 하였다. 외주화된 공급 사슬에 대한 통제는 발전된 정보통신기술을 활용하며, 여기에는 공급 기지가 지켜야 할 기술, 적하, 배송, 상품 기준 등에 대한 기업의 상세한 명시가 제시된다(Weil, 2014).

이러한 일터의 균열로 기업들은 종속적 고용계약에 부과되는 의무를 프랜차이징 계약이나 제3자 경영, 외주, 하청, 용역 등 하위 조직에 전가하는 것이 가능해졌다. 여기에는 인건비, 사회보험료, 노동력 관리 비용, 기업 복지비용 등의 절감, 일관성 있는 인사정책 준수 의무의 회피, 근로 기준 및 근로 환경 엄수 의무의 회피 등이 포함된다. 임금노동자에 대한 기업의 책임 범위와 한계는 일터의 균열이 심화되면서 더욱 모호해졌다. 이렇게 표준적 고용계약관계에 기반한 산업자본주의에서의 노동의 풍경은 해체되기 시작하였다.

산업자본주의에 일상적이었던 노동시장 풍경의 해체는 저임금으로 이어지고, 사회보장시스템에서 배제되는 누락된 중간 지대의 확대로 이어졌다. "누락된 중간 지대"는 공공부조와 사회보험 중심의 전통적 보호에서 배제되는 집단이 등장하는 현상을 설명하는 개념이다(ILO, 2019: 6; ILO, 2017: 148). 사회보장제도에서의 배제는 ① 공식부문의 비정규직노동자, ② 근로자도 자영업자도 아닌 가짜 자영업자 또는 모호한 고용관계에 있는 비공식 고용 노동자, ③ 비공식부문의 영세자영업자, ④ 잠재적 실업자 집단에서 주로 발생한다.

　누락된 중간 지대를 구성하는 집단들은 고용된 생애주기 동안 주로 불안정한 일자리에서 경제활동을 하여 사회보험에 안정적인 기여가 어려운 집단이기 때문에 사회보험에서 배제되는 경향이 강하다. 그렇다고 해서 공공부조제도에 포괄되는 것도 아니다. 일을 하고 있어 국가가 정한 빈곤선 기준을 충족하지 못하기 때문이다(이승윤·백승호·남재욱, 2020).

3) 플랫폼 자본주의와 사회보장제도의 부정합의 심화

　주목할 만한 또 하나의 변화는 1990년대부터 진행되었다. 1990년대에 촉발된 닷컴붐과 인터넷 기술의 발전은 2000년대에 들어서면서 플랫폼 기업들의 등장으로 대표되는 플랫폼 자본주의 시대를 열었다. 기업은 스마트 공장과 플랫폼을 활용한 생산방식으로 전환되고 있으며, 고용과 일의 작동 방식에서도 근본적인 변화가 관찰되고 있다. 온라인 플랫폼을 활용하여 재화와 서비스가 생산되고 판매되는 플랫폼 경제의 등장과 플랫폼 노동이라는 새로운 형태의 비표준적 일의 모습이 확대되는 것이 대표적이다. 플랫폼 노동은 임금노동자와 같이 사용자에 대한 종속적인 속성이 강함에도 불구하고 고용계약관계에서 벗어난 도급계약을 통해 경제활동을 수행한다. 결국 플랫폼 노동자들은 임금노동자 보호가 주목적이었던 기존의 사회보장제도에서, 특히 사회보험에서 배제되고 있다.

　이러한 변화는 단순한 고용계약관계의 변화만을 의미하지 않는다. 자본주의의 가치 창출 방식이 근본적으로 재구조화되고 있음을 의미한다. 스르니체크(Srnicek, 2017)는 현대자본주의를 "플랫폼 자본주의"라 명명하며, 가치 창출과 자본축적의 원천이 노동력에서 데이터로 전환되고 있음에 주목한다. 그는 이러한 변화를 단순하게 플랫폼 노동이나 플랫폼 비즈니스모델의 성장이라는 미시적 차원에서 해석하는 것을 넘어서, 이전과는 전혀 다른 새로운 자본축적 방식으로의 근본적인 변화라는 차원에서 진단한다.

자본주의 역사를 돌이켜 보면 새로운 자본축적 동학이 작동할 때 기존 복지국가 제도들은 새로운 자본주의의 변화 양상과 부정합이 커지는 경향을 보여 왔다. 현재 복지국가가 직면한 현실이 바로 변화된 자본주의와의 부정합이다. 사회보장제도의 부정합이 발생하는 메커니즘을 좀 더 미시적인 차원에서 살펴보면 다음과 같다.

2. 일의 형태 및 작동 방식의 변화

1) 일의 형태 변화

최근 플랫폼 비즈니스모델의 성장과 함께 플랫폼 노동이라는 새로운 형태의 일이 확대되고 있다. 플랫폼 노동은 산업사회의 노동과 구분된다. 플랫폼 노동은 일자리가 아니라 일감의 형태로 수행되고, 고정적 사업장에서 일이 수행되지 않으며, 사업주와 노동자 사이의 고용관계에서 벗어난 형태로 계약이 이루어지기 때문이다. 그래서 플랫폼 노동은 보이지 않는 노동invisible work으로 명명된다. 국제기구들이 고정적 사업장에서 고용주와의 관계가 명확했던 산업사회의 '노동labour'과 달리 '일work'이라는 개념으로 미래의 노동을 규정하고 일의 미래The Future of Work에 주목하는 이유가 여기에 있다.

물론 앞서 설명했듯이 전통적 산업사회의 표준적 고용관계는 이미 1970년대 이후 일터의 균열로 해체되기 시작했다. 임시 고용, 시간제근로, 파견근로, 위장된 고용관계 등은 일터의 균열로 확대되어 온 대표적인 비표준적 노동이다. 종속적 자영업으로 분류되는 플랫폼 노동은 지금까지 전통적 산업사회의 전형적인 노동에서 가장 많이 벗어난 새로운 형태의 일이다. 앞으로 또 다른 새로운 형태의 일들이 전면화될 것으로 예상된다.

2) 일의 작동 방식 변화

이러한 새로운 형태의 일들이 작동되는 방식은 산업사회의 표준 고용관계에 따른 방식과는 완전히 다르다. 고용관계는 더욱 모호해져 고용주를 특정하는 것이 더 어려워지고, 플랫폼 기업, 고객 등 다수의 평가자가 부여하는 별점과 플랫폼 노동을 통제하는 다양한 방식의 알고리즘 기술이 결합하여 일하는 방식에 대한 통제는 산업사회의 종속적 노동자를 향했던 것보다 더 정교해지고 있다. 쉬는 시간과 일하는 시간의 경계는 사라져 가고 있고, 생산적인 시간과 비생산적인 시간의 구분은 모호해지고 있다. 그리고 일하는 장소와 사적인 공간의 경계 또한 완전히 형해화形骸化되고 있다(이승윤, 2019; 이승윤·백승호·남재욱, 2020).

이렇게 일의 작동 방식이 원자화되고 탈공간화되면서 노동은 더욱 소외되고, 소득은 불안정해지며, 협상력은 더 낮아지는 악순환이 만들어지고 있다. 플랫폼 노동은 종속성이 강함에도 불구하고, 도급계약을 맺고 있어서 플랫폼 노동자는 근로기준법상의 근로자로 인정받지 못한다. 그 결과는 기존 노동 관련법 및 사회보장 관련법에서의 배제로 이어진다. 그리고 이러한 특징은 비단 플랫폼 노동뿐 아니라, 고용계약관계가 명시적인 비정규직, 심지어는 정규직으로도 스며들고 있다(김영선, 2020).

3. 사회보장제도의 부정합

전통적 산업사회에서 만들어진 사회보장제도는 안정적이고 표준적인 고용계약하에서 고용관계가 확인된 정규직노동자를 보호하는 기능을 수행해 왔다. 그러나 앞서 살펴본 것처럼 자본주의의 거시적 변화나 그 결과인 일의 형태 및 작동 방식의 변화는 사회보장제도가 작동하는 기반을 허물어 왔다. 사회보험에 안정적으로 기여할 수 있는 정규직의 비중은 줄어들고 있고, 비정규직 임금노동자들은 고용 경력이 불확실하고 노동소득도 불안정하여 사회보험에 안정적으로 기여하기 어려워졌다. 그 결과 사회보험 급여 수준도 낮을 수밖에 없다. 최근 증가하고 있는 플랫폼 노동자들, 영세자영업자들 역시 마찬가지다. 이들은 사회보험으로부터 지속적으로 배제되고 있다.

〈표 6-1〉 비표준적 형태의 일(NSFW)과 사회보험 미가입 현황 (단위: %)

구분	국민연금	국민건강보험	고용보험
정규직	5.1	0.0	3.9
NSFW			
임시직	51.5	1.0(17.6)	35.8
시간제	68.2	3.0(40.3)	71.7
비전형노동 – 호출	68.8	5.1(30.2)	93.4
– 파견 용역	48.9	1.0(8.5)	35.8
– 가내근로	69.4	6.1(44.9)	75.5
종속적 자영업(특수형태근로)	45.0	1.6(24.9)	92.2
순수 자영업			99.5

* 국민건강보험에서 괄호 안의 수치는 직장가입 피부양자 비율
* 출처: 김유선(2020), 김진선(2020)

이들이 사회보험에서 배제되었다 하더라도 최후의 안전망인 공공부조제도를 통해 최저한의 소득이 보장되기라도 한다면 그나마 다행일 수 있다. 그러나 새롭게 등장하고 있는 비표준적 형태의 일들에 종사하는 사람들은 공공부조 대상자로 포괄되기도 어렵다. 저소득이지만 경제활동을 하고 있어 낮은 수준의 공공부조 기준선보다는 소득이 높은 경우가 많기 때문이다.

4. 복지국가 개혁의 방향

앞 절에서 전통적 산업사회에 만들어진 복지국가의 핵심 프로그램인 사회보험과 공공부조가 변화된 자본주의 노동시장 환경에서 사회적 안전망으로서 기능하기에 제한적임을 설명하였다. 이 절에서는 이와 관련되어 복지국가의 개혁 방향과 사회서비스 확대 방향을 간략히 설명한다.

1) 자산조사 기반 공공부조에서 권리 기반 기본소득으로의 개혁

자산조사 기반 공공부조는 서구의 경우 16세기부터 제도화되었고, 최후의 소득 안전망으로서 기능해 왔다. 특히 자유주의 복지국가에서는 공공부조의 역할과 기능이 매우 중요하게 간주되었다. 그럼에도 불구하고 자산조사 기반 공공부조의 한계에 대해서는 꾸준히 문제 제기가 있어 왔다.

첫 번째 한계는 수급 자격과 관련된 다양한 조건이 인권을 침해하고 광범위한 사각지대를 만들어 낸다는 것이다. 수급자는 일할 수 있는데 일하지 않는 게으름뱅이로 취급받거나, 잠재적 부정수급자로 의심받음으로써 시민적 권리로서의 사회권을 누리기 어렵다. 경제활동이 가능하다고 간주되는 18세에서 65세 사이의 사람이 국민기초생활보장 수급권자가 되기 위해서는 근로능력 평가를 받아야 한다. 그런데 신체와 관련된 질환은 2개월분의 진료기록지를, 우울증이나 정신질환은 3개월분의 진료기록지를 제출해야 한다. 병원을 다니지 않으면 이를 증명하기 어렵기 때문에 적극적으로 병원을 다니며 근로능력이 없음을 끊임없이 증명해야 한다(박정훈, 2020).

둘째, 추가적인 소득이나 재산을 과도하게 소득으로 환산하여 생계급여 삭감이나 수급 자격 박탈이 일어나기도 한다. 이로 인해 수급자 가구 및 가구원의 자활 의지가 약화되어 빈곤의 덫으로 이어진다. 소득이 높아지면 근로소득공제 30%를 제외한 소득금액만큼 생계급여가 삭감되기 때문에 수급자 및 수급자 가구 가구원들이 열심히 일할 동기를 상실하게 된다. 수급자가 가난을 벗어나기 위해 저축을 할 경우, 가구당 500만 원을 초과하는 금액에서 월 6.26%는 소득으로 환산되고, 자동차나 집 등 자산의 소득환산을 통해 생계급여가 삭감되거나 수급 자격이 박탈될 수 있다.

셋째, 소득인정액 기준을 통과한다 하더라도 부양의무자 기준 때문에 수급자에서 탈락할 수 있다. 2015년 기준 비수급 빈곤층의 규모가 144만 명에 달하는 것으로 조사되고 있다(허선 · 김윤민 · 한경훈, 2019).

공공부조제도는 경제적으로도 비효율적이고 사회안전망으로서도 불완전한 제도이며, 사회정책을 전진시키기보다는 후퇴시킨다(Atkinson, 1996). 그리고 빈곤층만을 지원하는 제도는 빈곤층과 나머지 인구 사이의 강력한 이중 구조를 만들어 냄으로써 복지국가의 발전과 지속가능성을 위협한다. 이러한 관점에서 복지국가 이론가인 티트머스는 "가난한 사람만을 위한 정책은 가난한 정책"이라고 주장하기도 했다(Bregman, 2017). 자산조사에 기반한 공공부조가 지배적인 국가보다는 포괄적 사회보험, 보편적 사회서비스, 보편적 소득보장이 지배적인 복지국가에서 성공적으로 가난함을 줄여 왔다는 것은 이미 많은 서구 복지국가에서 확인되었다.

복지국가의 패러다임 전환이 절실히 요구되는 현시점에 자산조사에 기반한 공공부조가 장기적으로 인권에 기반한 기본소득으로 전환되어야 할 첫 번째 이유가 여기에 있다.

2) 고용 기반 사회보험에서 소득 기반 사회보험으로의 개혁

앞 절에서 설명한 노동시장의 변화는 주로 사회보험의 제도적 부정합과 관련되어 있다. 이에 대응하여 현재 논의되는 사회보험 개혁안은

"소득 기반 사회보험"으로의 전환이다. 현행 사회보험의 가입자격은 직장가입과 지역가입으로 구분되어 있다. 직장가입은 주로 사용자가 누구인지 명확하게 확인되는 임금근로자를 대상으로 한다. 임금근로자 중 초단시간근로자 등 일부 직장가입 적용제외자와 종속적 자영업자 및 순수 자영업자는 지역가입 대상이다. 고용보험과 산재보험은 지역가입 개념이 적용되지 않고 주로 임금근로자만을 대상으로 한다. 최근 일부 특수형태근로종사자가 고용보험에 포함되었고 예술인의 경우도 고용보험이 적용된다. 그러나 앞서 설명했듯이 비정규직, 플랫폼 노동 등 비표준적 형태의 일에 종사하는 사람들은 고용관계에 기반한 사회보험에서 배제되는 경향이 있다. 이러한 문제를 해결하기 위해 사회보험 가입자격을 고용관계에 기반한 방식에서 소득에 기반한 방식으로 개혁하는 방안이 소득 기반 사회보험이다.

소득 기반 사회보험은 모든 취업자를 대상으로 한다. 소득 기반 사회보험의 재원은 기존 사회보험과 동일하게 보험료 기여를 통해 마련하지만, 징수 방식은 현재의 사회보험료와 차이가 있다. 소득 기반 사회보험의 보험료는 고용계약 관계와는 무관하게 취업자와 사업주 각각의 소득에 부과된다. 특히 사업주 부담분의 사회보험료는 현재와 같이 고용관계에 속한 해당 피용자의 수와 개별 임금수준에 따라 부과하는 것이 아니라, 사업주의 소득 등에 대해 일정 비율로 부과하게 된다. 이때 소득의 범주와 보험료 납부 비율을 어떻게 결정할지는 논쟁의 대상이다.

소득 기반 사회보험은 소득을 기준으로 자격이 관리되기 때문에, 종속적 자영업자의 근로자성 인정 여부와 무관하게 이들을 사회보험에 포괄할 수 있는 장점이 있다. 그러나 노동시장 이중 구조에서 기인하는 사회적 보호의 이중화(Häusermann & Schwander, 2012)에서 자유로울 수 없다(서정희 · 백승호, 2017; 백승호, 2021). 왜냐하면 소득에 기반하여 보험료가 책정될 경우, 저임금, 저소득 취업자는 낮은 보험료를 납부하게 되고 그 결과 여전히 낮은 사회보험 급여 수준을 벗어나기 어렵기 때문이다. 특히 다음 일감을 구하기 위해 대기하는 시간 등에 대해서는 소득이 발생하지 않는 플랫폼 노동자, 프리랜서 노동자의 경우, 완료된 일감에 대해서만 소득이 발생하기 때문에 소득 불안정성에 노출되는데, 이는 고스란히 소득 비례형 사회보장제도의 낮은 기여와 낮은 급여 문제로 이어진다. 더 나아가 자동화 등 기술 발전으로 인해 장기 실업자, 구직단념자가 늘어날 경우, 소득 자체를 얻지 못하는 사람들에 대한 사회보장은 사회보험만으로 해결하기 어렵다. 소득 기반 사회보험으로의 개혁과 함께 새로운 소득보장제도로서 기본소득이 추가되어야 할 두 번째 이유가 여기에 있다.

3) 보편적 공공사회서비스의 확대

보편적이고 양질의 공공사회서비스에 대한 보편적 접근권은 생존과 안전을 보장하는 기본소득과의 상호 보완적인 공존이 필수적이다. 한국의 사회서비스 발전 과정에서 볼 수 있는 가장 큰 특징은 공공의 책임성이 결여된 채 국가는 규제자로서의 역할에만 집중해 왔다는 점이다. 따라서 보편적 공공서비스 확대의 방향은 공공의 책임성을 강화하는 것이어야 한다. 사회서비스 확대의 구체적인 방향과 내용은 사회적 합의 과정에서 결정되겠지만, 여기에서는 공공의 책임성을 확대하기 위한 큰 틀의 사회서비스 개혁 방안을 제시하고자 한다.

사회서비스에 대한 공공의 책임성은 크게 세 가지로 구분할 수 있다. 하나는 재정적 책임이고, 다른 하나는 사회서비스 공급 주체로서의 책임이며, 세 번째는 공공 주체의 책임성이다(김보영, 2020).

우선 사회서비스에 대한 국가의 재정적 책임이 강화될 필요가 있다. 사회서비스에 대한 국가의 재정적 책임은 공공사회서비스에 대한 지출로 평가할 수 있다. 2017년 현재 OECD 평균 사회서비스 지출은 GDP

대비 8.0%(보건서비스 5.6%, 기타 2.4%)이며 한국은 5.8%(보건서비스 4.1%, 기타 1.7%)이다. 사회서비스에 대한 지출 수준이 가장 높은 나라는 스웨덴으로, 평균 14%(보건서비스 6.5%, 기타 7.5%)를 사회서비스에 지출하고 있다(OECD, 2021). OECD 평균과 비교할 때의 사회서비스 지출 목표는 GDP 대비 2.2%p(보건서비스 1.5%p, 기타 사회서비스는 0.7%p) 확대, 사회서비스 지출 수준이 가장 높은 스웨덴을 기준으로 할 때의 지출 목표는 GDP 대비 8.2%p(보건서비스 1.5%p, 기타 사회서비스 5.8%p) 확대로 설정할 수 있다.

두 번째로는 사회서비스 공급 주체 측면에서 고려될 필요가 있다. 한국의 사회서비스는 민간이 관리, 운영하고 국가가 일부 재정을 지원하면서 규제하는 모델이 지배적이었다. 2018년 기준 우리나라의 공공 병상 비중은 10%로, 대부분의 나라가 70% 이상인 것과 비교할 때 매우 낮은 수준이다(임준, 2020). 국공립 어린이집 이용률은 20.4%, 공공 보육 이용률은 32% 수준이다(보건복지부, 2021). 돌봄, 보건 등 사회서비스 영역에서 이러한 공적인 재원 조달과 민간 중심 서비스 공급 체계의 부정합은 양질의 사회서비스 제공에 걸림돌로 작용하여 왔다. 사회서비스 공급에서 공공의 비중을 높임으로써 공공과 민간이 균형을 이루는 것이 필요하다.

세 번째 공공의 책임성 강화는 공적 급여 및 공공 주체의 책임성을 강화하는 방향이어야 한다. 사회서비스 문제는 단순히 재원과 전달체계에서 공적 자원이 확대된다고 해서 해결되는 것은 아니다. 우리나라 사회서비스의 구조적 문제 중 하나는 공적 급여나 공공 주체에 책임성이 부여되기 어려운 구조가 형성되어 있다는 점이다(김보영, 2020). 그 결과, 사회서비스에 대한 욕구가 많고 배제되어 있을수록 급여에 대한 접근성이 제약되는 역진성이 발견되고, 사회서비스 지출 규모 측면에서 OECD 평균 수준에 이르고 있음에도 불구하고 실제 사회서비스의 질은 매우 낮은 수준이다(김보영, 2020).

따라서 사회서비스에 대해 국가의 재정적 책임을 강화하고, 공급 주체로서 공공의 범위를 양적으로 확장함과 동시에 공공 주체의 책임성을 강화하는 사회서비스 질적 개혁이 필수적이다.

5. 복지국가 개혁의 원칙

이상의 복지국가 개혁 방안을 기초로 하여 한국 복지국가 개혁의 구체적인 원칙을 제시하면 다음과 같다.

첫째, 자산조사 기반 공공부조를 적정 수준의 기본소득으로 전환한다.

둘째, 고용에 기반한 사회보험을 소득에 기반한 사회보험으로 전환한다.

셋째, 돌봄, 주거, 의료, 교육 등 보편적 사회서비스의 확대를 통해 소득보장과 서비스보장의 균형적 발전을 지향한다.

넷째, 한국 복지국가의 패러다임 전환을 위한 재정은 공유부 과세(토지세, 빅데이터세, 지식소득세 등)를 통한 증세와 기존 조세 체제의 대대적인 개편을 통해 마련한다.

기본소득과 소득보장정책들 간의 조정 및 설계에 대한 원칙은 다음과 같다.

원칙 1. 부분기본소득에서 완전기본소득까지 단계별로 확대한다.

1-1. 부분기본소득 수준은 월 30만 원에서 시작한다.

1-2. 완전기본소득 수준은 중위소득 50%(2021년 기준 91만 원)로 하여, 완전기본소득 도입 시 빈곤이 사라지는 사회를 지향한다.

원칙 2. 부분기본소득을 도입하는 단계에서 부분기본소득 수급이 현행 사회보장제도 수급보다 불리하지 않게 제도를 재편한다.

2-1. 기본소득 금액은 국민기초생활보장제도의 소득인정액에서 제

외하여, 국민기초생활보장제도의 생계급여를 부분기본소득 도입 단계에서 그대로 유지한다. 그러므로 부분기본소득 도입 시 생계급여 수급자의 총급여(현재 55만 원)는 85만 원이 된다.

2-2. 사회수당 성격의 급여는 부분기본소득으로 통합 및 확대하되, 수당이 부분기본소득과 동일하면 수당의 10% 금액을 기본소득으로 통합한다. 빈곤층 노인의 경우에는 급여 총액은 현재 55만 원(기초연금 30만 원 + 생계급여 25만 원)에서 85만 원(기본소득 30만 원 + 기초연금 27만 원 + 생계급여 28만 원)이 되고, 빈곤하지 않은 기초연금 수급 노인의 경우에는 현재 30만 원에서 57만 원(기본소득 30만 원 + 기초연금 27만 원)이 되고, 기초연금 미수급 노인의 경우에는 현재 0원에서 30만 원이 된다.

원칙 3. 부분기본소득 급여가 완전기본소득으로 상향되는 단계에서 일부 공공부조 현금급여는 기본소득에 통합하고, 완전기본소득 진입 시 자산조사 방식의 제도가 대폭 축소되는 보편적 복지국가로 전환하는 것을 지향한다.

3-1. 부분기본소득에서 완전기본소득으로 확대되는 과정에서 국민기초생활보장제도의 생계급여는 기본소득 금액 상향에 맞추어 줄이는 방식으로 기본소득으로 통합한다.

3-2. 2021년 현재 자산조사를 수반하는 제도는 86개 제도로, 한국의 복지국가는 자산조사 방식을 확대하는 방향으로 전개되어 왔다. 또한 근로 동기 장려를 위해 근로소득이 0인 사람에게 0원을, 근로소득이 연간 400 ~ 900만 원인 사람에게 연 150만 원으로 매칭하는 방식의 근로장려금을 확대해 왔다. 근로 동기 상향은 자산조사 및 근로조사를 수반하는 근로장려금보다 둘 다를 하지 않는 기본소득이 더 효과적이므로 기본소득으로 대체한다.

원칙 4. 사회보험 급여의 현금급여는 유지한다. 단, 사회보험 적용 대상 및 기여 기준은 법적 근로자만 되는 방식(근로자성 판단)이 아니라, 모든 노동 관련 소득이 있는 경우를 포함하는 소득 기반 사회보험으로 전환한다.

원칙 5. 사회서비스에 대한 공공의 책임성을 강화한다.

5-1. 공공의 재정적 책임을 강화하기 위해 사회서비스 급여 지출 및 양질의 사회서비스 일자리 창출을 위한 지출을 확대한다. 그 수준은 OECD 사회서비스 지출 평균인 GDP 대비 8% 수준을 최소한의 목표로 설정한다.

5-2. 사회서비스의 직접 공급 주체로서 공공의 책임을 강화한다. 공공 보건, 공공 보육, 공공사회복지서비스를 현행 수준보다 대폭 확대한다.

5-3. 사회서비스를 제공하는 공공 주체의 책임성을 강화하기 위한 사회서비스 부문의 질적 개혁을 단행한다.

원칙 6. 기본소득 급여를 포함하여 모든 공적 이전 현금급여는 과세소득으로 한다.

김보영 (2020). 「상생과 연대를 위한 사회서비스 비전수립」, 『상생과연대를 위한 사회개혁 비전수립 정책연구 2』, (재)공공상생연대기금.

김영선 (2020). 「플랫폼 자본주의 시대의 노동자상」, 『IDI 도시연구』 (18).

김유선 (2020). 「비정규직 규모와 실태-통계청, '경제활동인구조사 부가조사'(2020.8) 결과」. 『한국노동사회연구소 이슈페이퍼』 2020(20).

김진선 (2020). 「자영업자에 대한 고용보험 적용 경과 및 향후 과제」, 『NARS현안분석』 (179).

남찬섭 · 허선 (2018). 「공공부조와 기초연금 등 각종 현금급여 간의 관계설정의 원칙」, 『비판사회정책』 (59).

박정훈 (2020). <'진짜 불쌍한 사람'만 지원하자는 사람들에게 전국민 고용보험 vs. 기본소득 논쟁은 허구다>, 《오마이뉴스》, 2020년 6월 23일.

백승호 (2021). 「플랫폼자본주의 (노동)사회안전망 강화대책」, 『보다 정의 창간준비』 2.

백승호 · 이승윤 · 김태환 (2021). 「비표준적 형태의 일과 사회보장개혁의 남아있는 과제들」, 『사회보장연구』 제37권 2호.

보건복지부 (2021). 『보육통계. 2020년 12월 말 기준』

서정희 · 백승호 (2017). 「제4차 산업혁명 시대의 사회보장 개혁: 플랫폼 노동에서의 사용종속관계와 기본소득」, 『법과 사회』 56(0).

이승윤 · 백승호 · 남재욱 (2020). 「한국 플랫폼노동시장의 노동과정과 사회보장제의 부정합」. 『산업노동연구』 26(2).

이승윤 (2019). 「디지털자본주의와 한국 사회보장4.0」. 서울대사회복지연구소 제14회 월례세미나 발표문.

이승윤 · 백승호 · 김태환 · 박성준 (2020). 『주요국 고용안전망의 현황과 시사점』 감사연구원.

임준 (2020). 「보건의료패러다임 전환과 개혁」. 『상생과연대를 위한 사회개혁 비전수립 정책연구 2』. (재)공공상생연대기금.

허선 · 김윤민 · 한경훈 (2019). 『저소득계층 소득지원 정책의 주요 쟁점과 과제』 순천향대학교 산학협력단.

Atkinson, A., (1996). "The Case for a Participation Income.", Political Quarterly, 67(1).

Bregman, R (2017) Utopia for Realists: And How We Can Get There. Bloosbury. [뤼트허르 브레흐만, 안기순 옮김, 『리얼리스트를 위한 유토피아 플랜』 김영사, 2017년.]

Häusermann & Schwander (2012). "Varieties of Dualization? Labor Market Segmentation and Insider-Outsider Divides Across Regimes", The Age of Dualization: The Changing Face of Inequality in Deindustrializing Societies, Emmenegger, P., Häusermann, S., Palier, B., & Seeleib-Kaiser, M. (Eds.), Oxford: Oxford University Press.

ILO (2017). World Social Protection Report 2017-19. Universal social pretection to achieve the sustainable Development Goals, International Labour Office, Geneva.

ILO (2019). Extending social security to workers in the informal economy: Lessons from international experience. International Labour Organization, Geneva.

Laura, A. & Rachel, M. (2019). The ILO world social protection report 2017-19: An assessment. Institute of Social Studies. The Hague.

OECD (2021). Social Expenditure: Aggregated data. (https://stats.oecd.org/Index.aspx?Datasetcode=socx_AGG)

Srnicek, N. (2017). Platform capitalism. John Wiley & Sons.

Weil, D. (2014). The fissured workplace: Why work became so bad for so many and what can be done to improve it, Cambridge, Massachusetts, London: Harvard University Press. [데이비드 와일, 송연수 옮김, 『균열 일터: 당신을 위한 회사는 없다』 2015년, 황소자리.]

제7장 _ 기본소득이 있는 복지국가의 상

서정희, 백승호

한국 복지국가는 기존 사회보장제도를 개혁하는 것과 함께 공유부 배당 기본소득이 있는 복지국가로 재편하는 것이 바람직하다. 이에 더하여 기본소득을 기반으로 하는 사회서비스의 확대 및 공공성 강화 전략을 동반해야 한다. 본 장에서는 기본소득이 도입되었을 때 사회보장제도 중 소득보장을 목표로 하는 조세 기반 현금급여들을 어떻게 상호 보완적으로 조정할 것인지를 제안한다. 지방자치단체들이 제공하는 현금급여는 지방자치단체 간 차이가 크고 지방자치단체의 고유 사무에 해당되므로 논외로 하고, 중앙정부의 소득보장정책들을 중심으로 논의한다. 구체적으로 공공부조(공공부조형 근로연계복지 포함), 사회보험, 사회수당(사회수당 성격 급여 포함)으로 구분하여 제시하면 다음과 같다.

1. 기본소득과 공공부조

현재 공공부조제도 형태의 대표적인 현금급여는 국민기초생활보장제도(생계급여, 해산급여, 장제급여, 자활급여), 국민취업지원제도 구직촉진수당, 근로장려금과 자녀장려금이 있다. 제6장에서 제시된 원칙 2에 따라, 기본소득 도입 단계에서 국민기초생활보장 생계급여는 유지하고, 그 외의 급여는 조정한다.

1) 기본소득과 국민기초생활보장제도의 생계급여

2021년 현재 국민기초생활보장제도의 생계급여는 가구의 소득인정액이 중위소득의 30% 이하이면서 부양의무자 기준을 충족하는 경우, 생계급여 기준액에서 가구의 소득인정액을 제외하고 지급한다. 현재 가구원을 모두 총합한 수급자는 125만 명이고, 가구 수로는 85.2만 가구이다. 2021년 5월 현재 대한민국 인구 51,683,025명, 2021년 2월 현재 23,194,982가구를 기준으로, 2021년 생계급여 수급자는 전체 인구 대비 2.4%이고, 전체 가구 대비 3.6%이다.

부분기본소득(월 30만 원)이 지급될 경우 현행 생계급여는 유지한다. 그러므로 월 30만 원 기본소득 도입 시 현재의 빈곤층 가구의 소득은 대폭 상향된다.

〈표 7-1〉 부분기본소득 도입 시 빈곤층 가구의 가구 규모별 월 소득 (단위: 원)

구분	가구 규모				
	1인 가구	2인 가구	3인 가구	4인 가구	5인 가구
현행 생계급여	548,349	926,424	1,195,185	1,462,887	1,727,212
부분기본소득 도입 시	848,349	1,526,424	2,095,185	2,662,887	3,227,212

출처: 필자 작성

2) 기본소득과 국민기초생활보장제도의 해산급여, 장제급여

국민기초생활보장제도의 해산급여, 장제급여는 국민기초생활보장 생계급여, 의료급여, 주거급여 수급자가 출산 또는 사망한 경우 각각 70만 원, 80만 원을 지급하는 급여로, 2021년 예상 수급자는 해산급여 2,369명, 장제급여 48,511가구이다(보건복지부, 2020). 해산과 장제에 필요한 급여는 의료서비스에 해당되는 급여이므로 부분기본소득 도입 시에도 유지한다.

3) 기본소득과 국민기초생활보장제도의 자활급여

자활급여는 국민기초생활보장법에 따른 수급자 및 차상위계층에 대한 지원으로, 수급 조건은 자활 사업 참여가 의무이다. 대상은 생계급여를 지급받는 조건부 수급자, 생계급여·의료급여 수급자이면서 자활근로, 자활기업 등 자활사업 및 국민취업지원제도에 참가하여 발생한 소득으로 인해 소득인정액이 기준중위소득의 40%를 초과한 자활급여특례자, 근로능력이 없는 생계급여 수급권자 및 조건부과제외자 등 일반 수급자, 의료급여특례, 이행급여특례를 지원받는 가구의 근로능력이 있는 가구원 중 자활사업 참여를 희망하는 자, 근로능력이 있고 소득인정액이 기준중위소득 50% 이하인 비수급권자(차상위계층), 근로능력이 있는 보장시설수급자이다.

급여액은 어떤 유형의 자활사업에 참여하는지에 따라 달라지는데, 각 유형의 자활사업에 참여하는 사람들의 표준소득월액은 시장진입형 1,376,700원, 사회서비스형 1,192,360원, 근로유지형 656,240원이다. 2021년 예상 수급자는 5만 8천 명이다(보건복지부 2021a).

생활보호제도에서 국민기초생활보장제도로의 이행의 가장 큰 의미는 인구학적 기준(연령 조건)을 없앴다는 점에 있다. (생활보호제도 하에서는 빈곤하더라도 가구원 중 18세 이상 65세 미만의 사람이 있으면 급여를 받을 수 없었다.) 이는 경제활동인구의 빈곤의 책임이 개인의 게으름이 아니라 구조적인 문제임을 인정한다는 의미다. 그럼에도 불구하고 현재 "근로능력이 있는 수급자는 생계급여를 지급받기 위해서는 반드시 자활사업에 참여하여야 하는 조건부수급자로 선정"된다(보건복지부 2021a: 20). 자활급여에서 자활사업 부문은 참여소득 방식의 새로운 제도를 도입하여 전환하고, 근로능력이 있는 수급자의 근로 강제 조건은 없앤다.

4) 기본소득과 국민취업지원제도 구직촉진수당

국민취업지원제도는 구직촉진수당을 지급하는지, 취업활동비용을 지원하는지 등에 따라 두 가지 유형으로 나뉜다. 구직촉진수당은 최대 6개월 50만 원의 현금급여이고, 취업활동비용은 구직활동을 할 때 발생하는 비용의 일부를 지원하는 것이다. Ⅰ유형이 구직촉진수당을 지급받는 경우이고, Ⅱ유형이 취업활동비용을 받는 유형이다. Ⅱ유형의 경우, 지원의 내용이 현금급여라기보다는 현물급여에 가깝고, 실업부조로서의 의미는 Ⅰ유형에 한정되어 있다고 보는 편이 맞다.

〈표 7-2〉 국민취업지원제도 Ⅰ·Ⅱ유형 비교

구분		Ⅰ유형			Ⅱ유형			
		요건 심사형	선발형		저소득층 등		청년	중장년
			청년	비경활	저소득층	특정 계층		
지원 대상	연령	15~69세 (청년: 18~34세, 중장년 35~69세)						
	소득	중위소득 50% 이하	중위소득 120% 이하	중위소득 50% 이하	중위소득 60% 이하	무관	무관	중위소득 100% 이하
	재산	3억 원 이하	3억 원 이하	3억 원 이하	무관			
	취업 경험	2년 이내 100일 (800시간) 이상	2년 이내 100일 (800시간) 미만		무관			
지원 내용	취업지원서비스	O						
	소득 지원 구직촉진 수당	O			X			
	취업활동 비용	X			O			

* 출처: 국민취업지원제도 홈페이지

Ⅰ유형 요건심사형의 수급 조건은 15~69세 구직자 중 가구 단위로 중위소득 50% 이하이고 재산 3억 원 이하이면서 최근 2년 이내 100일 또는 800시간 이상의 취업 경험이 있는 경우이다.

Ⅰ유형 선발형의 수급 조건은 요건심사형 중 취업 경험 요건을 충족

하지 못한 자(단, 18~34세의 청년은 중위소득의 120% 이하로 특례 적용)이다.

Ⅰ유형의 참여자는 고용센터가 제공하는 취업지원 등 구직활동을 성실히 이행하는 경우에만 구직촉진수당을 받을 수 있다. 급여액은 월 50만 원, 최대 6개월이다. 2021년 4월 29일 현재 143,107명에게 구직촉진수당을 지급했고, 고용노동부는 연말까지 45만 명에 이를 것으로 예상하고 있다.

Ⅱ유형의 경우, 직업훈련 참여 등 구직활동을 할 때 발생하는 비용의 일부를 취업활동비용으로 지원하지만 구직촉진수당은 지급하지 않는 유형으로서, 소득보장으로서의 현금급여는 없으나 취업지원서비스를 받을 수 있는 유형에 해당된다.

정부는 국민취업지원제도를 "한국형 실업부조"라고 홍보하고 있으나, 소득과 재산을 조사하고 급여 기간도 최대 6개월로 짧아서 실업부조로서의 기능을 하기 어렵다. 취업성공패키지는 Ⅱ유형으로 통합되었다고 홍보하고 있으나, 실제로는 Ⅰ유형으로 통합되었다고 보는 편이 맞고, 일부 취업지원서비스를 이용할 수 있는 Ⅱ유형에도 속할 수 있다.

국민취업지원제도의 구직촉진수당은 자산조사 방식의 정액 급여(생계급여보다 낮은 수준)이면서, 기간도 최대 6개월이고, 구직활동을 성실히 이행해야 한다는 조건이 부과되어 있다. 실제 수급 가능한 사람은 생계급여 수급자가 아닌 빈곤층(중위소득 30% 이상 중위소득 50% 이하)이면서 고용보험의 실업급여 수급 대상자가 아니거나 고용보험의 실업급여가 종료된 실업자이다. 구직촉진수당은 최대 6개월 300만 원이기 때문에, 1년 기준으로 계산하면 부분기본소득보다 낮다. 또한 6개월 이후 구직촉진수당은 중지되지만 기본소득은 계속 지급되기 때문에, 소득 안정성 측면에서도 기본소득이 더 효과적이다. 따라서 구직촉진수당은 부분기본소득으로 통합한다. 그리고 실업자에 대한 보호는 고용보험의 대상자를 확대하고 교육, 훈련 등 참여 시 교육훈련수당을 지급하는 방식으로 전환한다.

5) 기본소득과 근로장려금/자녀장려금

근로장려금은 근로빈곤층에 대한 지원 제도이다. 지원을 받으려면 소득 조건과 재산 조건 둘 다를 충족해야 하는데, 소득은 전년도 부부합산 연간 총소득이 기준 금액(단독 가구 2,000만 원, 홑벌이 가구 3,000만 원, 맞벌이 가구 3,600만 원) 미만이어야 하고, 재산은 전년도 6월 1일 현재 가구원 소유 주택, 토지, 건물, 전세보증금, 예금 등 재산 합계액이 2억 원 미만이어야 한다(재산 합계액 1.4억 미만이면 장려금의 100% 지급, 재산 합계액 1.4억 이상 2억 미만이면 장려금의 50% 지급). 수급자는 2020년(2019년 귀속소득) 기준 421만 가구(4,214,277)로, 2020년(2019년 귀속소득) 지급액은 4조 3,915억 원이다.

근로장려금 급여액은 다음과 같다.

〈표 7-3〉 근로장려금 급여액 (2021년 기준)

가구원 구성	총급여액 등*	근로장려금 급여액
단독 가구	400만 원 미만	총급여액 등 × 400분의 150
	400만 원~900만 원 미만	150만 원
	900만 원~2,000만 원 미만	150만 원 - (총급여액 등 - 900만 원) × 1,100분의 150
홑벌이 가구	700만 원 미만	총급여액 등 × 700분의 260
	700만 원~1,400만 원 미만	260만 원
	1,400만 원~3,000만 원 미만	260만 원 - (총급여액 등 - 1,400만 원) × 1,600분의 260
맞벌이 가구	800만 원 미만	총급여액 등 × 800분의 300
	800만 원~1,700만 원 미만	300만 원
	1,700만 원~3,600만 원 미만	300만 원 - (총급여액 등 - 1,700만 원) × 1,900분의 300

* 총급여액 등 = 근로소득 총급여액 + (사업소득 총수입금액 × 업종별 조정률) + 종교인 소득 총수입금액

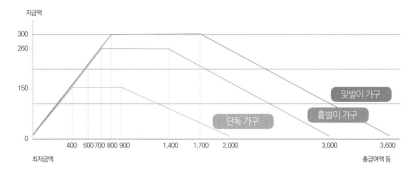

*출처: 국세청 (2021)

자녀장려금 역시 소득 조건과 재산 조건 둘 다 충족해야 한다. 18세 미만의 부양자녀가 있는 경우(부양자녀의 연간 소득금액 합계액이 100만 원 이하일 것), 전년도 부부 합산 연간 총소득이 4,000만 원 미만이고 전년도 6월 1일 현재 가구원 소유 주택, 토지, 건물, 전세보증금, 예금 등 재산 합계액이 2억 원 미만인 경우 자녀장려금을 지급한다(재산 합계액 1.4억 미만이면 장려금의 100% 지급, 재산 합계액 1.4억 이상 2억 미만이면 장려금의 50% 지급).

〈표 7-4〉 자녀장려금 급여액 (2021년 기준)

가구원 구성	총급여액 등	자녀장려금 급여액
홑벌이 가구	2,100만 원 미만	부양자녀 수 × 70만 원
	2,100만 원~4,000만 원 미만	부양자녀 수 × [70만 원-(총급여액 등 -2천100만 원)×1천900분의 20]
맞벌이 가구	2,500만 원 미만	부양자녀 수 × 70만 원
	2,500만 원~4,000만 원 미만	부양자녀 수 × [70만 원-(총급여액 등 -2천500만 원)×1천500분의 20]

*출처: 국세청 (2021)

근로장려금과 자녀장려금은 전년도 소득 및 재산을 기준으로 1회 지급되는 급여로서, 단독가구 기준으로 근로장려금은 연간 최대 150만 원,

자녀장려금은 2인 가구 기준으로 연간 최대 70만 원이다. 부분기본소득이 도입될 경우 1인 기준 연간 360만 원, 2인 기준 연간 720만 원으로 기본소득 지급액이 더 높다. 따라서 근로장려금과 자녀장려금은 기본소득으로 통합한다.

근로장려금과 자녀장려금은 근로빈곤층의 근로 동기 강화를 목적으로 소득과 재산 두 조건을 충족하는 차상위 빈곤층이면서 근로소득이 없으면 0원, 근로소득이 상향될수록 장려금도 상향하여 지급하는 방식을 취하고 있는데, 근로 동기 강화가 목적이라면 자산조사와 근로조사가 수반되지 않는 기본소득이 가장 효과적이다.

2. 기본소득과 사회수당

사회수당 성격의 급여인 기초연금과 아동수당은 부분기본소득으로 통합 및 확대한다. 제6장에서 제시된 원칙 2에 따라 수당이 부분기본소득과 동일한 금액일 경우 수당의 10%에 해당하는 금액만을 기본소득으로 통합한다. 추가비용보전에 해당하는 장애 관련 현금급여(장애인연금제도의 부가급여, 장애수당)는 유지하고, 이후에 금액을 현실화한다.

1) 기초연금

기초연금은 만 65세 이상의 소득 하위 70% 노인에게 지급하는 수당으로서, 2021년 선정기준액(월 소득평가액 + 재산의 월 소득환산액)은 단독가구 1,690,000원, 부부가구 2,704,000원이다. 기초연금 급여액은 기준 연금액과 국민연금 급여액 등을 고려하여 차등화되어 있다.

기준 연금액(30만 원)을 기초연금으로 지급하는 대상은 공적연금 수급권이 없는 경우(무연금자), 국민연금의 장애연금이나 유족연금 수급권자, 장애인연금 수급권자, 국민기초생활보장 수급권자, 국민연금 급여액 등이 기준 연금액의 150%(2021년 기준, 450,000원) 이하인 사람이다. 현행 기초연금은 공무원연금 등 특수직역연금 수급권자는 적용 제외 대상이고, 국민연금 수급권자의 경우 급여액에 따라 감액한다. 기초연금 수급자와 비수급자 간의 형평성 제고를 위해 감액을 적용하고 있는데, 부부 감액은 부부가 모두 기초연금을 받는 경우 각각에 대해 산정된 기초연금액의 20%를 감액하고, 소득 역전 방지 감액은 소득인정액과 기초연금액을 합한 금액이 선정기준액 이상인 경우에는 선정기준액을 초과하는 금액의 범위에서 기초연금액의 일부를 감액한다. 단독가구, 부부 1인 수급 가구는 기준 연금액의 10%, 부부 2인 수급 가구는 기준 연금액의 20%를 최저 연금액으로 지급한다(보건복지부, 2021c).

기초연금은 월 30만 원 부분기본소득과 금액이 같으므로 기초연금의 10%를 기본소득으로 통합한다. 그러므로 부분기본소득 도입 단계에서 급여 총액은 빈곤층 노인의 경우에는 현재 55만 원(기초연금 30만 원 + 생계급여 25만 원)에서 85만 원(기본소득 30만 원 + 기초연금 27만 원 + 생계급여 28만 원)이 되고, 빈곤하지 않은 기초연금 수급 노인의 경우에는 현재 30만 원에서 57만 원(기본소득 30만 원 + 기초연금 27만 원), 기초연금 미수급 노인의 경우에는 현재 0원에서 30만 원이 된다.

부분기본소득 도입 단계에서 연령에 근거한 조세 기반 현금급여 성격의 기초연금을 10%만 감액하는 이유는 서구 복지국가들이 선택했던 '부과방식'과 달리 기초연금이 한국에서는 박정희 정부가 중화학공업으로의 산업 체제 전환을 위한 기금으로 사용하기 위해 '적립방식'으로 도입된 역사를 고려했기 때문이다. 노후 소득보장제도로서 사회보험(국민연금)을 도입했음에도 불구하고 노인 빈곤율이 수십 년 동안 OECD국가 1위를 차지하는 이유는 크게 두 가지다. 하나는 한국의 연금제도가 도입 당시 산업 체제 전환 비용을 고려하여 적립방식으로 설계되었고, 이로 인해 도입 당시의 노인들이 배제되었다는 점이다. 다른 하나는 아직까지 국민연금제도가 성숙되지 않아서 국민연금의 노후 소득보장 기능이 부족하다는 점이다. 현세대 노인은 한국 역사에서 식민지지배, 전쟁, 장시간 노동 등 충분한 사회적 기여를 담당했음에도 불구하고 노후 소득보장 체계에서 자신들의 선택과 무관하게 국민연금 수급의 기회를 차단당하는 제도적 소외를 경험했다. 그 결과는 기록적인 노인 빈곤율로 나타났다. 이러한 점을 감안하여 완전기본소득 진입 시에는 기초연금이 기본소득으로 통합되지만 부분기본소득 도입 단계에서는 10%만 감액한다.

2) 아동수당

2019년 4월 1일부터 소득 및 재산 기준이 폐지되어 0세부터 만 7세 미만(0~83개월)의 아동에게 월 10만 원의 아동수당이 지급되고 있다. 그러나 아동수당은 금액도 부분기본소득보다 낮을 뿐만 아니라 대상 역시 만 7세 미만 아동에게 한정되어 있어 7세에서 18세까지는 배제되어 있다. 부분기본소득은 모든 아동에게 30만 원이 지급되므로 아동수당은 기본소득으로 통합 및 확대한다.

3) 장애 관련 사회수당

(1) 장애인연금

장애인연금은 중증장애인의 근로능력의 상실 또는 현저한 감소로 인하여 줄어드는 소득과 장애로 인한 추가비용을 보전하기 위한 제도이다. 수급 조건은 만 18세 이상의 등록 중증장애인(「장애인연금법」 제2조 ① 항에 해당하는 자) 중 본인과 배우자의 소득인정액이 선정기준액 이하일 경우에 한한다. 보건복지부는 매년 장애인연금 선정기준액을 고시로 공표한다. 이 기준에 따라 전체 중증장애인의 소득 하위 70%가 장애인연금을 받는다. 기초연금 설계와 같은 시기에 도입되고 논의되면서 장애인연

구분	65세 미만	65세 이상
기초생활보장수급자 (일반 재가/ 생계 · 의료 수급)	8만 원	380,000원
보장시설수급자 (일반/ 생계 · 의료 수급)	0원	0원
보장시설수급자(급여특례/ 생계 · 의료 수급)	0원	7만 원
차상위계층 (일반/ 주거 · 교육 수급) ※ 생계 · 의료급여 수급자 제외	7만 원	7만 원
차상위계층 (급여 특례/ 주거 · 교육 수급) ※ 생계급여 · 의료급여 수급자 제외	–	14만 원
차상위 초과 (일반)	2만 원	4만 원

* 출처: 보건복지부 (2021b)

금과 기초연금은 같은 맥락에서 설계되었다.

장애인연금 급여의 종류는 기초급여와 부가급여 두 가지이다.

기초급여는 만 18~64세 등록 중증장애인에게 근로 능력 상실과 감소로 인해 줄어든 소득을 보전하는 것으로, 2021년 기준 감액 없는 최고 지급액은 300,000원이다. 부부가 모두 기초급여를 받는 경우 각각의 기초급여액에서 20% 감액하고(부부 감액), 약간의 소득 차이로 장애인연금을 받는 자와 못 받는 자의 소득 역전을 방지하기 위해 기초급여액의 일부를 단계별로 감액한다(초과분 감액). 65세 이상은 동일한 성격의 급여인 기초연금으로 전환되었다.

부가급여는 만 18세 이상 등록 중증장애인에게 장애로 인한 추가비용의 전부 또는 일부를 보전하기 위한 급여로, 2019년 4월~2021년 12월 20,000원~380,000원을 지급한다. 감액 적용은 없다.

(2) 장애수당 및 장애아동수당

장애수당은 만 18세 이상의 등록한 장애인 중 장애인연금법상 중증장애인에 해당하지 않는 자(종전 3~6급)로 국민기초생활보장 수급자 및 차상위계층(가구 단위 소득인정액이 가구 중위소득의 50% 이하)인 장애인에게 지급하는 수당이다. 장애수당 급여액은 국민기초생활보장 생계급여 또는 의료급여 수급자(재가) 월 4만 원, 국민기초생활보장 생계급여 또는 의료급여 수급자(보장시설) 월 2만 원, 국민기초생활보장 주거급여 또는 교육급여 수급자 및 차상위계층 월 4만 원이다.

장애아동수당은 만 18세 미만의 등록한 장애인으로 국민기초생활보장 수급자 및 차상위계층에게 지급하는 수당이다.

장애로 인한 비용의 보전에 대한 급여(장애인연금의 부가급여, 장애수당, 장애아동수당)는 현재 연령, 장애 정도, 소득이라는 세 가지 기준별로 차등화되어 있다. 게다가 공공부조 수급 노인의 경우 기초연금이 소득으로 인정되어 전액 삭감되는 문제를 장애 노인의 경우 적용하지 않기 위해 장애 정도가 심한 장애 노인의 경우 장애인연금의 기초연금이 아니라 부가급여를 38만 원으로 책정하여 지급하는 우회 경로를 취한다. 현재 장애인연금 및 장애수당은 기초생활보장 소득인정액에 포함되지 않는다.

부분기본소득 도입 시, 장애인연금법상 중증장애인의 소득 상실에 대한 현금급여인 장애인연금 기초급여는 제6장의 원칙 2-2에 따라 10%를 기본소득으로 통합하고, 여타의 소득보장급여와 동일하게 생계급여 소득으로 인정한다. 그러나 추가비용보전급여는 비용에 대한 보전이므로 소득인정액에서 제외하고, 보다 현실화하여 상향한다. 현재 소득, 장애 정도, 연령으로 차등화되어 지급되는 장애수당은 연령과 장애 정도에 따른 차등화는 유지하되 소득에 따른 차등화는 이후 조정한다.

3. 기본소득과 사회보험

기본소득이 모든 사람이 딛고 일어설 수 있는 1층의 소득 안전판

income floor을 제공하는 기능을 한다면, 사회보험은 일하던 사람들이 실업, 산재, 질병, 노령 등의 사회적 위험으로 인해 소득이 상실되었을 때, 일할 때의 소득수준을 어느 정도 유지할 수 있게 해 주는 2층의 소득 안전망 income safety net 기능을 한다. 복지국가의 역사에서 사회보험은 중산층을 친 복지 동맹세력으로 유인하는 중요한 제도적 장치였다. 그러나 제6장에서 설명했듯이 산업사회의 표준에 맞추어진 사회보험은 변화된 노동시장 환경에서 정합성이 약화되고 있으며, 노동시장에서의 이중 구조가 사회 보험에서의 이중 구조로 이어지는 경향이 발견되고 있다. 따라서 사회보 험 개혁이 필수적이다. 사회보험 자체의 개혁 필요성 때문만이 아니라, 기본소득이 제대로 작동하기 위해서는 중산층의 소득 안전망 기능을 하 는 사회보험이 제 기능을 수행하는 것이 필수적이기 때문이다.

개혁 방향은 고용에 기반한 현행의 사회보험을 소득에 기반한 사회 보험으로 전환하는 것이다. 사회보험이 소득 기반 사회보험으로 전환될 때 가장 크게 변화되어야 하는 것은 보험료를 부과하는 방식이다. 기존 의 고용과 연계된 보험료 부과 체계는 소득을 기준으로 하는 새로운 부 과 체계로 전환해야 한다. 일하는 개인들은 자신의 근로소득 및 사업소 득에 기초하여 보험료를 납부하고, 사용자 부담금은 법인세와 사업소득 세 방식으로 납부하도록 한다. 이렇게 소득을 기준으로 보험료를 부과 하게 될 때, 현재 직장가입자와 지역가입자에게 다르게 적용되고 있는 보험료율이 조정될 필요가 있다. 2020년 기준 현행 사회보험료율은 〈표 7-6〉과 같다.

현행 사회보험이 소득 기반 사회보험으로 전환될 경우, 2020년 기준 사용자의 4대 사회보험 총보험료율 10.165%는 그대로 유지하지만, 직장 가입자와 지역가입자의 보험료율은 조정이 불가피하다. 즉 개인들의 소 득을 기준으로 현행 직장가입자의 사회보험료율 약 9%와 지역가입자의 사회보험료율 18% 사이에서 사회보험료율 조정에 대한 사회적 합의가

	국민연금	고용보험	국민건강보험	산재보험	합
사용자	4.5	0.8	3.335	1.53*	10.165
직장가입자	4.5	0.8	3.335		8.635
지역가입자	9	2.25	6.67		17.92

* 2021년 기준 전체 업종 평균

필요하다. 이 과정에서 발생하는 기금 부족분에 대해서는 국가가 조세를 투입하여 조정할 필요가 있다.

소득 기반 사회보험으로 전환될 때 두 번째로 큰 변화가 필요한 부분은 고용보험의 대상자 선정 기준에 대한 조정이다. 국민연금, 국민건강보험, 산재보험은 노인 연령에 도달했거나 질병이나 산재가 확인될 때 지급되기 때문에 대상자 선정 및 급여 수준은 현행 시스템을 유지하는 것이 큰 문제가 되지 않는다. 그러나 고용보험은 '부분 실업' 인정 문제가 이슈가 될 수 있다. 현행 고용보험제도는 사용자와의 관계에서 고용계약관계가 비자발적으로 해지되었는지의 여부가 실업 판정의 주요한 기준이다. 그러나 소득 기반 사회보험 방식에서는 소득의 상실이 실업의 기준이 될 필요가 있다. 소득이 이전보다 50% 이상 상실된 것이 확인될 경우 실업으로 인정하는 안이 제안되고 있다.

이외에 소득 기반 사회보험으로의 전환 과정에서 다양하고 중요한 이슈들이 있을 수 있으나 이러한 쟁점들은 소득 기반 사회보험으로의 개혁 과정에서 논의될 것으로 기대한다. 다만 기본소득과 소득 기반 사회보험은 제도의 성격이 근본적으로 다를 뿐만 아니라, 앞서 언급한 대로 기본소득이 1층의 소득 안전판, 사회보험이 2층의 소득 안전망 역할을 하기 때문에, 사회보험료와 기본소득 간에는 대체나 조정의 관계가 없다. 즉 사회보장제도의 개혁과 함께 기본소득을 한층 더 추가layering하는 기획이 필요하다.

국세청 (2021). 근로장려금 자녀장려금 안내.

국민취업지원제도 홈페이지 http://www.work.go.kr.

기초연금 홈페이지 http://basicpension.mohw.go.kr.

보건복지부 (2020). 2020년 자활사업안내 1.

보건복지부 (2021a). 2021년 자활사업안내 (Ⅰ).

보건복지부 (2021b). 2021년 장애인연금사업안내 (장애수당 및 장애아동수당 포함).

보건복지부 (2021c). 2021년 기초연금사업안내.

제3부
기본소득 재원 설계

제8장 _ 개별 공유부 과세와 기본소득: 토지배당

강남훈

1. 개요

토지는 공유부共有富이다. 토지 공유부로부터 매년 막대한 수입이 발생하고 있다. 토지보유세-토지배당 정책은 민간 보유 토지에 대하여 토지보유세를 부과하고 그 조세수입 전체를 토지배당(토지기본소득)으로 나누어 주는 것이다. 기존의 재산세는 건물과 토지를 합친 부동산 전체에 대하여 부과되는 조세인 데 반해서 토지보유세는 토지에 대해서만 부과된다.

부동산의 가치는 토지 가치와 건물 가치의 합으로 구성된다. 아파트를 소유하고 있는 사람도 아파트 토지 전체의 일정한 지분을 소유하고 있다.

토지보유세가 부과되면 기존의 재산제 중 토지분은 환급해 준다. 토지소유자에 대한 이중과세를 막고 지방정부의 예산이 줄어들지 않도록 하기 위해서이다. 종부세는 폐지하거나 부유세를 신설해서 부유세 안으로 편입한다. 취득세 같은 거래세는 감축하되, 지방정부 수입이 줄어들지 않도록 지방교부금 비율을 상향 조정한다.

법인의 토지에 대해서도 빠짐없이 토지세를 부과한다. 다만 업무용 토지의 경우에는 높은 할인율(낮은 공정시장가액비율)을 적용해서 현재보다 부담이 거의 증가하지 않도록 한다. 법인의 비업무용 토지에 대해서는 할인율을 적용하지 않고 그대로 부과한다. 농지에 대해서도 같은 원칙을 적용한다.

2. 토지 공유부 사상과 현실적인 구현 방안

「대한민국 건국강령」에는 토지를 국유로 환원해야 한다고 규정되어 있어서, 토지 공유부 사상을 강하게 표현하였다.

제1장 총칙

三. 우리나라의 土地制度는 國有에 遺法을 두었으니 先賢의 痛論한 바 「遵聖祖至公分授之法하야 革後人私有兼倂之弊」(성조들의 지극히 공평한 분수법을 따라 후인들이 사사로이 겸병하는 폐단을 혁파한다)라 하였다. 이는 紊亂한 私有制度를 國有로 還元하라는 土地革命의 歷史的 宣言이다. 우리 民族은 古規와 新法을 參互하야 土地制度를 國有로 確定할 것임.

大韓民國二十三年十一月二十八日 (1941년)

臨時政府 國務委員會主席 金九

현행 「헌법」도 건국강령의 토지 공유부 사상을 이어 오고 있다.

121조. ① 국가는 농지에 관하여 경자유전의 원칙이 달성될 수 있도록 노력하여야 하며, 농지의 소작제도는 금지된다. ② 농업생산성의 제고와 농지의 합리적인 이용을 위하거나 불가피한 사정으로 발생하는 농지의 임대차와 위탁경영은 법률이 정하는 바에 의하여 인정된다.

122조. 국가는 국민 모두의 생산 및 생활의 기반이 되는 국토의 효율적이고 균형있는 이용 · 개발과 보전을 위하여 법률이 정하는 바에 의하여 그에 관한 필요한 제한과 의무를 과할 수 있다.

헌법재판소도 다음과 같이 토지공개념이 헌법의 이념이라고 결정한 바 있다.

개인주의 · 자유주의에 바탕을 둔 자본주의도 초창기의 기대, 즉, 모든 사람을 평등한 인격자로 보고 그 자유로운 계약활동과 소유권의 절대성만 보장해주면 개인적으로나 사회적으로 무궁한 발전을 기약할 수 있다는 이상(理想)이 노동을 상품으로 팔 수밖에 없는 도시노동자나 소작민에게는 아무런 의미가 없고, 계약자유의 미명 아래 "있는 자, 가진 자"로부터 착취당하여 결국에는 빈부의 격차가 현격해지고, 사회계층 간의 분화와 대립갈등이 첨예화하는 사태에 이르게 됨에 따라 대폭 수정되기에 이르렀으니, 모든 사람들에게 인간으로서의 생존권을 보장해 주기 위하여서는 토지소유권은 이제 더 이상 절대적인 것일 수가 없었고 공공의 이익 내지 공공복리의 증진을 위하여 의무를 부담하거나 제약을 수반하는 것으로 변화되었으며, 토지소유권은 신성불가침의 것이 아니고 실정법상의 여러 의무와 제약을 감내하지 않으면 안되는 것으로 되었으니 이것이 이른바, "토지공개념(土地公概念) 이론"인 것이다(헌법재판소, 1989.12. 22. 88헌가13 결정).

우리의 현행「헌법」은 건국 강령에 비하면 약해졌지만, 토지 공유부 사상이 분명하게 규정되어 있다. 토지 공유부 사상은 「헌법」 정신에서는 이어지고 있지만, 현실의 경제에서는 철저하게 지켜지지 못하였고, 이미 많은 토지가 사유화된 상태이다. 이런 상태에서 모든 토지를 국유화하는 것은 정치적으로 불가능하다. 따라서 사유화된 토지를 인정하되 토지로부터 발생하는 소득에 대하여 철저히 과세하여 그 조세수입을 전체 국민에게 기본소득으로 나누는 것이 「헌법」의 공유부 이념을 실천할 수 있는 현실적인 대안이다.

3. 부동산투기와 그 폐해

우리나라는 부동산으로부터 너무 많은 소득이 발생하고 있다. 2019년 실현된 자본이득(부동산 판매에 의한 양도소득)은 213.8조 원이었고 임대소득은 139.1조 원이었다. 이 둘을 합친 부동산소득은 352.9조 원으로 GDP의 18.4%였다(남기업, 2021). 토지 공유부로부터 생겨난 엄청난 규모의 수익을 소수의 부동산 소유자에게만 분배하는 것은 경제적으로 정의롭지 않다. 특정 지역 부동산의 가치는 사회 전체의 노력에 의해서 증가한 것이다. 따라서 부동산소득은 전체 국민에게 분배되어야 마땅하다. 그러기 위해서는 소수가 독점하고 있는 부동산 공유부 소득을 과세를 통해 적극적으로 환수하여야 한다.

우리나라는 부동산 가격이 너무 높은 상태이다. 2015년 기준으로 우리나라 땅을 팔면 캐나다 땅을 2.7번 살 수 있었다. 지나치게 높은 부동산 가격은 다음과 같이 우리 경제와 사회에 많은 문제를 일으키고 있다.

첫째, 집을 사려는 무주택자들이 너무 많은 소득을 빼앗기고 있다. 노동의 결과물이 노동하지 않는 사람들에게 수탈당하고 있다. 주택 매매 가격은 2020년 한 해 동안에만 5.4% 올랐다(e-나라지표, 2021). 민간 보유 부동산 가격이 1경 원이라고 하면, 주택 구매 의향을 가진 무주택자들의 소득 54조 원이 토지소유자들에게 잠재적으로 이전된 것이라고 볼 수 있다.

둘째, 주택 구입 의사가 없는 무주택자도 소득을 빼앗기고 있다. 주택 가격이 상승하면 전세와 월세도 상승하게 된다. 같은 아파트에 살기 위해서 2년마다 수천만 원에서 수억 원씩 전세금을 올려 주어야 한다면, 그만큼 소득을 빼앗기지 않을 수 없다.

셋째, 더 큰 집으로 이사를 하려는 1가구 1주택 서민주택 소유자도 소득을 수탈당하고 있다. 서민주택 소유자들의 주택 가격도 오르지만 이사 가려는 주택의 가격은 더 많이 올라서 격차가 확대되기 때문이다. 집값이 오르기 전에는 5천만 원만 더 보태면 이사할 수 있었는데 이제는 3억 원을 더 보태야 한다면 2억5천만 원을 수탈당한 결과가 된다.

넷째, 기업들이 혁신적 활동보다 부동산투기로 더 많은 돈을 벌 수 있다면 기업은 당연히 부동산투기에 치중할 것이다. 기업의 혁신적 활동이 위축되고 국제경쟁력도 떨어진다.

다섯째, 뛰어난 인재들이 지식을 축적할 수 있는 혁신 분야에 진출하지 않고 투기 분야에 진출하게 된다. 해적질이 수익성이 가장 높은 나라에서는 가장 뛰어난 인재가 해적이 된다. 부동산투기를 막지 못하면 인재가 투기꾼이 되어서 혁신 능력과 지식생산성이 떨어지고 경제는 쇠퇴할 수밖에 없다.

4. 실패한 부동산 대책

정부는 부동산투기를 막기 위하여, 2017년 6월부터 2021년 2월까지 모두 25차례의 부동산 대책을 발표하였다. 이 대책들은 대출 규제 정책, 임대주택 활성화 정책, 공급 확대 정책, 거래세 및 보유세 인상 정책 등으로 구분할 수 있다.

1) 핀셋 규제

대출 규제는 대출할 필요가 없는 사람의 투기, 외국 자본의 투기, 규제 대상 지역이 아닌 곳에서의 투기를 막지 못해서 투기 억제에 실패하였다. 이것은 흔히 "풍선효과"라고 불린다. 규제는 실수요와 투기수요를 구별할 수 있다는 것을 전제로 하는데, 현실적으로 이 둘을 구별하는 것은 쉽지 않다.

투기 수익이 크면 사람들은 어떤 수를 써서라도 규제를 피해 나갈 방법을 찾기 마련이다. 고양이 앞에 둔 생선을 두고 못 먹게 하는 것은 매우 어렵다. 생선 자체를 치워야 한다. 투기 수익을 직접적으로 줄이는 방법을 찾아야 한다.

2) 공급 확대

공급 확대 정책은 공급 확대 효과가 나타나기도 전에, 예상 지가 상승, 교통망 신설 발표, 보상금 지급 등으로 인해 투기수요 확대 효과가 압도적으로 우세하게 작동하여 투기 억제에 실패했다. 결국에는 LH공사 직원 비리가 터지면서 현재와 같은 공급 확대 정책이 투기를 부추기는 역할을 한다는 것이 남김없이 드러났다.

3) 임대주택 활성화

임대주택 활성화 정책은 가장 크게 실패했다. 저렴한 임대주택 공급을 늘려서 임대가격을 안정시키겠다는 의도에서 임대사업자에게 취득세와 재산세 감면, 소득세 감면, 국민건강보험료 감면, 종합부동산세 감면, 양도소득세 감면 등의 막대한 혜택을 제공하였다. 그 결과 수많은 사람이 임대사업에 뛰어들면서 임대사업자 보유 임대주택은 160만 채로 늘어났다. 임대사업자들이 대규모로 주택을 사들이면서 가격이 큰 폭으로 올랐고, 주택 가격 상승이 다시 임대료를 상승시켜 정책은 완전히 파탄에 빠졌다. 그럼에도 불구하고 정부는 임대사업자 특혜를 폐지하지 못하고 있다. 정부의 정책을 믿고 임대주택을 매입한 사람들이 손해를 입으면 위헌소송 등의 시비에서 벗어나기 힘들다고 판단했기 때문일 것이다.

4) 거래세 강화

거래세는 부동산 가격을 안정화하는 효과가 떨어진다. 거래 잠김 현상으로 공급을 부족하게 만들어 오히려 가격을 상승시킬 수 있다. 실제로 현 정부의 24차례에 걸친 규제 중에서 거래세 강화는 부동산 가격을 안정시키지 못했다. 그리고 거래세는 불로소득을 환수하는 효과도 떨어진다. 팔지 않으면 세금을 내지 않아도 되기 때문이다. 다주택자들은 언젠가 정권이 바뀌면 거래세가 다시 인하될 것이라고 기대해 팔지 않고 버틴다.

5) 핀셋 종부세 강화

보유세 인상에는 종부세 강화, 재산세 인상 등이 포함되었다. 종부세는 다주택자의 경우 최고 6% 수준까지 인상되었다. 6%의 세율은 한계세율이기는 하지만 주택 소유를 사실상 금지하는 효과가 있는 세율로 판단된다. 종부세 납부 대상자들이 위헌 소송을 제기할 가능성도 있다.

이렇게 징벌 수준으로 종부세 세율을 올렸지만 주택 가격 안정화에는 실패하였다. 많은 사람이 상속이나 증여 등의 방법으로 종부세를 회피하는 방법을 찾았다. 무엇보다도 부동산투기에 참여하는 사람이 중상층과 청년, 외국인으로까지 확대된 상태에서 최상위 몇 %에게만 부과되는 보유세는 효과를 발휘할 수 없었다.

6) 찔끔 재산세 인상

정부는 23번째 대책으로도 부동산 가격이 안정화되지 않자, 2020년 11월 3일 재산세 강화 방안을 발표하였다. 현행 재산세는 부동산의 시가가 아니라 공시가격에 세율을 곱해서 구한다. 시가에 대한 공시가격의 비율(현실화율)은 토지(표준지 기준)는 65.5%, 단독주택(표준주택 기준)은 53.6%, 공동주택은 69.0% 수준이었다. 정부는 2021년부터 공시가격을 공시가격 현실화율이 90%가 될 때까지 단계적으로 꾸준히 올리겠다고 발표하였다. 다만 6억 이하 주택에 대해서는 앞으로 3년 동안

0.05%p를 인하하기로 하였다.

공시지가를 올려서 재산세를 인상하는 것은 보편적으로 보유세를 올리는 방법의 하나이지만, 세 가지 문제가 있었다. 첫째, 인상폭이 작았다. 현실화율을 70%에서 90%로 올리더라도 기존 세율이 너무 낮았기 때문에 인상폭은 그렇게 크지 않았다. 가격 상승분이 너무 크기 때문에 세율까지도 인상할 필요가 있었다. 둘째, 인상 속도가 너무 느렸다. 셋째, 1가구 1주택에 대하여 보유세를 삭감해 주었기 때문에 상속, 증여, 가구 분리 등으로 빠져나갈 구멍을 마련해 주어, 전체적으로 보아서 투기 억제 효과가 크지 않게 설계되었다.

5. 토지보유세

1) 토지에만 보유세를 부과하는 이유

이제 부동산투기를 억제할 수 있는 정책 중 남아 있는 것은 보편적인 보유세뿐이다. 그런데 토지보유세는 건물에 대해서는 부과하지 않는다. 토지보유세에 대해서 가장 많이 제기되는 질문은 '왜 토지에만 보유세를 부과하자고 주장하는가'이다.

이 질문에 대해서는 토지는 건물과 성격이 다르기 때문이라고 대답할 수 있다. 토지는 공유부에 속하지만, 건물은 그렇지 않다. 건물은 인간의 돈과 노동이 투입된 것이지만, 토지는 그런 것이 아니다. 건물은 인간의 노력이 계속 투입되지 않으면 가치가 줄어들지만, 토지는 아무런 노력이 투입되지 않더라도 가치가 계속 올라가는 경향이 있다.

건물에 대한 과세는 건축을 줄이는 효과가 있다. 건축이 건축물에 대한 수요와 공급에 의해서 결정된다면, 건축에 대한 과세는 공급을 줄이고 가격을 상승시키는 부작용이 있다. 그러나 토지에 대한 과세는 그렇지 않다. 토지의 공급이 고정되어 있기 때문이다. 토지에 대한 과세는 토지의 수요와 공급을 줄이지 않고 가격도 상승시키지 않는다. 그리고 토지 불로소득에 대해서 과세하기 때문에 부동산투기가 줄어들어 경제 전체적인 효율성도 높아진다.

노벨경제학상 수상자인 밀턴 프리드먼Milton Friedman은 토지세를 최선의 조세라고 불렀다. 또 다른 노벨경제학상 수상자인 윌리엄 비크리William Vickrey는 부동산 재산세property tax에는 가장 좋은 조세인 토지보유세와 가장 나쁜 조세인 건물세가 혼합되어 있다고 말한 바 있다(Vickrey, 2001). 토지보유세의 효율성과 필요성을 강조한 말이다.

2) 부동산 가격에 비하여 재산세 비중이 낮은 나라

우리나라는 상대적으로 거래세 비중이 높고 보유세 비중이 낮지만 부동산 관련 조세 전체를 합하면 GDP 대비 비중이 낮지 않기 때문에 조세를 신설하기보다는 기존 조세를 개편하는 것으로 충분하다는 주장이 있다. 2019년 한국의 부동산 관련 조세는 GDP의 3.1%였다. 일본 2.6%, 미국 3.0%, 캐나다 3.9%였다.

그러나 이것은 착시현상이다. 한국은 GDP 대비 부동산 가격이 높기 때문에 부동산 가격을 기준으로 하면 보유세 비중은 훨씬 낮아진다. 물론 보유세를 높이면서 거래세를 줄일 필요는 있다.

3) 토지보유세 아파트 토지분 계산 방법

현재는 아파트의 경우, 개별 공시가격과 전체 공시지가를 발표하고 있지만 개별 공시지가는 발표하지 않는다. 그런데 전체 공시지가는 아파트가 없다고 가정한 채 토지 전체를 한 필지로 본 토지 가격이기 때문에, 아파트가 건축됨으로써 생긴 가치의 상승분은 공시지가에 반영되지 않는다.

아파트 개별 공시지가의 합리적 계산 과정은 다음과 같다.

첫째, 아파트 개별 공시가격을 합해서 아파트 전체의 공시가격을 구한다.

둘째, 아파트 전체 건물의 잔존가치를 계산한다. 이것은 현재의 건축비와 건물의 잔존수명을 알면 계산할 수 있다.

셋째, 아파트 전체의 공시지가를 다음과 같은 공식에 의해서 구한다. 전체 토지 가격 = 전체 공시가격 − 전체 건물 잔존가치

넷째, 다음의 공식에 의해서 개별 아파트의 공시지가를 구한다. 개별 토지 가격 = 전체 토지 가격 × 개별 공시가격/전체 공시가격 = 개별 공시가격 − 전체 건물 잔존가치 × 개별 공시가격/전체 공시가격

6. 보편적 토지보유세의 효과

1) 30조 원의 토지보유세는 750조 원의 주택보조금 효과

보유세가 가격 안정화로 이어지는 경로의 하나는 조세의 자본화 효과이다. 매년 배당되는 배당금이 주식가격에 반영되듯이, 매년 부과되는 보유세는 부동산 가격에 반영된다. 균형 상태에서 자산의 가격은 자산에서 발생하는 현금흐름의 현재가치이다. 토지 가격이 6,000조 원일 때 30조 원의 보유세를 추가로 부과한다고 가정해 보자. 은행 이자율이 4%라고 할 때 매년 30조 원의 돈을 내야 하는 사람은 750조 원의 부채가 있는 것과 마찬가지이다. 30조 원의 보유세로 인해서 750조 원의 부채가 생기는 것이다. 토지를 구매하려는 사람은 부채를 공제한 가격을 지불하려 할 것이므로 토지 가격은 750조 원만큼 하락하게 된다.

30조 원의 보유세를 기본소득으로 나누면 1인당 월 5만 원의 토지배당을 지급할 수 있다. 용돈에 불과한 수준이라고 할 수 있다. 그러나 보유세의 효과는 5만 원의 기본소득에 그치지 않는다. 가격 하락 효과를 생각해야 한다.

750조 원만큼 주택 가격을 하락시키므로 750조 원의 주택보조금을 무주택 서민들에게 나누어 주는 효과가 있다. 한 푼의 예산도 들이지 않고 750조 원의 주택보조금을 나누어 줄 수 있는 것이 바로 보유세의 장점이다.

보유세로 인한 가격 하락이 무주택자에게는 혜택이 되지만 1가구 1주택자의 경우에는 손해가 된다고 생각하기 쉽다. 그러나 전반적이고 비례적인 주택 가격 하락은 주택 가격 격차를 줄이는 효과가 있다. 그 집에 계속 살 의향을 가지고 있는 1가구 1주택자는 가격이 비례적으로 하락할 경우 수혜도, 손해도 못 느낄 것이다. 더 비싼 주택으로 이사할 의향을 가지고 있는 대부분의 1주택 소유자는 목표 주택과의 가격 격차가 줄어들기 때문에 수혜가 발생한다. 더 싼 집으로 이사할 의향을 가지고 있는 경우에만 손해가 될 것이다. 전체적으로 보아서 1주택 소유자 중 서민주택 소유자는 주택 가격 인하로 혜택을 본다고 말할 수 있다.

2) 임대사업자 특혜 폐지로 인한 주택 매물 확대

토지보유세 신설은 임대사업자에게 특혜를 준 정책의 실패를 교정하는 역할을 할 수 있다. 정부가 정책 실패를 인정하고 임대사업자들에게 제공하겠다고 약속한 특혜를 축소하려고 하자, 임대사업자들은 위헌 소송을 제기하겠다고 공언하기도 하였다.

이와 대조적으로, 토지보유세 신설은 임대사업자들에 대한 약속을 위반하는 것이 아니다. 토지보유세는 신설되는 세금이다. 정부가 미래에 신설될 세금까지 감면해 주겠다고 약속한 것은 아니다. 토지보유세가 신설되면 임대사업자들은 주택을 처분하지 않을 수 없다. 임대사업자들이 소유한 160만 채가 매물로 나오면 주택 가격은 빠르게 하향 안정화될 것이다.

7. 토지보유세와 결합된 토지배당

1) 토지보유세-토지배당 모델

한국은행이 발표한 「국민대차대조표」에 따르면, 한국의 민간 보유 토지 가치는 2019년에는 6,600조 원이었고 2020년에는 7,400조 원이었다. 2019년 재산세 토지분은 약 9조 원(2020 지방세 연감에서 재산세 토지분과 주택분의 3/5을 토지분으로 추정해서 합한 것)으로, 같은 해 민간 보유 토지 가치의 0.14%였다. 2023년 한국 민간 보유 토지 가치는 약 8,000조 원이 될 것으로 추정된다. 여기에 0.5% 비례세율로 토지보유세를 부과하면 약 40조 원의 토지보유세를 걷을 수 있고, 재산세 토지분을 환급해 주어도 30조 원이 넘는 재원을 확보할 수 있다. 이것으로 1인당 연간 60만 원의 토지배당을 지급할 수 있다. 이때 순수혜 가구는 85% 정도가 된다. 만약 토지보유세를 누진세율로 부과하면 순수혜 가구의 비율을 90% 이상으로 높일 수 있다. 2033년이 되면, 토지보유세 수입은 대략 75조 원이 될 것으로 추정되므로(상세한 추정 방법은 제14장 참고), 1인당 연 150만 원의 토지배당을 지급할 수 있다.

2) 1주택 재산세 감면보다 1주택자에게 더 유리한 토지배당

1가구 1주택에 재산세를 감면해 준 것은 조세 저항을 줄이기 위한 고육지책이다. 그러나 전체적으로 보유세 수입이 줄어들어 가격 안정화 효과가 거의 없었다.

보유세 수입을 기본소득으로 분배하면 보유세를 상당한 수준으로 인상하면서도 조세 저항을 줄일 수 있는데 그렇게 하지 않았다. 1가구 1주택도 3년 뒤에는 재산세 감면이 사라지므로 불만을 가라앉히기 힘들다.

전체적으로 보면, 보유세 찔끔 인상으로 무주택자는 가격 안정화 효과가 작아서 불만이고, 1가구 1주택자는 3년 뒤에 재산세가 오르는 것이 불만이고, 고가 주택이나 다주택 소유자는 재산세가 올라서 불만인 상태가 되었다.

1가구 1주택 재산세 감면은 감면된 액수지만 세금을 내야 한다. 그런데 보유세 수입을 기본소득으로 분배하면 하위 90%까지의 1가구 1주택자는 세금을 더 내는 것이 아니라 반대로 토지배당을 받게 된다. 무주택자는 토지배당 전체가 순수혜액이고, 하위 90% 가계에 속한 1가구 1주택자는 토지배당의 일부가 순수혜액이다. 이 두 계층은 실제로 보유세를 더 내는 것이 아니라 차액을 받기만 하면 된다. 정치적 저항이 훨씬 줄어든다.

3) 토지배당의 정치적 기능

부동산투기를 억제하고 부동산 불로소득을 환수하고 부동산 가격을 하향 안정화하는 데 가장 효율적인 수단은 토지보유세이다. 그러나 토지보유세는 정치적 저항이 크다. 이때 토지보유세 수입 전체를 토지배당으로 나누어 주면 가구 대부분이 토지보유세를 내는 것보다 받는 것이 많아지므로 정치적 저항이 줄어든다.

부동산 불평등의 축소가 정책 목표이고, 토지보유세라는 교정 조세는 목표를 달성하는 수단이다. 기본소득은 교정 조세의 정치적 저항을 극복하는 보조 수단이다. 교정 조세와 기본소득을 묶음으로써 경제개혁 목표를 달성하게 된다. 바로 이것이 기본소득 논쟁에서 노벨경제학상 수상자들로부터 배워야 할 것이다.

죽음에 이르는 병을 치료할 수 있는 약이 있는데 약에 독성이 있어서 약을 쓰면 병은 낫지만 약의 독성 때문에 죽게 된다고 가정해 보자. 실력 없는 의사는 환자에게 병으로 죽을지 약으로 죽을지 선택하라고 할 것이다. 실력 있는 의사라면 약의 독성을 중화하는 또 다른 약을 찾아내서 두 약을 한꺼번에 처방할 것이다.

부동산투기라는 병이 있을 때 병을 방치하면 경제가 망하고 보유세라는 약을 처방하면 정치가 망한다고 가정해 보자. 경제를 망하게 할지 정치를 망하게 할지 고민하는 정당은 무능한 정치세력이다. 보유세와 토지기본소득이라는 두 가지 약을 함께 써서 경제도 살리고 정치도 살리는 것이 유능한 정치세력이다.

8. 지대추구 경제의 극복

토지보유세를 토지배당으로 전 국민에게 동일한 액수로 분배하는 것은 재산권에 기초한 의무적 행위이다. 경제적 효과나 복지적 효과와 상관없이 되돌려 주어야 한다.

토지보유세에는 정의롭고 효율적인 경제를 만드는 바람직한 효과가 있다.

토지보유세-토지배당 정책은 토지 가격을 하향 안정화하는 효과, 무주택자 및 소규모 1주택 소유자에게 더 많은 수혜를 주어 소득의 수탈을 막고 불평등을 축소하는 효과가 있다.

무엇보다도 기업의 혁신 유인이 높아진다. 정부가 할 수 있는 가장 효과적인 혁신정책은 투기를 통해서는 돈을 벌지 못하게 하는 것이다. 그리고 개인의 혁신역량도 증가한다. 뛰어난 인재가 대학이나 연구소로 진출하고 혁신 분야에 진출하여 경제 전체의 지식생산이 증가하고 혁신역량이 커지게 된다.

토지보유세-토지배당 정책은 카이사르의 것을 카이사르에게 되돌려 주고 모두의 것을 모두에게 되돌려 주는 것에 불과하지만, 정의롭고 효율적인 경제라는 엄청난 선물을 가져다준다.

남기업 (2021). 『대한민국 부동산 불평등의 실상과 해소 방안 연구』. 용혜인 의원실 연구 보고서.

대한민국임시정부 (1941). 대한민국건국강령.

대한민국 헌법.

헌법재판소 (1989.12.22). 선고 88헌가13.

e-나라지표 (2021). 「주택매매가격 동향」. (index.go.kr/potal/main/EachDtlPageDetail. do?idx_cd=1240)

Vickrey, William (2001). "Site Value Taxes and the Optimal Pricing of Public Services", Giacalone, J. A. et al. eds., The Path to Justice: Following in the Footsteps of Henry George, Malden: Blackwell Publishing.

제9장 _ 기본소득형 탄소세

금민

1. 탄소세의 필요성

1) 시대의 요청

"2050 순배출 제로"는 이제 뉴노멀이 되었다. 2023년부터는 파리기후협정에 따라 5년 단위로 협정 이행 및 장기목표 달성 가능성을 평가하는 전 지구적 이행점검global stocktaking이 실시된다. EU는 2023년부터 철강, 알루미늄, 시멘트, 비료, 전기 등의 수입에 탄소국경조정Carbon Border Adjustment Mechanism을 도입하려고 한다. 2026년부터는 규율 영역의 확대를 검토하고 있으며 생산설비에서의 직접배출량뿐만 아니라 에너지 소비에 따른 간접배출량까지 포괄하는 방식을 검토하고 있다. 미국의 바이든 대통령도 비슷한 조치를 예고했다. 탄소국경조정은 탄소배출량이 많은 수입품을 규제함으로써 탄소누출을 방지하는 효과가 있다. "탄소누출"이란 탄소 기본가격carbon basic price이 높은 국가에서 낮은 국가로 산업이 이동하여 한 지역의 탄소배출량이 감축되어도 전 지구적으로는 감축 효과가 나타나지 않는 현상을 말한다. 탄소국경조정이 도입되면 탄소배출량을 감축하지 않는 나라들은 수출경쟁력에 타격을 입게 된다. 전 세계적으로 불고 있는 정부의 탄소중립 열풍은 금융시장에도 영향을 미치고 있다. 기후위기로 인하여 언젠가 탄소 자산은 가격거품이 붕괴하여 좌초자산stranded assets이 될 것이라는 경고가 나오고 있다. ESG(Environmental, Social, Governance)에 이어 RE100(Renewable Energy 100%)은 혁신기업의 가치지향이 되고 있다.

이처럼 전 세계적으로 변화의 조짐은 일고 있지만, 한국의 현황을 보면 상황이 결코 낙관적이지 않다. 2019년 '카본 트래커 이니셔티브' Carbon Tracker Initiative가 제출한 「저렴한 석탄, 위험한 착각: 한국 전력시장의 재무적 위험 분석 보고서」는 한국을 탄소로 인한 좌초자산 위험이 세계에서 가장 높은 국가로 평가한다(Gray & D'souza, 2019). 파리기후협정의 섭씨 2도 시나리오를 지키기 위한 한국 전력시장의 좌초자산 규모는 1,060억 달러인데, 한국전력공사는 977억 달러의 손실을 입어 가장 큰 타격을 입으며 그 뒤를 이어 SK가스 16억 달러, KDB 14억 달러의 손실이 있을 것으로 전망된다. 현재 우리나라에는 총 61기(총설비용량 36.8GW)의 석탄발전소가 가동 중이고, 5.4GW 규모의 석탄발전소가 신규 건설 중이며, 추가로 건설 예정인 석탄발전소도 2.1GW 규모에 달한다. 나아가 당진 1~4호기를 포함하여 총 14기(7.6GW)에 대해서는 10~20년의 수명 연장을 목표로 총 4조 원을 투입한 개선 작업이 진행 중이다.

이와 같은 한국 전력산업의 높은 화석연료 의존도는 탄소배출량 현황에도 나타나고 있다. 온실가스배출량은 주요 국가들에서 점차 줄어들고 있는 반면에 한국은 2017년 탄소배출량 증가가 24.6%로 세계 2위이며, 1990년 대비 탄소배출량 증가율도 터키에 이어 세계에서 두 번째로 높다. 2018년 한국의 탄소배출량은 현재 OECD국가 중 6위, 1인당 탄소배출량은 4위에 기록되어 "기후악당국가"의 불명예를 안고 있다. 2018년 기준으로 한국의 연간 탄소배출량은 7억 2,760만 톤(CO_2eq)에 달한다(e나라지표, 2020). "2050년 탄소중립"을 달성하려면 당장 배출량 감축을 위한 실질적 노력이 필요하다.

2) 한국의 배출량 감축 제도와 실제 감축 효과

한국은 직접규제, 배출권거래제, 에너지세라는 세 가지 형태의 감축

수단을 도입했지만, 탄소배출량 증가 추세를 보면 큰 효과가 없다.

직접규제로는 온실가스·에너지목표관리제가 2012년부터 시행 중이다. 2014년부터 온실가스 5만 톤(또는 에너지 200TJ) 이상 배출업체 또는 온실가스 1.5만 톤(또는 에너지 80TJ) 이상 배출 사업장이 대상이 되었고, 2020년 9월 1일 현재 총 403개 사업장을 대상으로 온실가스감축 및 에너지절약 목표를 설정하고 관리 중이다(한국환경공단 홈페이지 https://www.keco.or.kr/kr/business/climate/contentsid/1516/index.do).

온실가스배출권거래제Emission Trading Scheme는 2015년부터 시행 중인데, 과거 3년간 온실가스배출량 연평균 12.5만 톤 이상 업체 또는 2.5만 톤 이상 사업장 보유 업체, 자발적 할당 대상 신청 업체를 대상으로 하며, 배출권할당 대상 업체는 2015년 525개 업체에서 시작하여 2018~2020년에는 609개로 늘어났지만(한국환경공단 홈페이지 https://www.keco.or.kr/kr/business/climate/contentsid/1520/index.do), 배출량 감축 효과는 미미했다. 그 이유는 산업 경쟁력 약화를 이유로 온실가스배출권을 정부가 사실상 무상으로 나누어 주다가 최근 환경단체들의 반발로 2021년부터 시작되는 제3차 계획기간에는 총할당량의 10%를 유상 할당하겠다는 입장을 밝힌 정도이기 때문이다(환경부, 2020).

대표적인 환경세제로는 교통·에너지·환경세를 들 수 있다. 2017년 기준으로 세수는 15조 3,782억 원, 조세 규모 중 네 번째로 크지만 재원 중 대부분은 토목 분야나 화석연료 보조금 등에 사용되었다. 2009년부터 교통·에너지·환경세를 폐지하고 탄소세 등 새로운 세제를 도입하자는 논의가 계속 진행되었으나 정부는 2018년 말에 또다시 4년 연장을 고지했다.

그동안 한국의 온실가스 감축 정책은 실효성이 없었다고 말할 수 있다. 비록 문재인 정부가 "2050년 탄소중립"을 선언했지만 이를 위해서는 보다 근본적인 제도 변화가 이루어져야 한다.

3) 「탄소배당에 대한 경제학자들의 성명」

2019년 1월 17일 『월스트리트 저널』에는 「탄소배당에 대한 경제학자들의 성명Economists' Statement on Carbon Dividends」이 발표되었다. "전 지구적 기후변화는 즉각적인 국가적 행동을 요구하는 심각한 문제이다"라는 문장으로 시작되는 성명서는 다섯 개의 정책 권고를 담고 있다. "1. 탄소세는 필요한 규모와 속도로 탄소배출량을 줄이기 위한 가장 비용 효율이 좋은 수단이다. …… 2. 탄소세는 배출량감축목표가 충족될 때까지 매년 높여야 하며, 정부 규모에 대한 논란을 피하기 위해서는 재정수입에 중립적이어야 한다. 항상적으로 증가하는 탄소 가격은 기술혁신과 대규모 인프라의 발전을 촉진할 것이다. …… 3. 탄소세가 충분히 견고하게 점진적으로 증가한다면, 효율성이 떨어지는 다양한 탄소 규제를 대체할 것이다. 4. 탄소배출량이 많은 산업의 국외 이탈carbon leakage을 방지하고 미국의 경쟁력을 보호하기 위하여 탄소국경조정 시스템을 구축해야 한다. 이는 다른 국가들도 비슷한 탄소 가격 정책을 채택할 인센티브를 제공할 것이다. 5. 탄소세 증가의 공정성과 정치적 지속가능성을 극대화하기 위하여 재정수입 전액을 동일한 금액으로 모든 미국 시민에게 직접 되돌려 주어야한다. 가장 취약한 사람들을 포함하여 미국 가계의 대다수는 에너지 가격 상승으로 지불하는 것보다 '탄소배당'을 더 많이 받게 됨으로써 재정적으로 이익을 얻게 된다."(Akerlof et al., 2019)

성명에는 27명의 노벨경제학상 수상자, 4명의 전임 연방준비제도이사회 의장, 15명의 전임 경제자문회의 의장, 2명의 전임 재무부 장관, 그외 3,589명의 미국 경제학자가 참여했다. 성명은 탄소배출량을 감축하여 기후위기를 극복하기 위한 방안으로서 탄소세가 지닌 효율성을 압축적으로 표현하고 있다. 첫 번째 항부터 네 번째 항까지는 탄소세의 목적과 효율성, 탄소배출량감축목표와 세율의 관계, 세수 중립성과 탄소 가격 증가의 경제적 효과, 전 지구적 차원의 배출량 감축을 위한 탄소국경세carbon border tax 도입 등 탄소세에 관한 쟁점에 대한 입장이 정리되어 있다. 특기할 점은 다섯 번째 항목이다. 즉 탄소세 재원을 모든 미국인에게 탄소배당으로 되돌려 준다는 내용으로서 탄소세와 탄소배당의 연동 모델, 즉 탄소세를 재원으로 하는 기본소득 도입을 권고하고 있다. 「탄소배당에 대한 경제학자들의 성명」은 이미 제목부터 탄소세와 탄소배당이 떼려야 뗄 수 없는 하나의 정책이라는 점을 말하고 있다. 탄소배당은 탄소세의 역진성을 막고 정치적 지속가능성을 보장하며, 탄소세율의 탄력적 상향 운용을 가능하게 만들어 줌으로써 기후위기 해소에 기여한다. 반면에 탄소배당 없이 탄소세를 도입할 경우 낮은 세율을 벗어날 수 없다.

2. 탄소세: 과세표준과 과세 목적, 과세 방식과 효과

1) 과세 목적과 과세표준

탄소세의 과세 목적은 탄소배출량을 감축하여 기후위기를 막는 것이다. 화석연료의 발전 단가는 재생에너지의 경우보다 비싸지 않다. 탄소세 부과는 인위적인 탄소 기본가격을 형성하여 화석연료 발전 단가를 높이며, 나아가 "2050년 탄소중립" 계획에 맞춰 배출량 감축 계획이 순조롭게 이루어질 수 있도록 탄소 기본가격을 조정할 수 있는 중요한 정책 수단이다.

탄소세의 과세표준은 이산화탄소 상당량carbon dioxide equivalent(CO2eq)이다. 이는 온실가스 종류별 지구온난화 기여도를 지구온난화지수Global Warming Potential에 따라 이산화탄소배출량 수치로 표현한 것으로서, 즉 6개 온실가스(이산화탄소, 메탄, 아산화질소, 수소불화탄소, 과불화탄소, 육불화황)의 총량배출을 이산화탄소배출량으로 환산한 것이다. 탄소세와 달리 에너지세는 배출량이 과세표준이 아니며 에너지원별로 중량 단위가 과세표준이 된다. 따라서 에너지원별 중량에 과세하는 에너지세 체계를 탄소세 체계로 바꾸려면 에너지원별 탄소배출계수를 활용하여 중량 단위당 배출량을 환산한 후에 톤당 세율을 적용해야 한다.

2) 과세 방식

선택은 탄소세의 주요 목적인 탄소배출량 감축 효과와 세금 징수의 편의성을 모두 고려해서 이루어져야 한다.

탄소세는 생산단계에 과세할 수도 있고 소비단계에 과세할 수도 있다. 생산단계에서 부과할 경우에 직접적인 납세의무자는 탄소를 함유한 에너지를 생산, 정제, 가공하는 사람이다. 생산단계에서의 과세도 에너지원별 차등을 두지 않고 이산화탄소 톤당 정액을 과세해야만 과세 누락이나 이중과세를 방지할 수 있다(Christian, 1992: 237). 생산단계 과세는 납세의무자의 수가 적어 부과, 징수, 관리가 용이하지만 납세의무자가 적은 만큼 이산화탄소 감축 효과는 상대적으로 약하다.

이에 반해 소비단계에서 과세하면, 직접적인 납세자는 에너지의 최종소비자가 되고, 납세의무자는 최종소비 이전의 모든 단계에서 이산화탄소를 배출한 자로 넓어진다. 소비단계에서의 과세는 구매 가격에 탄소세가 덧붙여지는 형태를 취하기 때문에, 소비자의 에너지 소비를 억제하고 이산화탄소 감축 효과를 극대화한다. 그러나 소비단계에서 과세하면 납세의무자 수가 많아지고 그 분포가 광범위하여 세금의 부과, 징수, 관리가 어렵다는 문제점이 발생한다는 비판도 있다(김홍균, 2014: 137).

이러한 단점을 해결하는 방법은 전 과정에 걸쳐 탄소 데이터 수집과 탄소인증의 체계를 수립함으로써 탄소라벨링 제도를 도입하는 것이다. 탄소라벨링 제도를 활용하면 부가가치세처럼 최종소비단계에서 세금을 가격에 반영시킬 수 있다. 탄소라벨링 제도에 의하여 생산, 유통, 소비, 재처리의 전 과정에 걸친 탄소배출량을 추정할 수 있고 경제활동 전반에 걸친 배출량감축 체제를 수립할 수 있다. 세계지속가능발전기업협의회WBCSD와 세계자원연구소WRI에서 발표한 「온실가스 프로토콜」은 탄소배출원 분류법을 제공하고 있다.[1] 탄소배출량(또는 탄소발자국)은 배출 목적에 따라서 a) 사업장에서의 탄소발자국, b) 가정 및 상업 부문에서의 탄소발자국, c) 제품의 전 과정에서의 탄소발자국으로 분류된다. "전 과정 평가"란 제품의 원료를 자연에서 채취하고 가공하여 제품을 제조하고 사용하고 폐기하는 전 과정에서 발생 가능한 환경영향을 사전에 예측하는 방법으로서, 국제표준화기구에서는 ISO 14040 및 ISO 14044로 표준화되어 국제적으로 동일한 절차와 요건에 따라 활용된다(ISO 2004; 2006). 제품의 탄소발자국을 전 과정에 걸쳐 측정하는 방식은 다음과 같다.

$$PCF = \sum_{i=1}^{n}(A_i \times EF_i)$$

PCF= 제품의 탄소발자국, A: 배출원별 활동량,[2] EF: 탄소배출계수, i: 온실가스 배출원

생산단계에 부과하는 방식과 전 과정에 부과하는 방식은 최종소비자가격에 세부담이 전가된다는 점에서는 아무런 차이가 없다. 생산단계에 탄소세를 부과할 때 석유제품에 대한 탄소세 납세의무자는 유류의 제조업자나 판매업자이지만 세금은 유류 가격을 통하여 최종적으로 소비자에게 전가된다. 전 과정 배출량 평가에 근거하여 최종소비에 부과하는 방식은 탄소세가 많이 부과된 제품과 적게 부과된 제품의 배출량 차이를

---

1) 「온실가스 프로토콜GHG Protocol」은 관리주체에 따른 분류법도 제시하고 있다. 탄소배출은 a. 사업장에서 관리 가능한 발생원으로부터 배출한 온실가스(영역 1: 직접배출원), b. 연료 사용량의 조절에 따라 배출량은 사업장에서 관리 가능하지만 직접적인 배출원 관리는 사업장에서 불가능한 영역 2(간접배출원), c. 영역 1과 2를 제외한 영역으로, 사업장에서 관리와 통제가 되지 않는 기타 간접배출(영역 3)로 분류된다.

2) 배출원별 활동량은 영역 1(직접배출원)의 경우에는 연료 연소나 공정 중 배출량, 냉매 방출량 등을 합산하며, 영역 2(간접배출원)에서는 전기와 스팀 사용량을 합산하며, 영역 3(기타 간접배출)에서는 원료 및 보조 원료의 생산, 수송 및 유통, 폐수 및 폐기물 등을 합산한다(김익, 2009).

가격 차이로 공정하게 표현하며, 소비자는 어떤 제품이 얼마만큼 이산화탄소를 배출했는지를 알 수 있다. 따라서 전 과정 배출량 계산에 입각한 과세가 소비자선호와 가격 시그널에 의해 탈탄소 경제로 이행하는 데 가장 효과적이다. 탄소 데이터의 구축은 효과적인 탄소세 부과를 위해서 필요할 뿐만 아니라 탄소중립을 위한 기술혁신을 위해서도 반드시 필요한 인프라 구축이라고 말할 수 있다.

어떤 방식을 택하든지 탄소세는 가격에 반영된다. 배출량의 전 과정 평가에 따라 소비단계에 부과할 경우, 탄소세는 제품별 배출량에 따라 차등적으로 가격에 반영된다. 생산단계에 탄소세를 부과하는 경우에는 가격경쟁으로 인하여 세부담의 일부를 생산자가 부담하고 가격에 적게 반영되도록 할 수도 있다. 설령 이러한 현상이 나타난다고 할지라도 단위 제품당 배출량이 적은 기업이 배출량이 많은 기업보다 더 많은 이익을 차지하게 된다는 결과는 달라지지 않는다. 탄소세는 탈탄소 혁신기업을 유리하게 해 주는 제도이므로, 이 경우에도 탄소세 도입 목적은 어느 정도 충족된다고 말할 수 있다. 하지만 전 과정에 부과하고 최종소비자를 납세자로 하는 경우에는 이와 같은 현상은 아예 나타날 수 없으며, 배출량이 많은 기업이 생산한 제품은 가격이 높게 된다. 전 과정 계산은 에너지원을 재생에너지로 바꾼 기업뿐만 아니라 제조 과정에서 에너지절감 기술을 발전시킨 기업도 세부담을 줄일 수 있게 한다. 전 과정 계산에 따른 과세야말로 가장 효과적으로 생산자가 가격경쟁력 확보를 위해 탈탄소 경영을 추구하고 세부담을 줄이도록 강제하고 가격경쟁을 탈탄소 경쟁으로 변모시킨다.[3]

---

3) 조향숙(2017)은 로그 평균 디비지아 지수Log Mean Divisia Index를 이용하여 분석한 결과, OECD 7개 국가의 총 CO_2배출량 감소에 가장 크게 기여한 요인은 에너지 집약도 효과와 탄소세 정책 효과라고 말한다.

3) 탄소세의 장점과 단점, 탄소배당이 필요한 이유

탄소세의 장점은 우선 과세의 범위 및 대상의 포괄성에서 찾을 수 있다. 적용 대상은 원료 에너지 부문, 산업 생산 부문, 운송 유통 부문 등 모든 부문을 아우를 수 있으며 소비와 폐기물 처리에 이르기까지 사실상 탄소를 배출하는 모든 주체 및 대상을 광범위하게 적용 범위로 삼을 수 있다. 과세의 범위 및 대상의 포괄성으로 인하여 규율 효과는 극대화된다. 아울러 비용의 확실성을 보장한다는 점도 탄소세의 장점이다. 탄소세율은 과세 시점과 관계없이 가격에 그대로 반영되며, 이와 같은 예측 가능성은 기업이 가격경쟁력을 유지하기 위하여 탄소배출량을 줄이는 기술을 지속적으로 개발하고 장기적 계획을 수립하는 것을 가능하게 한다. 탄소세는 탄소 기본가격을 형성하고 에너지 가격에 반영되며 상품의 최종소비자가격에 반영되기 때문에, 저탄소 생산기술을 확보한 기업의 제품은 가격경쟁력을 가지게 된다. 탄소세는 교정 조세corrective tax이며, 교정적 효과는 탄소 가격 시그널을 강화하여 탄소배출량이 많은 제품을 시장에서 퇴출시키는 것이다.

탄소 가격 시그널의 강화는 탄소세의 장점이자 단점이기도 하다. 탄소세는 최종소비자가격에 반영되기 때문에 저소득층에 불리하며 역진적이며, 높은 탄소세는 소비를 위축시킬 수 있다. 결국 탄소세를 도입하더라도 이와 같은 역진성으로 인하여 미미한 세율을 적용하게 되고 실제 배출량감축 효과가 미미해질 우려가 있다. 탄소세 세수를 기본소득(탄소배당) 재원으로 활용하는 방안은 이러한 단점과 문제점에 대한 해법이 될 수 있다. 탄소배당은 역진성을 해소하여 탄소세의 정치적 지속가능성을 보장할 뿐만 아니라 탄소배출량감축을 위한 탄력적인 세율 운용도 보장한다.

배출권거래제와 비교할 때 탄소세는 배출 총량에 대한 규제 기능을 가지고 있지 않다. 따라서 가격 시그널을 통해 저탄소 고효율의 방향으로 에너지원의 공급, 생산, 소비를 유도하려면 배출량감축목표치와 연동하여 세율을 탄력적으로 조정할 수 있어야 한다. 전년도 탄소배출량감축목표치를 달성하지 못했을 때는 세율을 대폭 올리는 것이 탄소세 과세목적에 부합된다. 탄소세로 거둔 세수를 무조건적, 보편적, 개별적으로 배당하는 탄소배당은 세율이 인상되더라도 저소득층이 피해를 입지 않도록 하며 소비가 줄어들지 않도록 해 준다(Boyce, 2019; Schatzschneider, 2014; Barnes, 2008; Ekardt, 2010).

탄소배당은 탄소세율을 탄력적으로 상향 조정할 수 있는 수단이다. 감축목표와 탄소세율의 연동은 재생에너지 사용의 확대뿐만 아니라 탄소배출 리바운드 효과rebound effect를 억제하는 역할도 한다. 탄소세는 재생에너지로의 전환을 강제할 뿐만 아니라 탄소절감 기술도 발전시키는데, 고정된 탄소세율하에서 절감 기술의 발전은 생산량을 확대시켜 더 많은 탄소배출량으로 이어질 수도 있다(Eriksson & Andersson, 2010: 18). 리바운드 효과를 억제하려면 전년도 감축목표치 달성 여부를 기준으로 탄소세를 지속적으로 인상할 수 있어야 한다. 탄소세율을 올리면 올릴수록 자원 소비는 줄어들고 유해물질배출절감 기술은 더 발전하게 된다. 이와 같은 탄력적 세율 조정을 위해서 세수를 기본소득으로 배당하는 것은 필수적이다.

3. 연관 제도의 조합: 탄소세, 배출권거래제, 탄소국경조정

EU의 모든 국가는 온실가스배출권거래제EU Emissions Trading System(EU ETS)에 참여한다. 이는 탄소세를 도입한 14개 회원국이 배출권거래제와 탄소세를 혼용하고 있다는 뜻이다. 이중 부담을 방지하기 위하여 14개국은 EU ETS 대상 기업에 대하여 각종 감세 혜택을 준다. 탄소세는 가격을,

배출권거래제는 배출량을 각각 고정하는 것이어서 서로 배타적이지 않다. 따라서 반드시 어느 하나의 제도만을 택해야 하는 것은 아니다.

배출권거래제와 탄소세가 모두 도입된 국가에서 기업이 무상 할당량을 초과하여 탄소를 배출하고자 한다면 배출권거래시장에서 유상으로 배출권을 구매해야 한다. 중요한 점은 무상 할당량에 대해서는 탄소세를 납부해야 한다는 점이다. 유상으로 배출권을 구매한 경우에도 탄소세를 비과세로 할 필요는 없다. 프랑스처럼 EU ETS 대상 기업에 비과세하는 것은 공정하지 못하다. 조세특례는 배출권 거래 가격을 감안하여 탄소세 감면 혜택을 주는 정도에 한정해야 한다.

아울러 탄소누출을 방지하고 탄소중립을 위한 국내 기업들의 노력을 보호하려면 탄소국경조정 제도를 도입하여야 한다.

4. 탄소세 도입 현황 및 탄소배당 사례

현재 탄소세는 유럽 지역 16개국에 도입되어 있다. 현황은 〈표 9-1〉과 같다.

거둬들인 탄소세수는 대개의 국가에서 일반회계에 편입하거나 저소득층의 소득세 감면 및 공제에 사용한다. 하지만 프랑스는 탄소세수 일부를 특별회계에 편입하고 에너지전환기금으로 쓴다. 탄소세수를 에너지전환기금에 사용하는 것은 탄소배출량감축이라는 목표에 비추어 보면 합당한 듯 보이지만 저소득층의 부담으로 녹색기업을 지원하는 꼴이 되어 조세 저항에 부딪치게 된다.

예외적으로 스위스는 세수의 2/3 정도를 전 국민에게 동일한 액수로 환급한다. 나머지 1/3 정도는 건물과 주택에 대하여 에너지절감 사업과 신재생에너지 사업 지원에 쓰이는데, 최대 4억5천만 스위스프랑으로

국가	CO_2e 톤당 세율 (단위: Euro)	적용되는 온실가스 배출 비중	도입 연도	국가	CO_2e 톤당 세율 (단위: Euro)	적용되는 온실가스 배출 비중	도입 연도
스웨덴	112.08	40%	1991	아일랜드	20	49%	2010
스위스	83.17	33%	2008	슬로베니아	17	24%	1996
핀란드	62	36%	1990	스페인	15	3%	2014
노르웨이	52.09	62%	1991	포르투갈	12.74	29%	2015
프랑스	44	35%	2014	라트비아	5	15%	2004
아이슬란드	27.38	29%	2010	에스토니아	2	3%	2000
덴마크	23.21	40%	1992	우크라이나	0.33	71%	2011
영국	20.34	32%	2013	폴란드	0.07	4%	1990

출처: OECD (2019), World Bank (2019)

상한이 정해져 있다. 그 외 매년 2,500만 스위스프랑을 상한선으로 정하여 친환경기술보증기금에 출연한다. 스위스의 탄소배당 지급 채널은 자연인의 경우에는 3개월 이상 스위스 거주자는 모두 가입해야 하는 강제적 사회보험인 기초건강보험을 활용하며, 법인의 경우에는 연금보험 고용주 부담금을 차감하거나 연금보험 계좌에 현금으로 이체된다(BAFU, 2020). 그런데 스위스 주민 대다수는 탄소세로 가격에 이전되는 액수보다 적은 액수를 환급받고 있다고 생각한다는 조사 결과가 있다(Farsi et al., 2020: 10). 이는 세수의 67%만 탄소배당으로 지급되기 때문에 생기는 문제점이다. 이와 같은 문제점을 안고 있음에도 스위스는 탄소세와 탄소배당을 연동한 최초의 사례이다. 스위스에 이어 캐나다도 2020년부터 탄소세수의 90% 정도를 가계에 배당하기 시작했다(Guardian, 2018).

스위스의 탄소세는 난방용, 발전용 화석연료, 곧 석유, 천연가스, 석탄, 석유코크스, 기타 화석연료에만 부과되고 교통, 수송 부문에는 적용되지 않는 등 과세 범위가 대단히 좁다는 한계를 가지고 있다. 그럼에도 불구하고 난방용 연료에 국한하여 이산화탄소배출량 추이를 살펴보면 탄소세 도입 이후 꾸준히 감소하여 1990년을 100%로 볼 때 2018년은

71.9%까지 줄었다. 이는 탄소세와 탄소배당의 연동 덕택이다. 스위스는 2008년 탄소세를 도입할 때 CO_2eq 톤당 12스위스프랑의 낮은 세율로 시작했지만 꾸준히 인상하여 2019년에는 도입 당시 세율의 7배로 인상할 수 있었다. 이는 도입 단계에서는 낮은 세율로 출발하더라도 세수를 탄소배당으로 지출하면 배출량감축목표와 연동하여 세율을 탄력적으로 올릴 수도 있다는 증거이다. 스위스의 탄소세율은 현재 유럽에서 스웨덴 다음으로 높다.

5. 한국의 탄소세 적정 세율과 도입 단계 세율

탄소세는 탄소 기본가격을 결정한다. 탄소세로 결정된 탄소 기본가격에 배출권 가격, 에너지세 등을 더한 가격이 실질 탄소 가격이다. 경제학자들은 적정가격을 계산하기 위하여 글로벌기후모형Global Climate Model과 글로벌경제모형Global Economic Model을 결합한 소위 통합평가모형Integrated Assessment Models(IAM)을 개발했다. 통합평가모형은 탄소배출 1단위가 복지나 생활수준에 미치는 영향을 화폐단위로 나타낸다.

구체적인 모델을 제시한 세계은행의 『탄소 가격에 관한 고위급위원회 보고서』(World Bank, 2017)는 다른 정책을 추진하지 않는다는 가정 하에 파리기후협정의 합의대로 지구 온도 상승을 2℃ 이내로 억제하려는 목표가 달성되려면 톤당 탄소 가격이 2020년에는 40~80달러, 2030년에는 50~100달러가 되어야 한다고 추정했다.

2019년 IMF는 탄소세 과세를 기후위기에 대처하는 가장 효과적인 정책 수단으로 규정하고 톤당 25달러, 50달러, 75달러의 세 가지 탄소세를 적용하여 상위 20개 고배출 국가별로 파리기후협정에서 약속한 배출량감축목표치 달성 효과를 측정하였다. 이에 따르면 한국은 75달러를 적용해도 2030년 배출전망치 기준 37% 감축목표를 달성하지 못할 것으로 추정된다(IMF, 2019: 7).

따라서 한국이 감축목표치를 달성하려면 세계은행 고위급위원회 보고서에서 제안한 높은 수준의 탄소세율이 필요하다. 그러나 도입 단계 탄소세율이 반드시 이 수준일 필요는 없다. 탄소배당과 연동된 탄소세는 세율의 탄력적 운용이 가능하기 때문이다. 이는 2008년 도입 이후 2020년까지 세율을 7배 이상 올려 나간 스위스의 사례가 잘 보여 준다. 탄소세율은 탄소배출량목표치와의 명확한 정량적 인과관계에 의해 사전에 결정될 수 없고 실제 일어난 감축 효과와 연동하여 사후적으로 결정된다. 도입 단계의 세율은 낮을 수도 있으며, 탄소배당과의 연동에 의해 역진성이 없다는 점을 국민들이 체감하게 되면 차후에 감축목표와 연동하여 세율을 올릴 수 있다.

6. 기본소득형 탄소세 설계 [4]

1) 세율

2020년을 기준으로 10년 후인 2030년까지 탄소배출량 30% 감축을 목표로 정하고, 탄소세를 일찍 도입한 유럽 국가들의 배출량감축 효과가 대체로 그대로 나타난다고 가정한다.[5] 특히 탄소배당과 연동하여 난

---

4) 이 설계는 탄소세와 탄소배당 연동 모델에 관한 금민(2020)의 연구를 2018년 탄소배출량 기준으로 다시 계산하고 세율을 조정한 것이다.

5) 2016년 12월 박근혜 정부는 기본법에 의거하여 「제1차 기후변화대응 기본계획」과 「2030 온실가스감축 로드맵」을 발표했다. 이에 따르면 2030년 배출 전망치 8억 5,060만 톤 대비 37% 감축이 국가 온실가스감축목표로 설정된다. 이는 과거의 특정 시점(EU의 경우 1990년과 2005년)을 기준으로 정하고 감축목표를 설정하는 선진국들과 다른 방식이다. 우리나라처럼 목표 연도 전망치business as usual(BAU)를 기준으로 삼는 경우, 배출량의 절대적 감소가 아니라 배출량 증가 속도 완화 및 관리가 온실가스 감축목표가 되어 버린다. 따라서 2020년 탄소배출량을 기준으로 삼고 2030년까지 30% 감축하는 로드맵을 짤 필요가 있다.

방용 연료에 부과하는 스위스의 탄소세 효과가 전 영역에서 대체로 나타날 것이라고 가정한다. 이러한 가정하에 도입 단계에서는 CO_2eq 톤당 76,000원에서 출발한다. 스위스의 2019년 현재 탄소세는 CO_2eq 톤당 83.17유로(106,871원)이다. 76,000원은 노르웨이의 CO_2eq 톤당 52.09유로보다 약간 높다. 이는 세계은행 보고서(World Bank, 2017)가 계산한 한국의 적정 탄소세율인 CO_2eq 톤당 57.5달러와 비슷하지만 IMF(2019)가 계산한 적정 세율 75달러에는 미달하는 수준이다. 이와 같은 적정 세율은 기존 교통·에너지·환경세의 일몰을 전제로 한다. 하지만 CO_2eq 톤당 76,000원의 절반인 38,000원을 과세한다. 도입 단계 세율은 2019년 기준으로 영국의 CO_2eq 톤당 20.34유로, 덴마크는 23.21유로와 비슷한 수준이다. 도입 단계 세율을 적용할 때에는 교통·에너지·환경세의 일몰을 당분간 유예하고 세수는 에너지전환에 사용하도록 한다.[6]

2) 과세표준과 과세 방식

과세표준은 CO_2eq이며, 톤당 40,000원 정액을 과세한다. 과세 방식은 제품의 생산, 유통, 소비의 전 과정에서 발생하는 탄소배출량을 평가하여 제품별 CO_2eq를 계산하고 최종소비단계에 부과한다.

3) 세수 규모

2018년 한국의 농업 분야 탄소배출량과 임업 분야 탄소배출량을 뺀 총배출량은 7억 2,763만 톤이다. CO_2eq 톤당 80,000원을 과세할 때 탄소세 세수 규모는 대략 58조 원이다. 전 과정 계산에 의해 부과하기 때문에 총배출량에 탄소세율을 곱한 값이 그대로 세수 규모와 일치할 것이다. 전액을 탄소배당 재원으로 활용하면 1인당 대략 월 94,000원의 탄소배당

---

6) 도입 단계 세율은 교통·에너지·환경세 일몰이 유예되는 상태를 전제로 한 조혜경(2020) 모델의 세율과 비슷한 수준이다.

을 지급할 수 있다. 만약 CO2eq 톤당 80,000원의 절반인 40,000원을 과세하면, 대략 29조 원 정도의 재원이 조성되며 1인당 월 47,000원의 탄소배당을 지급할 수 있다. 이는 정원호 · 이상준 · 강남훈(2016)에서 제시된 세수 규모인 1인당 월 50,000원과 대략 비슷하다.

4) 세율 인상과 배출량감축에 따른 세수 규모 전망

IMF는 선진국의 경우 톤당 75달러 탄소세를 부과할 것을 권고하였다. 이렇게 하면 2030년 탄소 소비량은 23% 줄어들 것으로 예측된다(Gaspar & Parry, 2021). 한편 캐나다는 2022년에는 CO2eq 톤당 50캐나다달러, 2030년에는 170캐나다달러를 부과할 예정이다. 2030년 한국의 탄소세율을 캐나다 수준에 맞춘다면 톤당 16만 원이다. 세수를 탄소배당으로 지출함으로써 탄소세 도입 후 12년 후 세율을 7배까지 인상할 수 있었던 스위스의 사례를 볼 때, 톤당 4만 원에서 시작하더라도 2030년에는 16만 원까지 인상하는 것은 무리한 일이 아니다. 9년에 4배의 세율 인상이므로 스위스보다 훨씬 더 완만한 세율 조정이라고 말할 수 있다. 2018년 탄소배출량 7억 2,763만 톤의 30%를 2030년까지 감축하는 것으로 목표를 설정하고 이러한 감축목표가 달성된다는 가정하에 세수 규모를 계산하면, 2030년 탄소배출량은 5억 934만 톤이고 탄소세 수입은 81.5조 원가량이 된다. 전액을 기본소득 재원으로 하면 1인당 월 13만 원을 배당할 수 있다. 2035년까지 2018년 기준 배출량의 50%를 감축한다고 가정하고 세율을 톤당 20만 원 올린다면, 2035년 배출량은 3억 6,381만 톤이고 탄소세수는 72.7조 원이 된다.

5) 핵발전위험세 도입

핵발전 문제는 탄소배출량의 관점이 아니라 발전 단가 관점에서 접근해야 한다. 하지만 폐로, 재처리 비용, 위험 비용을 포함하지 않는 발전

단가 계산 때문에 종종 핵발전은 탄소배출이 없는 값싼 에너지로 포장된다. 핵발전의 발전 단가를 정확하게 반영하여 이에 상응하는 액수를 핵발전위험세로 과세해야만 탄소세 도입 후 재생에너지 생산이 아니라 핵발전이 대안이 되는 것을 막을 수 있다.

핵발전 1kwh당 핵발전위험세 59.8원을 과세한다. 59.8원은 핵발전의 위험 비용에 해당된다. 2019년 한국의 핵발전 총량은 145,910Gwh인데,[7] 여기에 1kwh당 핵발전위험세 59.8원을 과세하면 약 8조 7천억 원의 재원이 형성된다. 핵발전위험세의 세수는 전액 핵발전소 폐쇄, 생태적 교통, 에너지전환을 위한 기금으로 사용한다. 즉 이는 탄소배당 재원이 아니다. 핵발전위험세는 탄소세와 별도의 과세이다.

7. 탄소세수의 용처와 에너지전환 재원

탄소세에 대한 가장 흔한 잘못된 주장은 세수를 에너지전환에 사용해야 한다는 주장이다. 이는 탄소세에 대한 오해에서 비롯된다. 탄소세를 전 과정 계산에 따라 부과하지 않고 생산단계에 과세한다고 가정하더라도, 비록 직접적인 납세의무자는 화석연료로부터 에너지를 생산, 정제, 가공하는 사람이지만 이들이 납부한 세금은 최종소비자가격에 전가된다. 결국 탄소세는 소비자가격을 올리게 되고 저소득층에 불리하다. 앞서 살폈듯이, 탄소세의 역진성은 세수를 기본소득 재원으로 돌릴 때 해소된다. 탄소배당이 지급되기 때문에 구매력의 저하는 일어나지 않는다. 하지만 탄소배출량이 적은 제품은 가격경쟁력을 가지게 되며 기업 간 탈탄소 경쟁이 일어난다. 탄소배당은 탄소세의 가격 시그널을 강화하는 가

---

7) 「에너지원별 발전량 현황」 e-나라지표(http://www.index.go.kr/potal/main/ achDtlPageDetail.do?idx_cd=1339.). 출처는 국가통계포털KOSIS - 한국전력통계 2019년 원자력부문. 1Gwh는 1,000,000kwh다.

장 효과적인 방법이다.

그런데 만약 탄소세수를 에너지전환에 사용한다면 어떤 일이 일어날까? 재생에너지기술 기업은 탄소세수를 재원으로 하는 공공투자에 힘입어 혜택을 받게 될 것이다. 하지만 저소득층의 구매력은 탄소세 도입으로 악화될 것이다. 탄소세수를 에너지전환 사업에 돌리는 것은 화석연료 기업이 부담하는 세금으로 녹색기업을 후원하는 일이 결코 아니다. 이는 저소득층의 실질소득을 희생시켜 녹색기업을 후원하는 것이다. 탄소세도 역진적인데, 탄소세수를 기업에 대한 투자의 재원으로 사용하게 되면 이중적으로 역진적인 결과를 낳는다. 만약 에너지전환이 내일이나 모레에는 이루어져서 고통의 시기가 잠깐이라면 견뎌 보자고 말할 수 있다. 하지만 10년 또는 그 이상의 긴 시간이 걸린다면, 이러한 시차적 괴리는 사회통합과 경제발전에 악영향을 끼친다. 저소득층의 저항을 고려하면 탄소세율을 올릴 수 없기 때문에 탄소배출량감축이라는 본연의 목표는 달성되기 어렵다. 탄소세율이 낮은 이유, 세율이 낮은 나라에서 탄소세의 탄소배출량감축 효과가 두드러지지 않은 이유는 여기에 있다.

그렇다고 그린 뉴딜 투자와 같은 전환적 경제정책 없이 탄소세만으로도 에너지전환이 순조롭게 이루어질 것이라고 가정할 필요는 없다. 에너지전환은 빠르면 빠를수록 좋고 두 가지 모두 필요하다. 하지만 탄소세율을 단계적으로 인상해 가는 과정 없이 재생에너지기술에 대한 보조금 지급만으로 "2050년 탄소중립"의 목표가 달성될 것이라고 낙관해서는 안 된다. 이 점은 아직 탄소세를 도입하지 않았으며 1998년부터 신재생에너지에 대한 가격보조가 있는 독일과 2013년에 탄소세를 도입했고 세율은 20.13유로로서 유럽 다른 나라들과 비교하여 비교적 낮은 수준인 영국의 배출량감축 추이를 비교해 보면 보다 분명해진다. 독일의 2018년 탄소배출량은 1990년 배출량 대비 25.4% 줄었고 2008년 배출량과 비교하면 11.1% 줄었다. 반면에 2018년 영국의 탄소배출량은 1990년 배출

량과 비교하여 35.6%, 2008년 배출량에 비해서는 30.4% 줄었다(https://
www.statista.com/statistics/270499/co2-emissions-in-selected-countries/). 신
재생에너지 투자에서 독일이 앞섰지만 탄소세를 통한 탄소 기본가격 정
책에 힘입어 영국은 탄소배출량을 획기적으로 줄일 수 있었다(조혜경,
2020).

따라서 탄소세 도입과 에너지전환을 위한 공공투자를 동시에 추진하
는 것이 가장 효과적이다. 두 정책을 동시에 추진할 때 중요한 점은 두 정
책의 목표와 효과에 대한 정확한 이해이다. 에너지전환을 위한 공공투자
는 에너지원의 공급을 바꾸는 문제이며 재생에너지산업에 일종의 보상
을 제공하는 것이다. 반면에 탄소세는 탄소배출량이 많은 기업에 징벌을
가하는 제도인데, 정확하게 말하자면 징벌의 효과는 생산한 제품이 가격
경쟁력을 잃는다는 데 있다. 만약 시장에 탈탄소 경쟁이 없다면 탄소배
출량이 많은 기업이 가격경쟁력을 잃지 않으며 징벌은 소비자에게 전가
될 뿐이다. 물론 세수를 탄소배당으로 분배하면 소비자에게 피해가 전가
되지는 않겠지만, 시장에서의 탈탄소 혁신 경쟁이 없는 한 탄소배출량은
변화하지 않는다. 하지만 이미 탈탄소 시장경쟁이 본격화된 시대로 접어
들었으며, 높은 세율의 탄소세하에서는 탄소배출량을 획기적으로 줄이
는 혁신이 시장경쟁력의 가장 중요한 요소가 될 것이다. 여기에 에너지
전환을 위한 공공투자가 확대된다면 탈탄소 경쟁은 훨씬 더 가속화될 것
이다.

탄소세수를 에너지전환 재원으로 돌리는 것은 소비자에게 벌금을 걸
어 녹색 자본을 후원하는 일이다. 녹색 자본이 충분히 커지기 전까지 화
석연료 자본은 일종의 유예기간을 얻는다. 이런 방식은 제도의 목적과
취지에 맞지 않다. 탄소배출량을 획기적으로 감축하려면, 한편으로는 탄
소세율이 감축목표에 연동하여 꾸준히 인상될 수 있도록 탄소세수를 기
본소득 재원으로 삼아야 하며, 다른 한편으로는 에너지전환 재원은 탄소

세수를 제외한 일반 재정에서 별도로 마련해야 한다. 에너지전환 재원은 토건 예산 삭감 등 지출의 재구성과 일반 조세에서 마련하는 것이 국가재정 전체의 생태적 재편이라는 취지에 맞다. 재원을 이렇게 구분하는 것은 더 많은 생태주의를 의미한다.

아울러 제1부 제5장에서 언급했던 공공투자를 매개로 하여 공유지분을 획득하는 모델을 재생에너지 분야에 적용할 수 있다. 배출량감축목표치가 순조롭게 달성될 것으로 예상되어 더는 세율 인상이 불필요해지는 시점부터 탄소배당액은 배출량 감소와 함께 줄어들게 된다. 에너지전환을 위한 공유지분 모델을 도입하면 탄소배당액은 줄어들게 되더라도 재생에너지 투자로 생기는 생태 공유부 배당액은 늘어나게 된다.

김익 (2009). 「Special Issue – 전과정평가를 이용한 탄소발자국 계산」, Global Green Growth Policy. 제16호.

김홍균 (2014). 「기후변화에 대한 대응: 탄소세의 도입과 설계」, 『환경법과 정책』 제12권.

금민 (2020). 「탄소세와 탄소배당의 연동 모델」, 2020년 12월 28일 국회 기본소득연구포럼 발표문.

정원호·이상준·강남훈 (2016). 『4차 산업혁명 시대 기본소득이 노동시장에 미치는 효과 연구』 한국직업능력개발원, 기본연구 2016-29.

조향숙 (2017). 「OECD 7개 국가의 CO_2배출량 감소요인 분해 분석」, 『자원·환경경제연구』 제26권 제1호.(https:// doi.org/10.152661/KEREA.2017.261.00)

조혜경 (2020). 「독일 탈석탄 구조조정 모델의 명과 암: '사회적으로 공평한' 탈석탄 해법의 모색」 정치경제연구소 대안: Alternative Working Paper No. 21.

한국환경공단 홈페이지. keco.or.kr/

환경부 (2020). 「온실가스 배출권거래제 3차 계획기간 배출권 할당 완료」.

e-나라지표 (2020). 「국가 온실가스 배출 현황」

Akerlof, Georg et al. (2019). "Econimists' Statement on Carbon Dividends", the Wall Street

Journal. (https://clcouncil.org/economists-statement/)

BAFU (2020). Bundesamt für Umwelt, "Rückverteilung der CO_2-Abgabe an die Wirtschaft". (https://www.bafu.admin.ch/bafu/de/home/themen/klima/fachinformationen / klimapolitik/co2-abgabe/rueckverteilung-der-co2-abgabe.html.)

Barnes, Peter (2008). Kapitalismus 3.0: Ein Leitfaden zur Wiederaneignung der Gemeinschaftsgüter. Hamburg: VSA-Verlag.

Boyce, James K. (2019). The Case for Carbon Dividends. Cambridge UK: Polity Press.

Christian, Amy C. (1992). "Designing a Carbon Tax: The Introduction of the Carbon-Burned Tax". In UCLA Journal of Environmental Law and Policy, 10 (2), (https://escholarship. org/content/qt4356n1xc/qt4356n1xc.pdf)

Ekardt, Felix (2010). Soziale Gerechtigkeit in der Klimapolitik, Hans-Böckler-Stiftung, Staat und Zivilgesellschaft, No. 249.

Eriksson, Ralf & Jan Otto Andersson (2010). Elements of Ecological Economics, London: Routledge.

Farsi, Mehdi, Ott, Laurent and Sylvain Weber (2020). Die widersprüchlichen Absichten der Schweizer Bevölkerung in Bezug auf ihren Energieverbrauch, Institut de recherches économiques (IRENE), Université Neuchâte. (https://www.socialchangeswitzerland.ch/ wp-content/uploads/2020/03/20200325_Farsietal_Energieverbrauch_DE.pdf)

Guardian (2018). "Canada passed a carbon tax that will give most Canadians more money", 26 Oct. 2018.

Gray, M. & D'souza, D. (2019). "Brown is the new green - Will South Korea's commitment to coal power undermine its low carbon strategy?" London: Carbon Tracker Initiative. (https://carbontracker.org/reports/south-korea-coal-power/)

Gaspar, Vitor & Ian Parry (2021). A Proposal to Scale Up Global Carbon Pricing, IMF Blogs, JUNE 18. (https://blogs.imf.org/2021/06/18/a-proposal-to-scale-up-global-carbon-pricing/)

IMF (2014), How Much Carbon Pricing is in Countries' Own Interests? The Critical Role of Co-Benefits, IMF WP/14/174. (https://www.imf.org/external/pubs/ft/wp/2014/ wp14174.pdf)

IMF (2019), Fiscal Monitor, October 2019, How to Mitigate Climate Change.

ISO (2006). ISO 14040: Environmental management -Life cycle assessment - Principles and Framework.

ISO (2004). Life cycle assessment - Best practice of ISO 14040 series, Eco-product Research.

Stern, N & J. Stiglitz (2017). Report of the High-Level Commission on Carbon Price, IBRD & World Bank.

OECD (2019). "Taxing Energy Use 2019: Figure 3, 7. Explicit carbon Taxes do not cover all energy-related emissions." Oct. 15 2019. (http:// www.oecd.org/tax/tax-energy-use-efde7a25-en.htm.)

Schachtschneider, Ulrich (2014). Freiheit, Gleichheit, Gelassenheit: Mit dem Ökologischen Grundeinkommen aus der Wachstumsfalle, München: Oekom.

World Bank (2017), Roport Of the High-Level Commission on Carbon Prices. (https:// static1.squarespace.com/static/54ff9c5ce4b0a53decccfb4c/t/59b7f2409f8d ce5316811916/1505227332748/CarbonPricing_FullReport.pdf)

World Bank (2019). "Carbon Pricing Dashboard," last updated Aug. 1, 2019. (https:// carbonpricingdashboard.worldbank.org/map_data)

제10장 _ 지식 공유부 소득에 대한 과세와 시민배당

강남훈

1. 개요

시민소득세-시민배당 정책은 가계에 귀속되는 모든 소득에 대하여 일정한 비율로 시민소득세를 부과하고 그 수입을 시민배당으로 분배하는 정책을 말한다. 여기서 가계에 귀속되는 모든 소득에는 종합소득(근로소득, 사업소득, 이자, 임대료, 배당)과 양도소득(부동산 매매 차익, 증권 매매 차익) 및 상속, 증여가 포함된다.

시민소득세는 과세 대상의 규모가 크다. 시민소득세를 10% 전후의 세율로 부과하여 시민배당으로 돌리면 모든 사람에게 최소한의 생활이 가능할 정도로 안정적인 소득을 보장할 수 있다. 기본소득의 목적을 실질적 자유의 보장으로 본다면, 시민배당은 기본소득 중에서 가장 중요한 부분이라고 할 수 있다.

2. 시민배당의 근거로서의 공유부 지식

기본소득이 공유부 배당이라면 시민배당은 어떤 공유부에 기초한 것이라고 정당화할 수 있을까? 첫 번째가 지식이라는 공유부이다.

허버트 사이먼은 "제한적 합리성bounded rationality"이라는 개념으로 경제학에 공헌하여 노벨경제학상을 수상한 사람이다. 그러나 그는 경제학

자라기보다는 인공지능 학자로 더 유명하다. 그는 인공지능artificial intelligence
이라는 용어를 처음으로 만든 세계 최초의 인공지능 워크숍을 1956년에
다트머스대학에서 주최하였다. 사이먼은 뉴엘과 함께 LT(Logic Theorist)
라는 인공지능을 개발하였다. LT는 버트런드 러셀과 화이트헤드의『수
학의 원리』제2장 정리들을 대부분 증명할 수 있었고, 몇몇 명제는 더 짧
게 증명했는데, 러셀은 이것을 보고 매우 기뻐했다고 한다(Russell, S &
Norvig, 2010). 사이먼이 만든 LT는 인간과 같이 사고하는 시스템이라는
첫 번째 목표를 달성한 최초의 인공지능 프로그램이었다.

허버트 사이먼(Simon, 2000)은 다음과 같이 주장했다. '모든 소득의
90%는 다른 사람들의 지식을 활용한 것이다. 따라서 90%의 세율이 적절
하다. 그러나 기업가에게 약간의 인센티브를 주기 위하여 70%의 세율로
일률적으로 과세하고, 그 조세수입의 절반(35%)을 기본소득으로 나누어
가지자.' 판 파레이스는 GDP의 25%를 기본소득으로 나누어 갖는 것이
적절하다고 보았는데, 사이먼은 그보다 10% 높은 수준을 제안했다.

3. 지식과 노동

지식이 소득의 원천이라는 말을 들으면 노동가치론을 신봉하는 사람
들은 거부감을 느낄지 모른다. 그러나 노동가치론에 따를 때에도, 노동
과 지식은 대립적인 것이 아니다. 노동에 대한 마르크스(Marx, 1886)의
정의를 조금 길게 인용해 보자.

노동은 우선 무엇보다도 인간과 자연 사이의 과정, 다시 말하면 인간이 자기 자
신의 행위를 통해 인간과 자연 사이의 물질대사를 매개하고 규제하며 통제하는 과
정이다. …… 그는 자신의 본성 속에 잠자고 있는 잠재력을 개발해 내고 그것이

자신의 통제 아래 발휘되게 한다. …… 아무리 서툰 건축가라도 가장 우수한 꿀벌보다 처음부터 앞서 있는 점은 건축가는 밀랍으로 집을 짓기 전에 미리 그것을 자신의 머릿속에서 짓는다는 데 있다. 노동과정이 끝나고 마지막에 나오는 결과물은 노동과정이 시작되는 시점에 벌써 노동자의 머릿속에, 따라서 벌써 관념적으로 존재하고 있던 것이다. 그는 단지 자연물의 형태를 변화시키는 데 그치는 것이 아니라, 그와 동시에 그 자연물을 통해 자신의 목적, 즉 그가 잘 알고 있는 것이면서 동시에 자신의 행동 방식을 결정하는 기준이기도 하며 또한 자신의 의지를 예속시켜야만 하는 그런 자신의 목적도 실현한다. 그리고 목적을 위한 이런 의지의 예속은 노동과정과 별개로 이루어지는 행위가 아니다. 노동이 이루어지는 전 기간 동안 노동하는 신체기관의 긴장분만 아니라 주의력의 형태로 나타나는 합목적적인 의지도 계속 함께 필요하다. …… 노동과정을 이루는 기본적인 요소들은 합목적적인 활동, 즉 노동 그 자체와 노동대상과 노동수단이다. (『자본』 제1권 제15장)

현대 노동과정을 분석한 브레이버맨(Braverman, 1974)은 이 구절을 해석하면서 노동과정을 구상과 실행의 일치로 규정하였다. 공식으로 쓰면 다음과 같이 쓸 수 있다.

노동 = 지식 + 신체 활동

그런데 사이먼에 따르면 노동자가 가진 지식의 90%는 공유부이고 10%가 사유부이다. 그렇다면 위의 공식은 다음과 같이 표현된다.

노동 = 공유부 지식(90%)+ 사유부 지식(10%) + 신체 활동

따라서 노동이 가치의 원천이고 가격이 가치에 기초한 것이라면, 마땅히 공유부 지식도 가격에 포함되어야 한다. 그러나 공유부 지식은 시장에서 가격에 포함되기 어려운 속성을 가지고 있다.

4. 공유부 지식의 특징

첫째로 공유부 지식은 고갈되지 않는다. 혼잡한 도로에서 내가 차를 운전하면 다른 사람의 운전에 방해가 된다. 그러나 내가 아인슈타인의 방정식 $E = mc^2$를 배운다고 해서 다른 사람이 배우는 것에 방해가 되지는 않는다. 이것을 지식의 "비고갈성" 또는 "비경합성"이라고 부른다.

둘째로 공유부 지식은 얻는 것을 막기 힘들다. 백인들만 물리학과에 입학시키는 나라에서도 똑똑한 흑인이 혼자 책을 구해서 물리학을 배우는 것을 막을 수 없다. 인터넷을 통해서 수많은 무료 강의가 제공되는 오늘날에는 특히 그렇다.

셋째로 공유부 지식은 모방하기 쉽다. 여기서 쉽다는 것은 아무 노력도 하지 않고 얻을 수 있다는 뜻은 아니다. 아인슈타인의 방정식을 이해하려면 학부 수준의 물리학을 공부하는 정도의 노력은 하여야 한다. 누구나 물리학을 공부할 수는 없지만, 물리학을 공부한 사람은 상당히 많다. 어떤 기업이 이 공식을 아는 물리학 전공자를 고용해서 물건을 만들어서 돈을 많이 벌고 있다면 다른 기업도 금방 그렇게 할 수 있다. 물건이 많이 공급되면 가격이 내려가고 결국 방정식은 돈벌이 수단이 될 수 없다. 여기서 모방하기 쉽다는 것은 지식이 돈벌이가 되지 못할 정도로 다른 기업들이 금방 모방할 수 있다는 뜻이다.

모방하기 어려운 지식도 있다. 글자나 공식, 그림으로 표현되는 지식은 "명시적 지식"이라고 하고, 명시적으로 표현하기 힘들고 직접 관찰하거나 경험하거나 신체를 움직여서 실행할 때에만 습득할 수 있는 지식을 "암묵적 지식"이라고 부른다. 암묵적 지식은 대부분 사유부가 될 수 있다.

공유부 지식의 세 가지 특징은 공유부 지식이 상품의 가격에 반영되기 어렵게 만든다. 쉽게 말해서 공유부 지식을 생산(발견)한다고 돈벌이가 되지는 않는다. 그러나 공유부 지식은 생산하는 데 많은 비용이 든다.

만유인력의 법칙을 생각해 보자. 뉴턴이 이 법칙을 발견하기까지는 수천 년의 시간과 수많은 사람의 노력이 필요했다. 바로 앞의 사람만 꼽더라도 케플러, 갈릴레이 등등이 있다. 뉴턴이 "내가 멀리 볼 수 있었던 것은 거인의 어깨 위에 올라섰기 때문이다"라는 유명한 말을 남긴 것은 앞선 사람들의 노력을 기린 것이다. 만유인력 법칙의 발견은 아리스토텔레스부터 계산하더라도 가장 뛰어난 천재들 1만 명을 1천 년 동안 고용한 결과일지 모른다.

공유부 지식을 생산하는 데 드는 많은 비용은 기업이 부담할 수 없다. 그래서 세계 각국의 정부는 대학과 학교를 만들어서 공유부 지식을 생산하고 전파하는 비용을 부담하고 있다. 영국 정부가 산업혁명에 가장 크게 기여한 바는 뉴턴을 케임브리지대학 수학과 교수로 뽑아서 월급을 주면서 걱정 없이 마음대로 수학이든 천문학이든 물리학이든 연구하게 만들어 준 것일 수도 있다. 뉴턴이 운동법칙을 발견한 지 약 100년 뒤 제임스 와트가 증기기관을 만들면서 영국은 산업혁명에서 앞서가기 시작하였다.

이와 같이 예로부터 공유부 지식은 정부의 투자로 만들어졌다. 미국 정부의 투자가 없었으면 아직 인터넷은 안 만들어졌을지 모른다. 정부의 투자금은 국민의 세금에서 나온 것이다. 그래서 모든 소득은 공유부 지식을 활용한 대가이고, 공유부 지식은 앞선 사람들의 노동, 즉 지식을 발견하는 데 직간접으로 종사한 사람들의 노동과 이들을 먹여 살리려고 정부에 세금을 낸 수많은 사람의 노력의 결과인 것이다.

모든 소득이 지식의 활용에서 나온 것이라는 허버트 사이먼의 주장은 이렇게 깊은 통찰에서 나온 것이다. 소득의 일정 비율에 기본소득 목적세를 부과해서 공유부 지식을 상속받은 주권자들에게 나누어 주는 정책은 카이사르의 것을 카이사르에게 주고 주권자의 것을 주권자에게 준다는 재산권적 측면에서 지극히 당연한 정책이다.

5. 재정 모델

2020년 한국의 GDP는 약 2,000조 원인데, 가계본원소득은 GDP의 약 60%(1,200조 원)이고, 양도소득은 약 15%(300조 원) 이상일 것으로 추정된다. 여기에 10% 비례세율로 시민소득세를 부과하면 그 수입은 약 150조 원이 된다. 5천만 명의 인구에게 분배하면 1인당 연간 300만 원, 월 25만 원의 시민배당을 지급할 수 있다. 약 85%의 가구가 순수혜 가구가 된다.

2033년에는 전체 GDP인 약 2,900조 원 가운데 2020년과 마찬가지로 전체의 75%가 가계귀속소득이라고 가정하고 여기에 10% 세율이 부과되면 총 217.5조 원의 재원이 확보될 수 있다. (자세한 것은 이 책 제 14장 참고.) 이것을 5천만 명에게 분배하면 1인당 연간 430만 원의 시민배당을 지급할 수 있다.

6. 의의

시민소득세에 기초한 시민배당은 모든 소득에는 공유부 지식의 기여가 들어 있다는 것을 인정하고 소득의 일정한 부분을 모두의 몫으로 나누어 갖는다는 중요한 의미가 담겨 있다. 모든 소득의 일부가 공유부의 덕택이라는 시각은 경제와 사회를 바라보는 인식의 혁명을 의미한다. 새로운 공동체 건설의 토대가 될 것이다.

시민소득세는 정부에서 어떤 용도로 사용하려는 목적이 아니라 시민들 사이에 다시 나누려는 목적으로 거두는 조세다. 따라서 "시민기여금"이라고 부르는 것이 더 정확한 표현이 될지 모른다. 그리고 소득을 만드는 데 지식 공유부가 기여하고 있다는 것을 강조하기 위해서는 시민소득세, 시민배당보다는 지식세, 지식배당이 더 적합한 용어일지 모른다.

Braverman, Harry (1974). Labour and Monopoly Capital. [해리 브레이버맨, 이한주·강남훈 옮김, 『노동과 독점자본』 1987년, 까치.]

Marx, Karl (1886). Capital. A Critique of Political Economy, Vol. Ⅰ.

Russell, S & P. Norvig (2010), Artificial Intelligence: A Modern Approach, 3rd. edition, Prentice Hall. [스튜어트 러셀, 피터 노빅, 류광 옮김, 『인공지능, 현대적 접근방식』 제3판, 2016년, 제이펍.]

Simon, Herbert (2000). "UBI and the Flat Tax", Phillip van Parijs eds., What's Wrong with a Free Lunch, Beacon Press.

제11장 _ 세제 개혁과 기본소득

윤형중

1. 세제 개혁과 기본소득의 관계

세금 제도는 변하기 어렵다. 기존 제도와 이해관계가 얽힌 사람들이 변화를 반대하거나, 세금 제도의 문제점을 개선하기 위한 변화가 증세로 이어질 수 있기 때문이다. 조세 분야의 전문가들이 세금 제도가 가진 문제점들을 지적한 보고서와 논문들을 살펴보면, 오랫동안 지목된 개혁 과제들이 거의 해결되지 않았다는 사실을 발견할 수 있다. 이처럼 조세제도는 전문가들 사이에 이견이 없는 문제라 할지라도 웬만해선 개선되지 않는다. 이는 근본적으로, 세금 제도를 바꿀 수 있는 정치인들이 유권자의 표심을 고려해야 하기 때문이다.

2015년 초에 불거진 이른바 '연말정산 대란'은 세금 개혁이 얼마나 어려운지를 보여 주는 단적인 사례이다. 당시 대란으로 불거진 개편의 핵심은 소득세 내 여러 소득공제 항목을 폐지하고 세액공제 항목으로 대체한 것이었다. 소득공제는 세액공제보다 역진성이 큰 제도다. 저소득층보다 고소득자들이 소득공제로 더 큰 혜택을 얻는다는 의미다. 당시 정부의 정책은 역진적인 세금 제도를 누진적인 방향으로 개혁하려 한 시도였으나, 언론과 여론에 '직장인 · 중산층 증세'라며 집중포화를 맞은 뒤 정부는 소득공제 항목을 일부 되살리고 세액공제를 확대하는 등의 후퇴안을 내놨다. 이처럼 사람들의 이익이 걸린 세금 제도 앞에서 개혁의 정당성은 힘을 잃는다.

기본소득은 이렇게 쉽지 않은 세제 개혁을 가능하게 한다. 물론 기본소득 자체가 세금 개혁을 위해 실시되는 것은 아니다. 기본소득은 공유부로 인해 모두가 마땅히 누려야 하는 몫을 배당하는 것이다. 세금 개혁의 과제가 없어도 기본소득은 자체적인 정당성을 가지고 있다. 거꾸로 기본소득의 재원을 마련하기 위해 세제 개혁을 하는 것도 아니다. 세금은 공유부에서 발생한 이득을 추출하는 도구이자 편중된 배분을 바로잡아 모두의 몫을 보장하는 수단이다. 하지만 기존 세제의 개편 이외에, 기본소득 목적의 세율 인상이나 새로운 세목 도입 등으로 재원을 확보할 수 있다. 무엇보다 기존 세금 제도 내의 누적된 과제들은 기본소득이 아니어도 분명 해결해야 할 당위성이 있다. 이처럼 기본소득과 세제 개혁은 각각 독자적으로 정당성이 있다. 하지만 세제 개혁과 기본소득을 연동하는 이유도 분명 있다. 전 국민에게 편익을 제공하는 기본소득이 기존 세금 제도의 이해관계들을 해체하거나, 혹은 기존보다 강고한 세금 개혁의 이해관계들을 만들어 낼 수 있기 때문이다.

세제 개혁과 기본소득을 연계하기 이전에 개혁의 방향이 무엇인지를 따져볼 필요가 있다. 조세개혁의 방향은 이상적인 세금 제도에 근접하는 것이어야 한다. 이상적인 세금 제도의 요건과 원칙들은 여러 차례 제시됐고, 시대에 따라 조금씩 보태진 것들이 있다. 일단 애덤 스미스는 『국부론』(Smith, 1776)에서 조세 정책의 네 가지 규범으로 공평성, 명확성, 편의성, 징수 및 납세 비용의 최소화를 제시했다. 근대 재정학의 창시자로 불리는 머스그레이브는 『재정학 이론』(Musgrave, 1959)을 통해 공평한 세부담, 경제행위에 대한 영향 최소화, 공평성을 해치지 않는 범위 내에서의 기타 정책적 목적 수행, 경제 안정화를 위한 재정 운용이 가능한 조세제도 구현, 효율적 세무행정 기구 및 단순한 조세제도, 낮은 징수 비용 등을 제시했다. 애덤 스미스는 효율적 조세 행정을 강조했고, 머스그레이브는 세금이 경제에 미치는 영향을 중요하게 여겼다. 제임스 멀리스 외 등이 참여해 Institute for Fiscal Studies(IFS)가 발간한 『조세 설계』(Mirrlees et al., 2011)는 기존 원칙들에 체계성, 중립성, 누진성 등을 더하고 있다. 체계성이란 조세제도를 각각의 세목별로 볼 것이 아니라 하나의 큰 틀로서 검토해야 한다는 것이다. 중립성은 유사한 경제행위를 세금 제도가 차별하지 않아야 한다는 의미다. 누진성은 소득이 많아질수록 평균세율이 높아지는 것을 의미한다. 『조세 설계』에서는 누진적이면서 중립적인 조세를 설명하며 "소득세의 경우, 단순한 것이 가장 유익하다", "소득은 그 원천에 상관없이 동일한 세율을 적용해야 한다", "법인과 주주에게 적용되는 세율의 합은 근로 및 그 밖의 소득에 부과되는 세율과 동일해야 한다", "(법인과 개인에게 적용되는) 이 같은 단일 세율표는 업무 관련 비용과 생산과정의 투입재와 같이 소득 창출 과정에서 발생하는 비용을 공제한 후의 소득에 적용되어야 한다" 등의 원칙을 강조한다.

기본소득과 연계한 세제 개혁 역시 이처럼 누진성, 명확성, 단순성, 중립성 등을 제고하는 것이 목적이다. 이 장에서 다루는 세제 개혁의 방안은 소득세 분야의 여러 소득공제 항목의 정비, 분리과세 대상이던 자본소득을 통합하여 종합과세, 부가가치세의 간이과세 및 면세의 축소 등이다.

2. 소득세 분야의 조세개혁 과제

한국은 소득세 체계에서 다른 OECD국가들에 비해 광범위한 소득공제·세액공제제도를 운용하고 있고, 이는 세금 제도의 누진성을 약화시키는 핵심 요인이다. 공제의 기본적인 목적은 소득에서 필요경비를 빼 과세 대상인 순소득을 가려내는 것이다. 하지만 국내 소득세 체계의 공제제도는 비용 공제 성격을 넘어 다양한 정책적 필요 때문에 도입됐다.

월세세액공제처럼 공제 항목 자체가 취약계층을 위한 것들도 있지만, 기본적으로 공제제도는 저소득층에게 불리하다. 각종 공제 항목들로 인해 2018년 기준 국내 근로소득세 부과 대상 가운데 면세자가 722만 명으로 전체 근로소득세 납부 대상자의 38.9%에 달한다. 이미 면세점에 도달한 이들에겐 추가적인 공제 혜택은 의미가 없고, 면세점에 도달하지 않은 고소득층은 빠짐없이 공제 혜택을 받을 수 있다. 게다가 소득공제제도는 한계세율이 높은 고소득층에게 유리한 제도다. 예를 들어 자신의 소득이 과세표준 1억 5,000만 원과 3억 원 사이에 있다면 한계세율 38%를 곱한 만큼의 금액을 소득공제로 절세하는 효과가 있다. 만일 신용카드소득공제액이 300만 원이라면 38%를 곱한 114만 원의 세금을 덜 내게 되는 것이다. 하지만 자신의 소득이 과세표준 1,200만 원과 4,600만 원 사이에 있다면 같은 신용카드소득공제액 300만 원에 한계세율 15%를 곱한 45만 원의 세금이 줄어든다. 신용카드 사용액이 같은 두 사람 가운데 고소득자가 69만 원이나 세금을 적게 내는 셈이다. 세액공제제도는 최종 부과된 세액에서 공제해 주는 제도로, 면세점에 이미 도달한 이들에겐 소용이 없으나 소득공제보다는 덜 역진적이다.

이처럼 공제제도의 역진성은 연역적인 논리로도 입증이 가능하고, 여러 실증적인 연구를 통해서도 입증된 바가 있다. 임주영·박기백·김우철(2014)은 2011년 재정 패널을 통해 소득세 내의 비과세·감면 제도가 세후 소득의 불평등도를 13.5%p 증가시켰다고 분석했다. 국제 비교로도 한국의 소득세제의 공제제도는 과도한 편이다. 홍우형·강성훈(2018)이 '명목세율과 실효세율 간의 격차'(세율 갭)를 분석한 결과, 일본의 최고소득층과 캐나다의 중하위소득층을 제외하면 싱가포르, 일본, 캐나다, 호주, 뉴질랜드, 핀란드 가운데 한국의 세율 갭이 가장 높다.

소득세 내의 누진성을 약화시키는 각종 공제제도들은 당위적으로 축소되어야 하지만, 실제로는 상대적으로 큰 혜택을 얻는 고소득층뿐 아니라 저소득층조차 이들 제도의 축소를 원하지 않는다. 역진적인 공제제도가 축소된다고 해도 저소득층이 얻는 편익이 뚜렷하지 않기 때문이다. 예를 들어 신용카드소득공제제도의 경우, 처음 적용된 1999년부터 3년 일몰제로 도입됐지만 9차례 연장으로 현재까지 유지되고 있다.

신용카드소득공제제도처럼 일몰제로 도입된 비과세·감면 제도가 연장되는 사례는 흔하다. 문예영·신영임(2014)은 2003년부터 2013년 사이에 일몰이 도래하는 조세지출 항목의 전수조사를 통해 전체의 97%가 연장됐다며 이는 조세지출이 기득권화되면서 일몰 기한 연장이 관행적으로 이루어져 왔기 때문이라고 밝혔다.

이처럼 관행적으로 연장되고 다수가 반대하는 소득세제 내의 공제 항목들을 정비할 가능성을 기본소득이 제공한다. 역진적인 제도들을 축소해 확보한 재원으로 모두에게 분배하면 고소득층을 제외한 과반은 더 내는 세금보다 받는 기본소득이 많아지기 때문이다.

본 장에서는 우선 소득세 내의 모든 공제 항목을 폐지하고 그 재원을 모든 소득세 납부자에게 지급할 경우 확보 재원이 얼마이고 순수혜층의 비중이 얼마인지 살펴본다. 그다음에 현실 가능성이 높은 공제 축소안으로, 근로소득공제, 인적공제, 신용카드소득공제와 세액공제 항목 중에 근로소득세액공제, 자녀세액공제, 교육비세액공제, 보험료세액공제 등을 폐지하고 다른 공제 항목들을 존치하는 경우에 확보할 수 있는 재원을 추산한다. 세 번째 안은 자본소득을 우대하는 현행 세제를 바꿔 전면적인 종합과세를 실시하는 방안이다. 이렇게 할 경우 모든 소득에 차별 없는 과세가 가능해진다. 두 번째 방안에서 확보되는 재원의 규모는 유종성(2021)이 추산한 재원안과 정부의 『조세지출예산서』들을 이용했다.

1) 소득세 내 모든 공제 항목 폐지 시 확보 재원

소득세제의 가장 급진적인 개혁은 모든 공제 항목을 폐지하는 것이다. 물론 이런 수준의 개혁은 충분한 금액의 기본소득이 지급될 경우에만 가능하다. 한편에선 조세의 원칙상 필요경비를 제외한 순소득에 과세하는 것이 적절하므로 공제 항목의 전면 폐지는 문제가 있다는 지적이 나올 수 있지만, 어차피 개인의 경우 소득을 얻기 위한 비용과 생활을 위한 지출을 구분하기가 어렵다. 따라서 공제제도를 전면 폐지하되, 여러 정책적인 수요로 도입된 공제제도의 취지는 기본소득과 다른 복지정책으로 달성하는 방안을 마련해 볼 수 있다. 이 경우 누구나 자신의 세액을 쉽게 계산할 수 있을 정도로 조세체계가 단순해진다.

유승희 전 국회의원(더불어민주당)이 국세청으로부터 받은 2018년 통합소득(근로소득 + 종합소득) 백분위 자료를 보면 각 분위별로 통합소득, 과세표준, 결정세액이 나열돼 있다. 각각의 금액을 분위별 인구수인 23만 2,469명으로 나누면 〈표 11-1〉과 같이 각 분위별 1인당 통합소득, 과세표준, 결정세액을 산출할 수 있다.

〈표 11-1〉 2018년 기준 소득분위별 1인당 평균 통합소득과 평균 결정세액

소득분위	인원	근로소득+종합소득(만 원)	결정세액(만 원)
전체	23,246,938	3,545	265
1%	232,469	39,608	11,041
10%	232,469	7,591	496
20%	232,469	5,212	199
30%	232,469	3,891	91
40%	232,469	3,033	44
50%	232,469	2,410	23
60%	232,469	1,930	13
70%	232,469	1,421	10
80%	232,469	863	9
90%	232,469	410	2
100%	232,469	0	0

*자료 : 유승희 전 국회의원(더불어민주당)이 국세청으로부터 받은 2018년 통합소득 자료
(필자가 1인 기준으로 재구성)

통합소득 기준 소득분위 1%인 23만 2,469명의 1인당 평균 통합소득은 3억 9,608만 원이고, 1인당 평균 결정세액은 1억 1,041만 원이다. 소득분위가 10%, 20%, 30%인 사람들의 1인당 평균소득은 각각 7,591만 원, 5,212만 원, 3,891만 원이었고, 이들은 각각 평균 496만 원, 199만 원, 91만 원의 세금을 납부했다.

소득세제 내의 모든 종류의 공제 항목을 폐지할 경우에는 통합소득이 그대로 과세표준이 되고, 〈표 11-2〉와 같은 소득구간별 종합소득세율에 따라 과세한다.

〈표 11-2〉 2020년 기준 종합소득세율

과세표준	세율	누진공제
1200만 원 이하	6%	0
1,200만 원 초과~4,600만 원 이하	15%	108만 원
4,600만 원 초과~8,800만 원 이하	24%	522만 원
8,800만 원 초과~1억5천만 원 이하	35%	1,490만 원
1억 5천만 원 초과~3억 원 이하	38%	1,940만 원
3억 원 초과~5억 원 이하	40%	2,540만 원
5억 원 초과	42%	3,540만 원

자료 : 국세청

예를 들어 1인당 평균소득이 1,930만 원인 소득분위 60%인 사람은 1,200만 원에는 6%의 세율이 부과되고 그 이상의 소득인 730만 원에는 15%의 세율이 부과된다. 따라서 이 사람의 소득세액은 $(1,200 \times 0.06) + (730 \times 0.15)$를 계산한 181만 5천 원이다. 이처럼 누구나 쉽게 자신의 세액을 계산할 수 있다.

〈표 11-3〉에서 볼 수 있듯이 이렇게 모든 종류의 공제가 폐지될 경우 모두가 기존보다 세금을 더 내게 되지만, 고소득층일수록 더 내는 세금의 규모가 커진다.

<표 11-3> 1인당 기존 결정세액과 감면 제거 시 세액

소득분위	인원	근로+종합소득(만 원)	기존 결정세액(만 원)	감면 제거 시 세액(만 원)
전체	23,246,938	3,545	265	589
1%	232,469	39,608	11,041	13,304
10%	232,469	7,591	496	1,300
20%	232,469	5,212	199	729
30%	232,469	3,891	91	476
40%	232,469	3,033	44	347
50%	232,469	2,410	23	254
60%	232,469	1,930	13	182
70%	232,469	1,421	10	105
80%	232,469	863	9	52
90%	232,469	410	2	25
100%	232,469	0	0	0

국세청으로부터 유승희 전 국회의원이 받은 통합소득 자료를 필자가 1인당 평균 소득과 비과세·감면 폐지 시 결정세액을 산출함

이렇게 각 개인이 추가로 부담하는 세액을 계산한 뒤 각 분위별 인구수를 곱하면 소득세의 결정세액 규모는 137.0조 원이 된다. 예를 들어 소득(근로소득 + 종합소득)이 20% 분위에 위치한 연 5,212만 원의 소득이 있는 사람이라면, 기존에는 연 199만 원의 세금을 냈으나 모든 공제 항목이 사라지면 연 729만 원의 세금을 낸다. 이 과세 금액에 해당되는 인원이 전체 과세 인원인 23,246,938명의 1/100인 232,469명이고, 따라서 20% 분위에 부과되는 소득세는 모두 1조 6,949억 원이 된다. 이런 방식을 전체에 적용하면 137.0조 원이 산출된다. 이는 2018년 기준 소득세의 세수입 규모인 61.8조 원에서 75.2조 원 증가한 것이다. 이를 통합소득에 따른 납부자 전원에게 동일한 금액(72조 2,191만 8,983원 ÷ 2,324만 6,938명 = 약 324만 원)으로 배당하면 소득분위 38%~100%까지 전체의 63%가 순수혜자가 된다. 손익의 경계선에 있는 연평균 소득 3,184만 원인 38% 소득계층의 개인은 연간 세부담이 319만 원 증가하고 324만 원의 기본소득을 받아 총 5만 원의 순수혜를 얻게 된다. 물론 이 모델은 납

세자에게만 현금을 지급할 뿐이어서, 모든 사람에게 지급하는 기본소득과 다르다는 지적이 나올 수 있다. 하지만 소득세제 내의 공제 항목들을 폐지한 금액으로만 기본소득을 지급하면 소득세를 납부하지 않은 2,900만여 명은 자동으로 순수혜자가 된다. 납세자 중에서 순수혜자의 비중은 줄어들지만, 비납세자 모두가 포함된 순수혜자의 규모는 훨씬 커진다. 기본소득의 재원은 세제 개혁만으로 확보되는 것이 아니기 때문에 소득세제 내 공제 폐지의 효과만을 보기 위해 이 모델에선 임의로 현금 지급 대상을 소득세 납부자로 한정했다.

소득세제 내 모든 공제 항목의 폐지는 급진적인 제도 변화이면서 동시에 막대한 규모로 세부담이 증가하는 변화다. 이런 변화가 이루어질 경우, 61.8조 원이었던 세수입 규모는 두 배가 넘는 총 137.0조 원으로 늘어난다. 따라서 증세에 대한 저항을 감안해 단계적으로 공제 항목들을 축소해 나가는 방안을 아래에서 제시한다.

2) 현실적인 소득세 공제제도 축소안

여기서 제시하는 소득세 공제제도 축소안은 점진적인 세제 개혁안이다. 소득세 내의 다양한 공제제도 가운데 이미 입법취지가 달성됐거나, 부양 부담 증가를 보전하는 인적공제 등 기본소득과 목적이 겹치거나, 교육비세액공제나 보험료세액공제 등 고소득층일수록 더 혜택을 받는 제도들을 폐지 대상으로 정했다. 구체적으로는 인적공제, 근로소득공제, 근로소득세액공제, 신용카드소득공제, 자녀세액공제, 보험료세액공제 등이다.

이들은 전체 소득세 내의 공제 항목 가운데 일부에 불과하다. 『2018년도 조세지출예산서』에 포함된 소득세법상 조세지출 항목은 총 21개이다. 정창수·이상민(2019)은 개별 세법과 『조세지출예산서』를 비교 분석해 『조세지출예산서』에 반영되지 않은 소득세법상 조세감면 조항이 131

개에 달한다고 지적했다. 게다가 정비 대상으로 꼽은 신용카드소득공제는 소득세법이 아닌 조세특례법상 조세감면 조항에 속한다. 이처럼 정비 대상으로 꼽은 항목들은 전체 공제 항목의 일부에 불과하며 이는 점진적 개혁을 염두에 둔 것이다. 각각의 공제 항목의 폐지로 확보 가능한 재원을 추산하기 위해 유종성(2021)과 정부의 『2021년도 조세지출예산서』를 참조했다.

인적공제는 소득자에게 부양 비용을 지원하는 공제 항목이므로, 개별적으로 지급되는 기본소득이 도입되면 존치할 필요가 없어진다. 인적공제는 본인과 부양가족 한 명당 150만 원씩 소득공제를 받고, 경로(70세 이상), 장애인, 부녀자(종합소득 3,000만 원 이하), 한부모 등의 경우 추가공제를 받는다. 근로소득자에게 인적공제를 폐지해 얻는 추가 세수입은 2018년 기준 6.6조 원이다(유종성, 2021).

〈표 11-4〉 근로소득공제

총급여액	공제액	공제 한도
0~500만 원	총급여액의 70%	
500만 원~1,500만 원	350만 원 + 500만 원 초과분의 40%	
1,500만 원~4,500만 원	750만 원 + 1,500만 원 초과분의 15%	2,000만 원
4,500만 원~1억 원	1,200만 원 + 4,500만 원 초과분의 5%	
1억 원~	1,475만 원 + 1억 원 초과분의 2%	

자료 : 국세청 홈페이지

〈표 11-5〉 근로소득세액공제

산출세액	공제세액
130만 원 이하	산출세액의 55%
130만 원 초과	71만 5,000원 + 130만 원 초과 금액의 30%
한도 50만 원~74만 원	

자료 : 국세청 홈페이지

근로소득공제는 연간 근로소득에서 우선적으로 차감하는 비과세소 득이다. 1975년에 도입된 이 제도는 근로소득자의 소득을 보전하기 위한 것이며, 소득신고율이 낮은 자영업자와의 형평성을 고려한 것이다. 근로 소득공제를 폐지하면 추가 세수입이 2018년 기준 25.4조 원이다(유종성, 2021). 근로소득은 소득공제만이 아니라 세액공제도 받으며, 이를 폐지 해 확보할 수 있는 추가 세수입은 6.7조 원이다(유종성, 2021).

신용카드소득공제는 1999년에 조세특례제한법의 조항으로 3년 일몰 제로 도입됐다. 자영업자의 과세 인프라를 확보하기 위한 제도였으며 덕 분에 자영업자의 거래가 획기적으로 투명해졌다. 문제는 이 제도가 역진 적이라는 데 있다. 하지만 국민들이 편익을 누리는 제도로 널리 알려져 있어, 입법취지를 달성했음에도 폐지가 쉽지 않다. 신용카드소득공제는 정부가 국회에 제출하는 『조세지출예산서』에서 규모가 큰 상위 10위 안 에 매년 오르고 있고, 코로나19의 확산처럼 소비가 부진할 때 일시적으 로 공제율을 확대하는 등 정부의 소비 진작 정책의 주요 수단이 되고 있 다. 『2020년도 조세지출예산서』에 따르면, 2018년 신용카드소득공제로 인한 조세감면액은 2.1조 원이다. 『2021년도 조세지출예산서』에 따르면, 2021년 추정되는 신용카드소득공제로 인한 조세감면액은 3.2조 원이다. 코로나19로 인한 대응책으로 정부가 일시적으로 소득공제율을 확대한 영향이 컸다.

자녀세액공제는 자녀가 있는 근로자에게 세액을 공제해 주는 제도 로, 소득공제에서 인적공제와 중복해 적용받는다. 대상은 만 7세 이상부 터 만 20세 이하이고, 자녀의 연간 소득이 100만 원 이하여야 한다. 공제 액은 1인당 연 15만 원이고, 세 번째 자녀부터는 1인당 연 30만 원이다. 출산·입양 연도에는 추가공제를 받는다. 『2020년도 조세지출예산서』에 따르면, 2018년 기준 자녀세액공제로 인한 감면세액은 1.3조 원이다.

교육비세액공제의 대상은 초·중·고·대학교의 학비, 방과후학교 학비와 교재비, 미취학 아동의 학원비 등이다. 교육비세액공제는 비용 공제의 성격이 있으나 역진성이 큰 제도로 꼽혀 왔다. 유승희 전 국회의원이 『2018년 국세통계연보』를 분석해 발표한 내용에 따르면, 2017년 255만여 명의 공제 대상 중에서 총급여 3천만 원 이하의 경우 공제 대상 교육비가 평균 65만 원에 그친 반면, 총급여 1억 원 이상의 고소득층은 438만 원으로 약 7배 수준이었다. 공립유치원과 공립학교보다 학비가 비싼 영어유치원, 사립초등학교와 자율형사립고, 특수목적고등학교 등에 지출하는 금액이 모두 교육비세액공제 대상이다. 『2020년도 조세지출예산서』에 따르면, 2018년 기준 교육비세액공제로 인한 세금 감면액은 1.2조 원이다.

보험료세액공제는 보장성보험에 가입해 납입한 금액의 일부를 세액에서 공제해 주는 제도로, 고소득층일수록 보험료 납입액이 크기 때문에 역진적인 제도로 꼽힌다. 보험료세액공제제도는 1977년 도입 당시에는 저축성, 보장성을 가리지 않고 적용됐으나, 1983년 금융권 저축과의 형평성을 고려해 보장성보험으로만 한정하기 시작했다. 여기서 보장성보험이란 만기 시 받는 보험금이 납입 금액을 넘지 않는 보험상품을 말한다. 2014년부터는 민간 보험뿐 아니라, 고용보험과 국민건강보험 등 사회보험 납입금도 공제 대상이다. 2015년 '연말정산 대란' 때 보험료는 소득공제에서 세액공제로 전환됐다. 『2020년도 조세지출예산서』에 따르면, 2018년 기준 보험료세액공제로 인한 감면세액은 3.5조 원이다. 다만 보험료세액공제는 이해관계자가 뚜렷하여, 폐지할 경우 이들의 강력한 조세 저항이 예상된다는 점을 감안해야 한다. 민간 보험사들은 특수고용직과 관련한 사회보험 입법과 정책에도 상당한 영향을 미치는 이해관계자다. 조세 저항을 완화하고 공감대를 넓혀 가는 점진적 개혁 방안으로는 보험료 가운데 사회보험 납입금은 공제 항목으로 존치하고 민간 보험 납입금만 제외하는 방법도 있다.

공제 항목	감면세액(2018년 기준)
인적공제	6.6조 원
근로소득공제	25.4조 원
근로소득세액공제	6.7조 원
신용카드소득공제	2.1조 원
자녀세액공제	1.3조 원
교육비세액공제	1.2조 원
보험료세액공제	3.5조 원
총계	46.8조 원

자료 : 인적공제, 근로소득공제, 근로소득세액공제는 유종성 (2021),
신용카드소득공제, 자녀세액공제, 교육비세액공제, 보험료세액공제는 대한민국 정부 (2020).

지금까지 제시된 소득세제 내 공제 항목의 축소로 확보되는 재원은 〈표 11-6〉에서 볼 수 있듯이 2018년 기준으로 총 46.8조 원이다.

3) 분리과세 폐지와 종합과세 실시

소득세법에서 열거된 여덟 가지 소득 가운데 이자소득, 배당소득, 사업소득, 근로소득, 연금소득, 기타소득은 종합소득이며, 퇴직소득과 양도소득은 분류소득이다. 퇴직소득과 양도소득은 일시적으로 큰 소득이 발생하기 때문에 별도의 체계로 운영되고, 종합소득 항목들도 일정 기준을 넘지 않으면 합산되지 않고 분리과세의 대상이다. 예를 들어 주택임대소득이나 이자소득이 연간 2,000만 원 미만의 경우 14%의 세율로 분리과세를 선택할 수 있다. 이 경우 14% 세율의 원천징수로 납세 절차가 종료된다. 이런 분리과세 제도는 납세자에게는 편리하고 과세 당국에게는 행정 비용을 줄여 준다. 하지만 결과적으로 소득 원천별로 차별적인 세율을 적용해 조세의 공정성을 훼손하고, 이자, 배당, 임대, 사업 등의 소득은 고소득층에게 편중된 경향이 있으므로 분리과세의 효과는 역진적일 수밖에 없다. 분리과세 제도를 폐지하고 전면적인 종합과세를 실시할 경우 상당한 세수입 증가 효과가 기대되나, 개인별 소득 및 납세 자료의 미비로 추계는 어려운 상황이다.

3. 부가가치세 개혁의 가능성

부가가치세는 『2018년 국세통계연보』 기준으로 70.0조 원의 규모로 소득세(86.3조 원), 법인세(70.9조 원)과 함께 3대 세목을 차지하고 전체 국세 수입 283.5조 원 가운데 24.7%를 차지했다. 부가가치세는 소득수준에 따라 부과되지 않고 재화나 서비스의 거래에 부과되기 때문에 저소득층에게 소득 대비 세금의 비중이 높은 역진적인 특징을 가지고 있다. 이런 역진성을 완화하기 위해 면세 제도가 도입됐고, 한국의 부가가치세 면세 범위는 OECD국가들 중에 가장 넓다(정유석, 2012).

부가가치세 면세 제도는 주로 생필품, 농·축·수·임산물 등에 적용돼 역진성을 완화하고 농·축·수·임산업자를 지원하는 효과가 있으

〈표 11-7〉 한국의 부가가치세 면세 대상

구분	면세 대상
OECD 표준 면세 대상	우편서비스, 환자 수송, 병원 및 의료, 치과 의료, 자선 활동, 교육, 비영리조직의 비상업적 활동, 스포츠, 문화서비스(라디오·TV 방송 제외) 보험 및 재보험, 동산 임대, 금융 서비스, 마권·복권 및 도박, 토지 및 건물 공급, 일부 기금 모금 행사
한국	미가공 식료품, 농·축·수·임산물, 수돗물, 연탄, 무연탄, 여객운송 용역, 의료보건 용역, 교육 용역, 보험 용역, 문화 관련 재화 및 용역, 예술 창작품, 문화 행사, 비직업 운동경기, 도서관·박물관·동물원 등의 입장 관련 재화 및 용역, 국가·토지·금융 용역, 근로 유사 인적 용역, 독립된 자격으로 공급하는 인적 용역, 국가·지방자치단체가 제공하는 재화와 용역, 정부 업무 대행 단체 등이 제공하는 재화 또는 용역, 국민주택, 건설 용역, 특수 용도 유류, 공장·광산·건설 사업장 및 학교 구내식당 음식 용역, 수입 문화 관련 재화, 국외로부터의 공익 기증 재화, 특수 용도 면세 재화, 면세에 부수되는 재화와 용역의 공급

자료: 정유석 (2012)

나, 사교육비의 대부분을 차지하는 학원비(영리 목적의 교육 서비스) 등 역진성과 관련이 없는 항목들도 포함돼 있다. 부가가치세 면세 제도의 또 다른 부작용은 무자료거래와 탈세의 가능성을 높인다는 점이다. 면세 항목의 거래에는 부가가치세 신고의 의무가 없어 무자료거래가 성행하고, 이는 탈세를 부추긴다. 또한 누적효과로 인해 조세의 공정성, 중립성이 훼손되고, 누적효과를 제거하기 위한 의제매입세액공제제도 등을 운영하는 비용이 증가한다는 단점이 있다. 여기서 누적효과란 재화나 서비스의 최종 단계가 아닌 중간 과정에서 면세 항목이 거래되면서, 소비자에게 판매하는 최종 단계의 생산자가 구매 단계에서 지불한 부가가치세를 환급받지 못해 실제 창출한 부가가치보다 큰 금액을 기준으로 매겨진 세금을 부과하게 되는 현상이다. 예를 들어 음식점주가 면세가 적용된 농산물 식재료 10만 원어치를 사서 음식을 팔아 30만 원의 매출을 기록하면 점주는 자신이 창출한 부가가치인 20만 원에 해당하는 세부담인 2만 원이 아닌, 최종 판매가격에 대한 부가가치세인 3만 원을 납부하게 되는 현상이다. 이런 문제를 막기 위해 정부는 정해진 공제율을 면세 농산물에 적용해 부가가치세를 공제하는 의제매입세액공제제도를 운용하고 있지만, 공제율이 낮고 모든 누적효과를 포괄하지 못하는 한계가 있다.

연 매출 4,800만 원 이하의 사업자에게 세금계산서 발행 의무를 면제하고 표준세율보다 낮은 업종별 부가가치세율을 적용하는 부가가치세 간이과세제도는 납세 편의를 위해 도입됐으나, 현실에서는 영세자영업자의 세부담을 낮춰 주는 제도로 활용되고 있다. 특히 간이과세제도는 납세자로 하여금 매출 축소의 유인을 주고, 세금계산서를 발급하지 않아 거래 상대자인 일반 과세자의 매출이 누락되어 결국 소득세와 법인세가 탈루될 가능성을 높인다. 또한 전단계에서 납부한 부가가치세를 환급받는 전단계세액공제 방식을 채택하고 있는 현행 부가가치세제가 간이과세제도로 인해 세금계산서의 흐름을 단절해 근거과세가 어려워지는 문제도 있다. 간이과세제도의 문제점과 자영업자의 세부담을 낮추는 특징으로 인해, 이 제도를 둘러싼 학계와 정치권의 움직임은 정반대다. 기존 연구에서는 간이과세제도의 점진적 축소와 장기적 폐지를 주장하는 입장이 지배적이지만, 정치권에서는 정반대로 간이과세자 기준을 상향하는 법안들만 발의되고 있다. 20대 국회에서 간이과세제도와 관련된 부가가치세법 개정안은 총 23개가 발의됐고, 단 하나도 빠짐없이 간이과세자나 납부 면제 기준을 상향하는 법안이었다(국회입법조사처, 2020).

부가가치세의 면세와 간이과세는 부작용이 있음에도 불구하고, 강력한 정당성(역진성 완화)을 내포하고, 취약계층으로 분류되는 이해관계자(영세자영업자)의 이해와 직결된 제도여서 개혁하기가 쉽지 않다. 하지만 기본소득과 연계해 면세 항목들을 정비할 경우 역진성의 문제는 발생하지 않는다. 소득 대비 부가가치세 부담 비중을 따지면 저소득층이 고소득층보다 높지만, 부가가치세 부담액만 따지면 고소득층이 저소득층보다 더 많다. 따라서 면세 제도를 정비하고서 확보한 재원으로 모든

〈표 11-8〉 면세로 인한 부가가치세 유효 세부담의 변화

	부가가치세 부담(단위: 천 원)		면세 제도로 인한 세부담 감소(%)	
	현행 제도	면세 폐지	세부담 변화액	세부담 변화율
1분위	51.0	60.8	-9.8	-16.1
2분위	68.0	80.2	-12.2	-15.2
3분위	96.5	113.1	-16.6	-14.7
4분위	126.0	145.2	-19.2	-13.3
5분위	156.7	181.2	-24.5	-13.5
6분위	179.3	204.7	-25.4	-12.4
7분위	205.2	235.7	-30.5	-13.0
8분위	223.0	256.3	-33.3	-13.0
9분위	260.5	299.3	-38.8	-13.0
10분위	319.7	372.4	-52.7	-14.1
전가구	173.5	200.6	-27.1	-13.5

2014년 산업연관표와 가계동향조사 자료로 전승훈(2019)이 측정

〈표 11-9〉 부가가치세 면세를 폐지하고 기본소득 지급 시 가처분소득 변화 (단위: 천 원)

	부가가치세 부담			기본소득 지급 시	
	현행 제도	면세 폐지	추가 세부담	기본소득 지급액	가처분소득 변화(%)
1분위	51.0	60.8	9.8	26.3	+16.5
2분위	68.0	80.2	12.2	26.3	+14.1
3분위	96.5	113.1	16.6	26.3	+9.7
4분위	126.0	145.2	19.2	26.3	+7.1
5분위	156.7	181.2	24.5	26.3	+1.8
6분위	179.3	204.7	25.4	26.3	+0.9
7분위	205.2	235.7	30.5	26.3	−4.2
8분위	223.0	256.3	33.3	26.3	−7
9분위	260.5	299.3	38.8	26.3	−12.5
10분위	319.7	372.4	52.7	26.3	−26.4

자료: 2014년 가계동향조사를 기반으로 부가가치세 부담은 전승훈(2019)이 측정하고, 추가 세수입으로 기본소득 지급 시의 변화는 필자가 추산함.

사람에게 동일한 금액으로 분배하면 결국 저소득층은 더 내게 되는 세금보다 더 많은 배당을 받게 된다. 〈표 11-8〉은 전승훈(2019)이 부가가치세의 면세 제도를 폐지할 경우 소득분위별로 세부담이 어떻게 달라지는지 측정한 것이다. 세부담 변화율은 저소득층이 높지만, 세부담 변화액은 고소득층이 더 크다.

이렇게 면세 제도를 폐지하여 확보한 재원을 모든 소득계층에게 동일한 금액으로 분배하면(〈표 11-9〉), 1분위~6분위까지는 순수혜자가 된다(윤형중, 2020).

간이과세제도 역시 기본소득과 지역화폐 등으로 영세자영업자에게 다른 편익을 제공한다면 기준을 바꿔 적용 대상을 줄여 나가는 개혁이 가능해진다. 기본소득에 대한 공감대가 더 커진다면 부가가치세 증세를 통한 재원 마련 방안도 충분히 고려할 수 있다. 앞서 면세 폐지와 연계한 기본소득과 마찬가지로, 세율을 인상하고 기본소득과 연계할 경우 역진성은 해소되고, 오히려 누진적인 소득재분배가 달성된다. 고소득층일수록 소득 대비 부가가치세의 비중은 작지만, 소비 규모가 크기 때문에 부가가치세 부담액 자체는 저소득층보다 크기 때문이다.

다만 이 장에선 부가가치세 개혁을 통해 확보할 수 있는 재원은 제시하지 않는다. 부가가치세의 개혁은 상당한 조세 저항이 예상되므로 점진적으로 이뤄져야 하고, 기본소득의 효과가 체감되고 공감대가 확산되는 시점에 개혁의 속도를 높여도 늦지 않다. 따라서 부가가치세의 개혁을 통한 기본소득 재원 마련 방안은 차후의 과제로 남겨 둔다.

국회입법조사처 (2020). 제21대 국회 주요 입법 정책 현안 II권 경제 산업.

대한민국 정부 (2020). 2020년도 조세지출예산서.

대한민국 정부 (2021). 2021년도 조세지출예산서.

문예영 · 신영임 (2014). 「조세지출 일몰연장 요인분석」, 『예산정책연구』 제3권 제2호.

유종성 (2021). 「기본소득과 조세 · 재정 개혁」, 국회 기본소득 연구포럼 주최, 기본소득과 결합한 조세 · 재정 개혁방향 토론회 발표문.

윤형중 (2020). 「세금 제도를 개혁하는 기본소득 재정 모형」, 정책연구 2020-919, 경기연구원.

임주영 · 박기백 · 김우철 (2014). 「소득세 감면제도의 재분배 효과」, 『세무와 회계저널』 제15권 제2호 .

전승훈 (2019). 「응능과세원칙을 고려한 부가가치세 역할 강화 방안」, 『재정정책논집』 제21권 1호 .

정창수 · 이상민 (2019). 「비과세 · 감면 현황 및 정비방안 연구」, 국회입법조사처 연구용역보고서.

정유석 (2012). 「국제비교를 통한 현행 부가가치세제의 개선방안」, 『국제회계연구』 46.

홍우형 · 강성훈 (2018). 「소득세 법정세율과 실효세율 격차에 대한 연구」, 『재정학 연구』 제11권 제2호.

Mirrlees et al. (2011). Tax by design : the Mirrlees review. Institute for Fiscal Studies.

Musgrave, Richard (1959). The Theory of Public Finance.

Smith, Adam (1776). An Inquiry into the Nature and Causes of the Wealth of Nations.

제12장 _ 공유지분을 통한 기본소득 재원 마련

유승경

많은 정부는 국부펀드Sovereign Fund를 운영한다. "국부펀드"란 정부가 재정흑자에서 확보한 것을 비롯한 잉여 자금을 재원으로 조성한 기금을 금융시장에서 수익성 위주로 장기간 운영하는 투자 기구를 말한다. 국부펀드는 일반적으로 미래세대를 위한 국부의 축적, 국가 수입원 고갈이나 경제 충격의 대비 등을 목적으로 한다. 우리는 국부펀드의 형태로 일정한 기금을 조성하고 그 운용수익으로 시민들에게 기본소득을 제공하는 방안을 생각할 수 있다. 미국과 유럽 등에서는 기본소득을 위한 국부펀드를 "사회적 부 기금Social Wealth Fund"이라 부르며 이에 대한 논의가 활발히 이뤄지고 있다. 이 같은 국부펀드 혹은 사회적 부 기금은 재원을 공공의 것에 기초하고 있기 때문에 지분을 공동체 성원이 공유하는 것과 같다. 그래서 이 글에서는 국부펀드 형식으로 기본소득의 재원을 마련하는 방안, 즉 사회적 부 기금을 "공유지분 모델"이라 부른다. 공유지분 모델에서 기금의 재원으로 조세, 국채, 기부금, 여타 국가 자산 등 다양한 것을 상정할 수 있지만, 이 글에서는 정부가 산업정책의 일환으로 민간기업에 제공하는 보조금의 반대급부로 기금을 조성하는 방안을 검토해 본다.

국가 간 치열한 경쟁의 시대에 기술 주도권은 나라의 경쟁력을 결정하는 관건임이 분명하다. 따라서 각국 정부는 기술 진보를 위해서 연구개발R&D을 적극 지원하는 한편, 기술 경쟁의 첨병이자 경제성장의 동력인 전략적 기업을 지원하는 등의 산업정책을 추진하고 있다. 특히 우리

나라는 정부의 적극적인 산업정책에 힘입어 국가경쟁력을 강화하고 고도성장을 달성했다는 평가를 받는다. 그런데 우리나라가 기업 성공의 결과로 국민경제가 발전하여 국민 대다수가 혜택을 입었지만 그 혜택이 고르지는 않았다. 특히 기술 발전이 승자와 패자를 점점 첨예하게 나누는 까닭에 산업정책의 성과가 점점 성공한 일부에 집중되어서 이른바 낙수효과는 시간이 갈수록 약해지고 있다. 이 경향은 경제성장에도 불구하고 소득양극화가 심화되는 현실에서 확인할 수 있다. 이런 점에서 산업정책은 국가경쟁력 제고의 긴요한 수단임에도 불구하고 소득분배 측면에서는 역진적 경향을 띤다. 따라서 산업정책의 긍정적 측면을 살리면서도 소득 역진적 효과를 상쇄할 수 있는 정책의 개발이 필요하며 그 방안 중의 하나가 바로 공유지분을 통한 기본소득의 지급이다.

1. 국부펀드의 사례

우선 공유지분 모델을 대표하는 국부펀드의 사례를 살펴보자. 대표적인 국부펀드로는 알래스카영구기금과 노르웨이국부펀드를 들 수 있다. 특히 알래스카영구기금은 운용수익으로 주민들에게 기본소득을 지급하고 있기 때문에 이 글에서 검토하는 공유지분 모델의 전형이다.

알래스카영구기금은 원유 개발 수익금을 주된 재원으로 삼아 조성되었다. 알래스카주 헌법에 따르면, 원유 판매 수익의 25%와 주의회의 결정에 따라 추가적으로 적립되는 금액 등으로 기금을 조성한다. 영구기금은 크게 원금과 수익으로 나뉘는데, 석유 판매 수익 등을 원금으로 적립한 후 여러 수익보장 상품(주식, 채권, 부동산 등)에 투자하여 수익을 얻고 그것을 다시 투자하는 방식으로 운영된다. 기금 수익은 공채 배당금, 인플레 방어금, 기금 운영비로 활용되는데, 공채 배당금이 바로 주민들에게 제공되는 기본소득이다. 1982년 이후 알래스카 거주민에게 매년 개별 배당금이 지급되고 있으며, 2020년에는 1인당 992달러가 지급되었고 최고 금액은 2015년 2,072달러였다(http://apfc.org).

노르웨이국부펀드는 석유 및 가스 산업에서 발생한 수익금으로 기금을 조성하여 경제위기에 대비하고 현세대와 미래세대를 위한 재정을 마련하는 것을 목적으로 한다. 노르웨이국부펀드는 세계에서 가장 큰 규모의 국부펀드로서 비윤리적 기업, 환경오염 기업 등에 투자를 하지 않는 운영으로 잘 알려져 있다. 구체적으로 살펴보면, 재원은 석유/가스 기업들이 정부에 납부한 세금, 정부가 석유/가스 채굴권을 매각해 확보한 수익, 국유 석유 기업의 배당금 등이다. 이 기금은 노르웨이은행 산하 자산운용사인 Norges Bank Investment Management(NBIM)가 운용하며 전 세계의 주식, 채권, 부동산 등에 투자하고 있다(https://www.nbim.no.).

2. 산업정책에 따른 기업 보조금 현황

우리 정부는 기술혁신과 산업 경쟁력 강화를 위해서 적극적으로 산업정책을 추진해 왔다. 『2020~2024년 국가재정운용계획』(기획재정부, 2020)에 따르면, 2021년의 경우 중앙정부는 연구개발에 약 27조 원을 투입했으며 산업/중소/에너지 분야에 29조 원을 투입했다. 이 두 예산이 산업정책의 대략적인 규모라고 할 수 있다. 그러나 이 분야의 전체 예산이 전부 민간기업에 직접 보조금으로 주어지지는 않는다. R&D와 중소기업 지원 예산에서 기업에 직접 주어지는 보조금의 규모가 얼마나 되는지 알려면 추정이 필요하다.

2019년 R&D 분야의 세부 예산 항목과 그 규모는 〈표 12-1〉과 같다. 2019년의 경우 민간기업에 직접 주어지는 보조금의 규모는 대략적으로

〈표 12-1〉 R&D 예산의 구성(2019년 기준)

수행 주체	출연 (연)	대학	국공립 (연)	중소 기업	중견 기업	대기업	R&D 분야 총예산	정부 총예산
금액(조 원)	8.3	5.0	1.1	3.1	1.4	0.4	20.9	469.6
R&D예산 대비 비중(%)	39.7	23.9	5.3	14.8	6.7	1.9	100	
총예산 대비 비중 (%)	1.8	1.1	0.2	0.7	0.3	0.1	4.5	100

출처: 과학기술정보통신부 · 한국과학기술기획평가원 (2020)

중소기업, 중견기업, 대기업을 합친 약 4.9조 원일 것으로 추정된다. 2019년의 중앙정부 총예산이 469.6조 원이므로 민간기업에 직접적으로 주어지는 R&D 보조금은 총예산의 약 1.0%였다.

다음으로 중소기업에 주어지는 보조금은 예산 항목에서 바로 도출하기가 어렵다. 하지만 「중소기업지원사업 현황」(중소벤처기업부, 2020)으로부터 추정할 수 있다. 2020년도 현황자료를 보면 20개 중앙부처에서 439개 사업에 약 29조 원이 중소기업 지원에 투입되었다. 이 중에서 중소기업에 보조금을 직접 지급하는 사업의 예산 규모는 R&D 분야와의 중복, 융자 사업, 간접 지원 사업 등을 제외하면 약 9조 원이다. 2020년도의 경우, 정부의 총예산이 512.3조 원이기 때문에 중앙정부가 R&D 부문을 제외하고 중소기업에 직접 제공한 보조금의 규모는 전체 예산의 약 1.8% 정도일 것이다.

기업 보조금은 대부분 세금을 재원으로 하지만, 극히 일부분을 제외하고는 정부 지원에 대한 반대급부는 없다. 따라서 산업정책에 힘입은 기업의 성과는 간접적으로 국민경제의 성장에 기여한다는 점을 빼면 대부분 기업의 주주들에게 집중된다. 따라서 산업정책의 성과가 보다 폭넓게 공유될 수 있는 방안을 검토할 필요가 있다.

3. 공유지분 모델의 설계

정부가 보조금을 대부분 반대급부를 받지 않고 제공하지만 극히 부분적으로만 기업으로부터 수익을 회수한다. 만약 정부가 기업 지원의 반대급부를 폭넓게 회수하여 기금화하는 방안을 도입한다면, 기존의 회수 방식은 중요한 지침이 될 것이다. 정부가 이제까지 기업 지원의 성과를 회수해 온 방식으로는 1) 기술료 징수 2) 성공불제 3) 투자펀드 운영 등이 있다.

1) 기술료 징수

기술료는 "연구개발 결과를 활용하는 권리를 획득하는 대가로 실시권자(기업 등)가 연구개발성과 소유기관에 지급하는 금액"을 말한다 (「국가연구개발혁신법」제18조). 기술료의 기본 목적은 정부의 R&D 투자를 통해 창출된 가치의 일부를 회수하여 재투자에 활용함으로써 부족한 정부 R&D 예산을 보완하는 데 있다.

기술료에는 1) 고정금액으로 징수하는 '정액 기술료'와 2) 생산량이나 판매량 등 기술이 활용되는 정도에 비례하여 기술에 대한 대가를 징수하는 '경상(성공) 기술료'가 있다(과학기술정보통신부 · 한국과학기술기획평가원, 2020). 2019년 국가연구개발사업 성과에서 기술료를 8,858건에 2,582억 원을 징수했다. 건수 측면에서 정액 기술료가 71.6%였으며 나머지는 경상 기술료였다. 정액 기술료는 기업의 성과와는 무관하게 징수되기 때문에 성과 공유라는 취지에 부합하지 않는다. 이에 반해 경상 기술료는 성과에 비례해서 징수되며 17~18년 이후까지 지속되는 특징이 있다. 따라서 경상 기술료가 성과 공유의 취지에 부합하는 방식이라 할 수 있다.

경기도는 2008년부터 '경기도기술개발사업'의 지원 대상 기업으로부터 정액 기술료를 징수했다. 이 경우 중소기업에서는 지원금의 10%, 중견기업에서는 30%, 대기업에서는 40%를 징수했다. 하지만 2020년 공고 사업부터는 경상 기술료로 전환하여 징수하고 있다.

2) 성공불제

정부는 창업보육센터의 운영을 통해서 창업기업에 저렴한 관리비만을 받고 사업 공간을 제공한다. 그런데 관리비만으로는 운영 경비를 모두 충당할 수 없기 때문에 성공불제라는 제도를 도입했다. 성공불제는 대개 창업보육센터의 입주 또는 졸업 시점에 해당 기업으로부터 지분을 기부받는 제도이다. 중소기업청(현 중소벤처기업부)은 이 성공불제의 도입을 적극적으로 장려한 바 있다.

경기벤처창업보육센터는 성공불제 도입을 통해, 입주 기업이 졸업 후 코스피나 코스닥에 상장될 경우 기부금 명목으로 주식을 기부받은 바 있다. 그에 따라 매년 배당금을 지급받았으며 기업이 매입을 원할 시에 그에 응해 왔다. 기업 중에는 성공하지 못하고 폐업하는 경우가 적지 않지만 사업을 영위하는 기업들에는 매년 배당금을 지급한다. 2019년의 경우 배당률이 3.7%였지만 2020년에는 8.4%를 기록하기도 했다. 경우에 따라서는 성공한 기업이 기부한 지분을 시장가격으로 재매입하기도 한다. 경기도의 경우 성공불제는 기업에 부담을 줄 수 있다는 우려가 제기되어 2019년부터 시행되지 않고 있다.

3) 투자펀드 운영

정부는 일정 기금을 민간 투자 운용사에 위탁하여 기금 조성 목적에 맞는 기업들에게 투자하고 투자금을 회수하기도 한다. 중앙정부의 대표적 사례로 연구개발특구펀드가 있다. 이 기금은 연구개발특구 소재 기업, 특허 기술 사업화 관련 기업 등 첨단기술 사업화 기업에 투자되고 있는데, 2012년에 조성되어 회수와 재투자의 과정을 거치고 있다.

경기도의 경우 경기도경제과학진흥원이 1999년부터 펀드 운영을 시작하여 현재 정책 목적(창업, 소재·부품·장비 투자 등)별로 8개의 기금을 운영 중이다. 투자 펀드 운영의 수익금은 현재 동일한 목적에 재투자되는 방식으로 활용되고 있다.

4. 공유지분 모델에 따른 기본소득액 추정

정부가 기업 보조금의 반대급부를 확보하여 지원 기업의 성과를 폭넓게 공유하는 방안을 전면적으로 실시한다고 할 경우, 기존 방안 중에서 활용할 수 있는 것은 경상(성공) 기술료와 성공불제일 것이다. 정액 기술료는 기업 성과와 무관하기 때문에 기업 보조금을 일괄적으로 그만큼 삭감하는 것과 크게 다르지 않다. 또한 지원 기업이 지속적으로 성과를 낼 경우에 그 결과를 완전히 공유할 수 없다. 그렇지만 경상 기술료와 성공불제는 기업이 성공했을 경우에 한정될 뿐만 아니라 성과가 지속될 경우에 그것을 계속 공유할 수 있다. 이런 점에서 두 방식이 공유지분 모델의 취지에 부합한다. 투자펀드 운영은 기업을 지원하고 그 수익을 회수한다는 점에서는 앞의 두 방식과 같지만, 기금의 원천이 산업정책의 보조금이 아니기 때문에 산업정책을 활용한 공유지분 모델이라고 할 수 없다.

그러면 정부가 향후 기업 보조금의 반대급부로서 기술료를 징수하거나 지분을 확보하여 기금을 조성한다고 했을 때, 미래의 기금 규모와 그로부터 발생하는 수익을 추정해 보자. 그리고 그 수익을 모든 공동체 성원에게 기본소득으로 제공할 경우 정기적으로 얼마 정도를 지급할 수 있는지를 추정해 보자.

이 글에서는 먼저 중앙정부가 앞으로도 현재와 같은 예산 비중으로 산업정책을 추진한다고 가정한다. 그리고 계산의 단순화를 위해서 중앙정부는 기업 보조금의 반대급부를 성공 기술료가 아닌 일정 비율의 지분 형태로만 확보한다고 가정한다. 이렇게 조성된 기금은 다양한 방식으로 운영할 수 있고 운영 방식에 따라서 수익률은 달라질 것이다. 여기서는 정부가 확보된 지분을 현금화하여 금융시장에서 자유롭게 운영하기보다는, 그 지분으로부터 발생하는 정기적인 배당금만을 기본소득의 재원으로 사용하는 극히 단순한 모델을 상정한다. 이 방법이 합당한 이유는 정부가 지원의 반대급부로 지분을 확보하더라도 대체로 그것을 현금화하는 데에는 오랜 시간이 필요할 것이기 때문이다.

1) 확보 가능 지분의 규모 예측

한국의 중앙정부가 향후에도 현재와 같은 예산 비중으로 민간기업에 직접적으로 보조금을 지급한다고 가정하면 정부가 확보할 수 있는 지원 기업의 지분 규모는 아주 간단하게 추정할 수 있다. 앞으로 중앙정부가 현재와 같이 R&D 분야와 중소기업 분야에 기업 보조금을 지불한다고 가정하면, 미래의 중앙정부 총예산 규모를 연도별로 추정하기만 하면 장차 민간기업에 지급하게 될 정부 보조금의 규모를 추정할 수 있다.

여기서 중요한 것은 정부가 보조금의 반대급부로 어느 정도의 지분을 확보할 것인지이다. 이것은 정책적 판단의 문제인지라 그 비율은 상당히 재량적이다. 여기서는 보조금 액수의 1/2에 해당하는 만큼의 지분을 확보하는 것으로 상정한다. 그 이유는 지원금과 지분의 가치를 대등하게 할 경우 기업 지원의 의미가 퇴색할 수 있기 때문이다. 그렇다고 반드시 1/2로 해야 할 이유는 없지만 다른 경우와 비교를 용이하게 하는 기준이 될 수 있을 것이다

우선 기획재정부의 『2020~2024년 국가재정운용계획』에 근거하여

<표 12-2> 공유지분 모델의 규모 추정 (단위: 조 원)

	2021년	2022년	2024년	2024년	2025년	2026년	2027년	2028년	2029년	2030년
총 예산	558.0	589.8	623.4	659.0	696.5	736.2	778.2	822.5	869.4	919.0
보조금 총액	15.6	16.5	17.4	18.5	19.5	20.7	21.8	23.0	24.3	25.7
연도별 확보 지분	7.8	8.3	8.7	9.3	9.8	10.4	10.9	11.5	12.2	12.9
기금의 누적 규모	7.8	16.1	24.8	34.1	43.9	54.3	65.2	76.7	88.9	101.8

2021년 이후 지출예산 연평균 증가율을 5.7%로 가정하면 향후 우리나라의 예산 규모는 〈표 12-2〉의 2행과 같다. 그리고 중앙정부가 현재와 같은 예산 비중으로 산업정책을 추진한다고 가정하자. 가장 최근의 자료를 활용하면 우리나라는 2019년에 R&D 지원 명목으로 총예산의 1.0%를 기업 보조금으로 지급했으며, 2020년에 중소기업 지원 명목으로 총예산의 1.8%를 지급했다. 이 비율이 2021년 이후에도 그대로 유지된다면 기업에 제공되는 연도별 보조금 규모는 〈표 12-2〉의 3행과 같을 것이다.

매년 보조금의 1/2을 지분으로 받는다고 하면 매년 추가되는 지분의 금액은 〈표 12-2〉의 4행과 같을 것이다. 그런데 지분은 해마다 적립되기 때문에 시간이 지남에 따라 누적적으로 늘어나서, 〈표 12-2〉의 5행처럼 2021년에 약 7.8조 원이던 기금 규모는 2030년에는 약 101.8조 원으로 늘어날 것이며 이후에도 계속 늘어날 것이다.

2) 기대수익과 매년 1인당 기본소득액 추정

여기에서 공유지분 모델은 기업 보조금의 반대급부로서 지분으로 받아 적립하고 기업 성과를 배당금으로 지급받는 것을 가정한다. 따라서 지분의 평균수익률이 얼마인지에 따라 매년의 기금 수익이 결정될 것이다.

앞서 보았듯이 경기도경제과학진흥원 경기벤처창업보육센터가 성

	2021년	2022년	2023년	2024년	2025년	2026년	2027년	2028년	2029년	2030년
기금 규모 (단위: 조 원)	7.8	16.1	24.8	34.1	43.9	54.3	65.2	76.7	88.9	101.8
수익금 (단위: 조 원)	0.4	0.8	1.2	1.7	2.2	2.7	3.3	3.8	4.4	5.1
연간 기본소득 (단위: 원)	7,532	15,498	23,899	32,831	42,246	52,240	62,766	73,870	85,603	98,011

연간 기본소득 금액은 연간 수익금을 인구수 5,178만 명(2020년 기준)으로 나눈 것

공불제를 통해 기부를 받은 지분의 배당률은 2019년 3.7%, 2020년 8.4%, 2021년 4.5%이었다. 이 지분은 대부분 경기도에서 창업한 소규모 기업들의 지분이다. 이에 반해 중앙정부가 보조금을 지급하는 기업은 대기업을 포함하고 있을 뿐만 아니라 중소기업이라 하더라도 규모가 크며 단지 창업기업만을 대상으로 하고 있지 않다. 따라서 중앙정부가 조성한 공유지분 기금의 배당률은 이보다 훨씬 높을 것으로 기대할 수 있다. 더욱이 실제 기금을 운영할 때에는 현금으로 전환하여 국민연금과 같이 금융시장에서 수익성 위주로 자유롭게 운영할 수 있다. 참고로 2020년 발표한 국민연금 10년(2010~2019년)의 평균 수익률은 5.57%였다(국민연금 기금운용위원회, 2020). 따라서 기금의 평균수익률은 보수적으로 추정하더라도 매년 5% 이상 될 것으로 보인다.

만약 기금의 연수익률을 5%로 가정할 경우 향후 기금의 예상 연간 수익금은 〈표 12-3〉의 3행과 같다. 이 수익금을 우리나라의 예상 인구로 나눈 〈표 12-3〉의 4행에 기입된 금액이 매년 전 국민에게 지급할 수 있는 기본소득액의 추정치이다. 이에 따르면 산업정책에 기반하여 조성한 공유지분을 통해서 우리 중앙정부는 2021년에는 전 국민에게 연 7,532원밖에 지급하지 못하지만, 2030년에는 그 금액이 98,011원이 될 것으로 추정된다. 만약 보조금의 반대급부로 정부가 1/2 이상을 확보하거나 기금의

수익률이 5%를 상회한다면 그 금액은 더욱 늘어날 것이다.

5. 결론

21세기에 들어 기술혁신이 거듭되면서 산업생산성이 비약적으로 증가하고 있는 반면에 국민소득에서 노동소득의 비중이 줄고 자본소득의 비중은 늘어나고 있다. 자본소득의 상대적으로 높은 증가는 부(자산)의 불평등을 심화하며, 이로 인한 부(자산)의 불평등 때문에 소득불균형은 더욱 심화될 가능성이 높다.

미국, 영국 등 서구권에서는 공공의 자산(공유부)을 조성하고 확대하여 그로부터 나오는 소득을 전체 시민에게 배당으로 나누어 주자는 논의들이 활발히 이뤄지고 있다. 그러한 공공의 자산을 '사회적 부 기금'이라고 한다. 여기서는 사회적 부 기금을 '공유지분 모델'이라고 명명하고, 그것의 재원을 산업정책 차원에서 민간기업에 주어지는 보조금을 기초로 정부가 확보한 기업 지분에서 찾았다.

그렇지만 공유지분 모델의 재원은 단지 기업 보조금에 한정되지 않는다. 국가는 다양한 원천에서 공유지분의 재원을 마련할 수 있다. 예를 들어 기존의 다양한 국가 자산의 편입, 국채 발행, 토지보유세 징수 등을 통해서 확보한 자산과 자금을 공유지분 모델에 포함할 수 있으며, 그 운용수익을 모든 구성원에게 지급하는 것을 상정할 수 있다. 공유지분 모델의 최대 장점은 기금 규모가 시간이 흐르면 계속해서 누적적으로 늘어난다는 점이다. 이처럼 공유지분이 늘어난다면 기술혁신과 경제성장은 소득균등 및 사회통합과 조화되어 갈 것이다.

유승경

1. 경제성장과 통화량

경제가 성장하기 위해서는 생산성 향상에 비례하여 경제 내의 통화량이 늘어나야 한다. 경제성장이란 생산요소의 증가로 투입물이 늘어나거나 생산성 향상으로 일정한 투입에 따른 산출량이 증대하는 것을 의미한다. 생산량이 늘어나는데도 통화량이 고정되어 있다면 경제는 디플레이션 상황에 놓이게 된다. 자본주의적 생산은 이윤 증대를 목표로 하기 때문에 가격이 하락하면 생산 활동의 유인이 줄어들고 부채 부담이 늘어나서 경제가 침체하거나 위기에 빠져들게 된다.

많은 이가 통화량 증가가 인플레이션을 일으킨다는 생각에 통화량이 고정되어 있는 것을 바람직하게 생각하는 경향이 있지만, 경제가 성장하면 그에 병행하여 통화량이 늘어나야만 한다. 다만 적정한 증가 속도가 문제일 뿐이다.

한국경제의 예를 보면, 1970년부터 2020년까지 명목GDP가 약 688배 증가하는 동안, 통화량(M1)은 약 3,581배 늘어났다. 이 정도의 증가는 결코 정책의 오류로 돌릴 수 없으며, 이 같은 통계적 사실에 비춰 볼 때 경제성장에 따른 통화량 증가는 경제의 자연스러운 현상이라고 할 수 있다.

통화량이 경제성장과 함께 늘어나면 그만큼 화폐발행이익이 생긴다. 화폐발행이익이란 화폐의 액면가치와 화폐의 제조비 간의 차액이다. 5만 원권 한 장의 제조비는 약 200원이라고 한다. 따라서 중앙은행은 5만 원권을 한 장 발행할 때마다 약 4만 9,800원의 화폐발행이익을 누리게 된다.

화폐가 경제성장을 뒷받침하는 공공의 것이라는 점을 고려하면 화폐발행이익은 전형적인 공동체 성원 모두의 공유부이다. 하지만 현재에는 민간은행이 창조하는 은행화폐가 유통화폐의 대부분을 차지하기 때문에 국가가 공공적 목적을 위해서 화폐발행이익을 제대로 활용하지 못하고 있다. 만약 현재의 화폐 체제를 개혁하여 정부가 근대 이전의 체제와 같이 직접 법정화폐를 발행하도록 하고 그 법정화폐에 지금과는 달리 경제의 주도적인 역할을 맡긴다면, 그로부터 발생하는 화폐발행이익은 기본소득의 지급과 같이 공공의 목적에 활용될 수 있다.

2. 현대 화폐발행 체제의 작동 원리와 특성

현대 경제에서 교환 및 지불의 수단으로 사용되는 유통화폐의 기본 형태는 두 가지로서 현금과 요구불예금이다. 현금은 법정화폐인 중앙은행권(지폐)과 주화를 말하며, 요구불예금은 은행에 대한 청구권의 의미를 갖는 은행화폐bank-money이다. 우리는 요구불예금을 계좌이체, 현금카드, 수표 등을 활용하여 거래에 사용한다.

경제주체는 일반적으로 경제활동을 위해서 현금을 사용하거나 은행을 매개로 하여 은행화폐를 사용한다. 그 외에 또 하나의 화폐 흐름이 있다. 은행 상호 간이나 중앙은행과 상업은행 간의 거래에 사용되는 지급준비금의 흐름이 있다. 이런 다양한 화폐 흐름 때문에 중앙은행은 경제 내의 통화량을 측정하기 위해서 몇 개의 상이한 지표를 사용한다.

현 체제에서 가장 우선적인 범주는 본원통화이다. 본원통화는 중앙은행이 공급하는 화폐를 말하며, 은행의 지급준비금과 은행이 아닌 경제주체가 보유하고 있는 현금으로 구성된다. 보통 M0라고 표시한다. 그다

〈표 1〉 통화량의 범주와 구성 요소

지불준비금	주화	지폐	요구불예금	정기예금	저축예금	기타 예금
M0(본원통화)						
	M1					
	M2					
	M3/4					
유통화폐 = 지불수단			준화폐 =단기 자본			

출처: Huber & Robertson(2001): 73

음으로 M1로 불리는 통화량이 있다. M1은 은행이 아닌 경제주체가 보관하고 있는 현금과 요구불예금을 합친 것이다. M1은 지불수단으로 사용되는 일반적인 의미의 유통화폐로서 보통 "협의의 통화"라고 한다.

3. 현행 은행화폐 제도의 문제점

정통경제학은 중앙은행이 본원통화와 법정지급준비율을 통해 통화량을 재량적으로 조절할 수 있고 상업은행은 화폐창조 과정에서 지극히 수동적인 역할을 한다고 본다. 그러나 현실은 이와 아주 다르다.

첫째, 민간상업은행은 저축을 대출로 연결하는 단순한 중개 기관에 머물지 않는다. 교과서는 예금이 대출을 낳는다고 상정하지만, 실제로는 대출이 예금을 일으켜서 화폐를 창조한다. 현실의 화폐창조 과정에서, 상업은행은 금리, 경제 조건, 다른 투자 대상 등을 고려하여 특정 고객에 대한 대출 여부를 결정한다. 그리고 은행이 고객에게 신용을 주기로 결정하면, 현금의 형태로 주기보다는 고객의 새로운 예금계좌에 금액을 기록해 준다. 그 금액은 곧 수표, 계좌이체, 현금카드 등의 수단을 통해서 지불 행위에 이용되기 때문에 곧 화폐이다. 따라서 신용창조가 화폐창조이다.

둘째, 상업은행은 지급준비금을 중앙은행으로부터 빌릴 수 있다. 은행은 지급준비금의 양을 확인하고 대출을 받지 않는다. 이윤을 추구하는 영리기업이기 때문에 이윤 전망이 높으면 먼저 대출을 받고 이후에 지급준비금을 맞추기도 한다. 중앙은행은 상업은행의 최종 대부자이기 때문에 이 요구에 응하지 않을 수 없다.

이 두 가지 요인을 고려하면, 중앙은행이 통화량을 조절하는 것이 아니라 시중은행, 즉 상업은행의 영리적 판단에 따라 통화량이 변하고 중앙은행은 오히려 그것에 순응하는 경향을 보인다는 것을 알 수 있다. 현행 제도에서는 상업은행이 사실상 화폐발행의 주권을 중앙은행으로부터 빼앗아 갔다.

4. 화폐발행이익의 유출과 공공적 활용의 제약

현대의 화폐발행 체제에서는 상업은행이 대부분의 유통화폐를 창조하기 때문에 국가는 그만큼 화폐발행이익을 확보할 기회를 갖지 못하며, 중앙은행이 본원통화를 발행할 때 발생되는 화폐발행이익도 온전히 국가의 재정으로 귀속되지 않는다. 그 대신에 상업은행이 화폐발행이익을 변형된 형태로 흡수하여 특수한 이윤을 누린다.

우선 상업은행이 어떤 방식으로 그러한 이윤을 누리는지 알아보자. 상업은행은 은행화폐를 창조하여 지출하는 것이 아니라 투자자나 소비자에게 대출의 형식으로 공급한다. 즉 상업은행이 신용을 창조하면 대차대조표에 자산과 부채가 동시에 만들어지며, 대출이 상환되면 자산과 부채가 동시에 사라진다. 따라서 상업은행이 전통적인 의미의 화폐발행이익을 그대로 누리지는 않는다.

상업은행은 보통 대출금리와 예금금리의 차이인 예대마진을 통해서 이윤을 실현한다고 말한다. 이 논리는 비은행금융기관에는 적용되지만 상업은행에는 해당되지 않는다. 왜냐하면 제2절에서 확인한 것처럼 상업은행이 대출을 하는 데에 반드시 고객의 예금을 필요로 하지는 않기 때문이다. 따라서 상업은행은 저축을 유인할 수 있는 경쟁적인 예금금리를 지불하지 않고도 대출금리를 통해서 특수한 이윤을 올릴 수 있다.

예를 들어 상업은행이 비은행금융기관처럼 다른 곳에서 자금을 빌려서 대출한다면 자금 확보에 따르는 비용을 치러야 한다. 예를 들어 회사채를 발행한다면 이자를 부담해야 한다. 그러나 상업은행은 신용화폐를 창조할 수 있기 때문에 그런 비용을 그만큼 치르지 않고도 대출해 줄 수 있다.

이를 달리 말하면, 경제주체들은 은행화폐를 사용하면서 예금금리와 대출금리의 차이만큼을 화폐 사용료로 상업은행에 지불하는 셈이다. 이는 일종의 "화폐 조세money taxes"라고 할 수 있는데, 이것이 상업은행의 특수한 이윤의 원천이 되고 있다. 이처럼 상업은행이 은행화폐의 대출을 통해서 거둬들이는 특별한 이윤은 상업은행이 주된 화폐 공급자의 지위에 힘입어 누리는 변형된 형태의 화폐발행이익이라고 할 수 있다.

5. 화폐 체제 개혁의 방향

따라서 (1) 상업은행의 부분지급준비제도를 폐지하여 은행화폐의 발행을 정지하고 (2) 정부가 직접 발행하는 법정화폐로 은행화폐가 담당해 온 역할을 대체할 경우에, 국가는 화폐발행이익을 온전히 누릴 수 있다. 즉 정부(또는 지위가 변경된 중앙은행)가 법정화폐를 자산으로서 직접 발행한다면 새로 창조된 법정화폐는 정부의 재정으로 이전되어 공공적 목적을 위한 재정지출을 통해서 경제에 공급될 수 있다.

그리고 정부 재정지출의 한 형식으로서 전 국민에게 기본소득을 제공하는 것을 생각해 볼 수 있다. 그렇게 된다면 은행화폐에 의해 야기되는 제반 경제, 사회, 환경적 문제를 해소하는 한편, 정부는 법정화폐의 창조에 따른 화폐발행이익을 기본소득의 지급이라는 공공적 목적에 활용할 수 있다.

6. 화폐발행 체제 개혁에 따른 기본소득의 재원 추정

그렇다면 특정 국가가 법정화폐를 직접 발행하고 그것을 경제가 필요로 하는 유통화폐로 삼을 경우 확보할 수 있는 화폐발행이익은 어느 정도이며, 그것을 재원으로 한다면 국민들에게 어느 정도의 기본소득을 보장할 수 있을지를 추정해 보자.

조세프 후버 등(Huber & Robertson, 2000)은 미국, 영국 등 4개국을 대상으로 은행화폐를 법정화폐로 대체했을 때 예상되는 통화량의 규모를 추정했다. 이 글에서는 그들이 사용한 방법을 원용하여 한국 경제에 적용했다. 즉 한국 경제의 2007년부터 2019년까지의 통화량 변화를 기준으로 삼아, 그 기간 동안 법정화폐가 유통화폐를 공급했다고 했을 때 기본소득으로 제공할 수 있는 화폐발행이익의 규모를 추정했다.

이 같은 화폐발행 체제 개혁은 은행화폐를 법정화폐로 대체한다. 이는 현 제도에서 M0와 M1의 차이를 없애는 것을 의미한다. 이렇게 새롭게 규정되는 공식 유통화폐를 M이라고 하자. 개혁 이후의 M의 총량은 현재의 M0와 M1을 근거로 해서 〈표 2〉와 같이 대략적으로 추정할 수 있다.

<표 2> 화폐발행 체제 개혁 이후 통화량 M 추정치 (단위: 조 원)

	A	B	A+B	C	D	M1+C+D	E	F	현재의 M+E+F
	현금	요금불예금	M1	시재금	지불준비금의 50%	현재의 M	저축예금	은행 운영자금	미래의 M
2007년	21.0	291.8	312.8	7.3	13.8	333.8	359.1	3.6	697
2008년	22.1	285.2	307.3	7.8	15.1	330.2	410.3	3.9	744
2009년	25.1	332.2	357.3	9.3	18.3	384.9	452.6	4.6	842
2010년	31.3	368.1	399.4	10.1	18.1	427.7	491.9	5.1	925
2011년	36.6	389.1	425.7	11.3	19.3	456.3	512.7	5.6	975
2012년	41.4	400.6	442.0	12.3	20.4	474.7	539.6	6.2	1,020
2013년	48.8	435.3	484.1	13.7	21.3	519.1	565.7	6.9	1,092
2014년	58.2	478.5	536.7	15.5	22.6	574.8	602.9	7.7	1,185
2015년	70.2	566.4	636.6	18.1	25.3	680.0	654.9	9.1	1,344
2016년	81.5	652.9	734.4	20.6	28.0	783.0	702.8	10.3	1,496
2017년	91.6	710.4	802.0	22.8	30.1	854.9	741.4	11.4	1,608
2018년	100.0	741.0	841.0	24.7	32.5	898.2	788.1	12.4	1,699
2019년	108.7	768.2	876.9	26.8	35.1	938.9	843.0	13.4	1,795

출처: 한국은행 통계를 기초로 필자가 직접 작성

화폐발행 체제를 개혁하면 M은 기존에 M0과 M1이 수행하는 역할을 담당한다. 따라서 M은 현재 유통화폐를 대표하는 M1의 구성 요소인 유통 중인 현금(A)과 요구불예금(B)을 포함해야 한다. 한국 경제의 M1이 해당 기간에 어떻게 변동해왔는지는 <표 2>의 4열에 표시되어 있다. 2019년 기준으로 M1은 876.9조 원이며 GDP의 약 45.6%이다.

또한 M은 현재 지급준비금의 한 요소인 시재금(C)과 지급준비금 중에서 은행 자체의 영업에 사용될 부분(D)을 포함해야 한다. 여기서는 단순화를 위해서 기존 지급준비금 중 50%가 새로운 제도에서는 은행 자신의 영업에 활용되는 것으로 가정한다. M1에 시재금(C)과 은행 영업을 위한 지급준비금(D)을 보탠 것이 현재의 조건에서 도출할 수 있는 M의 규모라고 할 수 있다. 그에 대한 추정치는 〈표 2〉의 7열에 표시되어 있다.

개혁이 이뤄진다면 여기에 두 가지 요소를 더 고려해야 한다. 현 제도에서는 M2에 포함되지만 개혁 이후에는 요구불예금으로 전환될 M2의 약 30%로 추정되는 현재의 저축예금이다. 또 다른 항목은 개혁에 힘입어 늘어날 수 있는 은행의 운영자금이다. 개혁이 이뤄지면 지급준비금과 현금의 순환이 이원 체계가 아니라 단일 체계에 따라 이뤄지기 때문에 은행이 대출 중개나 투자사업에 활용할 수 있는 자금이 늘어날 것으로 기대된다. 이 같은 금액은 오늘날 은행 시재금의 50%에 해당할 것으로 추정할 수 있다.

이와 같은 추정에 따르면, 2007년부터 2019년까지의 한국 경제가 개혁된 화폐발행 체제에 따라 운영되었다고 했을 때의 M의 규모는 〈표 2〉의 10열의 수치와 같다. 2019년의 기준으로 봤을 때, 개혁 이후의 M의 규모는 1,795조 원으로 같은 해 GDP의 약 94%이다.

이 모델에서는 새롭게 창조된 M이 모두 기본소득을 통해서 경제로 투입되는 것으로 상정하고 있다. 따라서 연간 M의 증가량이 중요하다. 〈표3〉의 2열은 2008년부터 2019년까지 M의 연간 증가액을 나타내고 있는데, 12년간의 연평균 증가액은 약 91.6조 원이다. 여기에 화폐의 제조 및 유지 비용을 뺀다면, 나머지는 국가의 순수한 화폐발행이익이라고 할 수 있다.

만약 12년간 M을 기본소득의 지급을 통해서 공급하고 제조 및 유지 비용을 무시한다면, 각 연도의 기본소득 지급액은 각 연도 M의 증가액을 그 해의 인구수로 나눈 값이 된다.

이 같은 추정에 따르면, 2008년부터 2019년까지의 가설적인 1인당 기본소득 추정액은 〈표3〉의 4열과 같다. 2008년의 1인당 기본소득 추정액은 약 97만 원이며, 매년 약 4.6%씩 증가하여 2019년의 추정액은 약 189만 원(월 16만 원)이다.

	M의 증가액(조 원)	인구(명)	1인당 기본소득(원)
2008년	47.84	49,182,456	972,740
2009년	97.66	49,347,461	1,978,945
2010년	82.53	49,545,636	1,665,735
2011년	50.03	49,786,159	1,004,942
2012년	45.76	50,060,639	914,066
2013년	71.28	50,345,717	1,415,892
2014년	93.70	50,607,907	1,851,451
2015년	158.48	50,823,093	3,118,349
2016년	152.18	50,983,457	2,984,969
2017년	111.59	51,096,415	2,183,994
2018년	91.01	51,171,706	1,778,490
2019년	96.59	51,225,308	1,885,681

출처: 한국은행 통계를 기초로 필자가 직접 작성

7. 결론: 제도 개혁의 전망

중앙은행이 정부 바깥에서 독립적으로 부채의 형태로 화폐를 공급하는 방식에 익숙해 있는 현대인들에게는 중앙은행이나 국가의 독립된 한 부("제4부")가 화폐를 찍고 그것을 정부의 재정으로 이관하는 방식은 매우 낯설다. 또한 이 같은 체제로의 이행은 기존에 상업은행이 누리는 막대한 특권적 이익을 제한하는 것이기 때문에 정치적 저항도 아주 클 것이다. 따라서 단기간에 이런 유형의 개혁을 기대하기는 힘들다.

그렇지만 현재의 체제가 지속되기에는 여러 가지 구조적인 한계를 안고 있다. 첫째 정부부채를 줄일 수 있는 방법이 없다. 현 체제에서는 우선 중앙은행이 민간의 자산을 매입하는 방식으로 본원통화를 공급하고 상업은행은 본원통화를 기반으로 해서 은행화폐를 창조한다. 경제가 정상적으로 성장하기 위해서는 경제성장에 조응하여 통화량을 늘릴 필요가 있다. 그런데 중앙은행은 계속 민간의 자산을 매입해야 본원통화를 공급할 수 있고, 상업은행은 그 지급준비금을 바탕으로 은행화폐를 창조할 수 있다. 더욱이 본원통화의 증가가 없다면 상업은행의 신용창조만으로는 통화량을 계속 늘릴 수 없다. 현재 중앙은행이 매입하는 주요 자산은 국채다. 그렇다면 정부가 계속해서 재정적자를 통해 국채를 만들어내야 중앙은행은 본원통화를 늘릴 수 있다. 따라서 본원통화를 늘리기 위해서는 정부가 부채를 계속 발생시켜야 하는 문제가 생긴다. 그러므로 현 체제는 정부부채의 증가 없이는 유지될 수 없는 체제라고 할 수 있다. 다시 말해 현 체제 내에서는 누적된 정부부채를 줄일 방법이 없다. 정부가 기존 부채를 줄이기 위해서는 흑자재정을 유지해야 한다. 흑자재정을 유지한다는 것은 시중의 국채를 줄인다는 것을 의미한다. 그럴 경우, 중앙은행은 매수할 자산이 없어서 적절하게 통화를 공급할 수가 없다.

두 번째는 민간 부채가 전 세계적으로 과도해서 신용창조를 통한 통화 공급도 한계점에 다가서고 있다는 점이다. 2018년 기준으로 세계 주요국의 민간 부채는 대부분 GDP의 200%를 넘는다. 따라서 전 세계적으로 민간 부채를 줄여야 한다. 그런데 현대의 화폐제도에서는 "경제가 성장하기 위해서는 그에 해당하는 만큼 혹은 그 이상의 민간 부채 증가가 필요"하다. 결국 민간 부채가 위험 수준을 넘지 않도록 억제하면 성장이 정체되고, 성장을 허용하면 민간 부채가 과잉이 되어 금융위기가 일어날 수 있다. 따라서 현대 경제는 화폐제도 때문에 GDP 축소 없이는 민간 부채를 줄일 수 없는 구조적인 딜레마에 빠져 있다. 따라서 화폐제도 개혁이 경제문제를 해결하는 가장 확실하고 직접적인 방법이라는 인식이 앞으로 점차 강화될 것으로 예상된다.

정부가 화폐를 발행하는 것은 현재의 중앙은행 제도가 정비되기 전까지는 오히려 전형적인 화폐발행 방식이었다. 근대로 들어와서 미국의 링컨 대통령은 남북전쟁 때 정부지폐를 발행했으며 케네디 대통령도 정부지폐 발행을 검토했다. 현재에도 미국과 영국에서는 재무부가 주화를 발행하고 있다. 미국의 오바마 행정부는 한때 1조 달러짜리 동전을 발행해서 그 동전으로 미국의 국채를 청산하는 방법을 검토한 적이 있다. 이 시도는 정부가 법정화폐를 직접 발행하는 체제의 변형된 형태라고 할 수 있다. 이런 시도들에 비춰 볼 때, 현재의 화폐발행 제도는 정부부채를 동반해야 하는 자체적인 모순 때문에 근대 이전의 정부에 의한 화폐발행 제도로 이행하는 것이 불가피할 것이다.

과학기술정보통신부 · 한국과학기술기획평가원 (2020). 『2019 국가연구개발사업 조사분석 보고서』

국민연금 기금운용위원회 (2020). 「누적성과」. (fund.nps.or.kr/jsppage/fund/mcs/mcs.03-01. jsp)

기획재정부 (2020). 『2020~2024년 국가재정운용계획』

중소벤처기업부 (2020). 「중소기업지원사업 현황」. (data.go.kr/dataset/15030095/filedata.do.)

이노우에, 도모히로 (2019). 『거품경제라도 괜찮아』 강남훈 외 옮김. 다돌책방.

이노우에, 도모히로 (2020). 『기본소득의 경제학』 송주명 외 옮김. 진인진.

Crocker, G. (2020). Basic Income and Sovereign Money: The alternative to economic crisis and austerity policy. Springer Nature. [제프 크로커, 유승경 옮김. 『기본소득과 주권화폐』 유승경 옮김. 미래를소유한사람들, 2021년.]

Ferguson, N. (2008). The ascent of money: A financial history of the world. Penguin. [니얼 퍼거슨, 김선영 옮김.. 『금융의 지배』 민음사, 2010년.]

Huber, J. (2013, June). Modern Money and Sovereign Currency. In The American Monetary Institute's 9th Annual Monetary Reform Conference, Chicago, pp. 19-22. www. sovereignmoney.eu/modern-money-and-sovereign-currency.

Huber, J. (2016). Sovereign money: Beyond reserve banking. Springer.

Huber, J., & Robertson, J. (2000). Creating new money: a monetary reform for the information age. London: New Economics Foundation.

Innes, A. M. (1913). What is money. Banking LJ, 30, 377.

Kampa, Alex (2016). The credit conversion theory of Money. Godel Press.

Knapp, G. (1924). The State Theory of Money.

Macfarlane, L., Ryan-Collins, J., Bjerg, O., Nielsen, R. H., & McCann, D. (2017). Making Money from Making Money: Seigniorage in the Modern Economy.

McLeay, M., Radia, A., & Thomas, R. (2014). Money creation in the modern economy. Bank of England Quarterly Bulletin, Q1.

Mundell, Robert A. (1999). The Birth of Coinage. Department of Economics Discussion Paper Series. Columbia University.

Naito, A. (2008). Money, Credit and the State: Post Keynesian Theory of Credit Money and Chartalism. In Association of Heterodox Economics Conference.

Tcherneva, P. R. (2016). Money, power, and monetary regimes. Levy Economics Institute, Working Paper, (861).

Tobin, J. (1963). Commercial banks as creators of 'money.

Vague, R. (2019a). A brief history of doom: Two hundred years of financial crises. University of Pennsylvania Press.

Vague, R. (2019b). Toward a New Theory of Money and Debt. Richard Vague, Gabriel Investments. December 2019

제4부
기본소득 도입을 위한 로드맵

제13장 _ 제도 로드맵

1. 완전기본소득이 있는 한국 복지국가의 상

기본소득한국네트워크에서 제안하는 완전기본소득의 '출발점'은 중위소득 50% 수준의 기본소득이 도입된 복지국가이다. 물론 그 수준은 사회적 합의에 따라 조정될 수 있다. 복지국가의 관점에서, 완전기본소득이 실현된 사회는 복지가 인권으로 보장되는 사회를 의미한다. 복지가 인권으로 보장된다는 것의 의미는 자신이 가난하다는 것과 자신을 부양할 수 있는 가족이 없다는 것을 증명하지 않아도, 근로능력이 있든 없든, 사회적 공헌이나 재정적 기여와 무관하게, 자연적이고 천부적인 권리로서 복지가 실현됨을 의미한다.

완전기본소득이 실현된 사회는 공유부를 원천으로 하는 자연적이고 천부적인 권리로서의 기본소득을 아무 조건 없이 모두에게 배당함으로써 보편적 인권이 온전히 실현된 사회를 의미한다. 이러한 사회는 기존의 복지국가가 궁극적으로 달성하고자 한 사회상이기도 하다.

보편적 인권으로서의 완전기본소득이 실현된 복지국가가 현재의 복지국가와 궁극적으로 다른 지점은 모든 사람이 가난으로부터 해방된 사회, 불평등이 상당 수준 해소된 사회라는 점이다. 또한 완전기본소득은 모두에게 적정 수준의 생계를 보장함으로써 생존을 위한 노동보다는 자아실현을 위한 다양한 활동이 일상화되는 사회를 가능하게 할 것이다. 물론 완전기본소득만으로 이러한 복지국가가 완성되는 것은 아니다. 완전기본소득은 빈곤으로부터의 해방, 인간 해방의 출발선을 제공할 뿐이다. 따라서 완전기본소득이 있는 복지국가는 기본소득뿐 아니라 사회보험이나 사회서비스의 발전과 함께할 때, 그 해방적 성격을 더 강화할 수 있을 것이다. 완전기본소득이 있는 한국 복지국가의 개혁 방안을 좀 더 구체화하면 다음과 같다.

첫째, 소득보장의 1층에는 보편적이고 무조건적인 공유부 배당 기본소득이 소득 안전판income floor으로 튼튼하게 자리 잡는다. 중위소득 50%에서 출발한 완전기본소득이 있는 복지국가는 이후의 사회적 합의에 따라 그 수준을 상향 조정한다.

현행의 자산조사에 기반한 공공부조는 수급자 선정 과정에서 인권침해와 광범위한 사각지대를 필수적으로 동반한다. 끊임없이 자신의 가난함과 근로능력 없음을 증명한 후에야 공공부조 수급 자격을 얻을 수 있다. 근로능력이 있음에도 불구하고 일을 못하고 가난해지면 일하지 않는 게으름뱅이로 취급받는다. 따라서 공공부조 수급자가 되기 위해서는 자활사업 참여 등을 통해 일할 의지가 있음을 끊임없이 증명해야 한다. 이러한 엄격한 자격 판정 과정은 광범위한 사각지대를 수반하며, 가난함을 증명하는 과정에서 가난한 사람들은 생존을 위해 수치심을 이겨 내야 한다. 가난한 사람들의 인권침해는 자산조사 기반 공공부조가 존재하는 한 사라질 수 없다.

완전기본소득이 있는 복지국가는 이러한 자산조사 기반 공공부조가 보편적이고 무조건적인 공유부 배당 기본소득으로 전환된 사회다. 가난하든 가난하지 않든 애초에 모두의 몫이었던 공유부에 대한 권리를 보장받음으로써, 가난하다는 이유로 인권을 침해당할 이유가 없는 사회가 완전기본소득이 있는 복지국가의 모습이다. 완전기본소득이 있는 복지국가는 사회권의 궁극적 지향인 인권이 온전히 실현되는 사회를 의미한다.

둘째, 소득보장의 2층은 소득 기반 사회보험이 자리 잡는다. 사회보험은 실업, 질병, 산재, 노령이라는 사회적 위험에 직면한 사람들, 특히 중산층의 생활 표준을 보장하는 역할을 한다. 중산층이 사회적 위험에 직면했을 때 사회보험을 통해 경제활동 시기의 소득에 비례하는 소득을 보장받는 것이 중요한 이유는 복지가 시장이 아니라 국가를 통해 충족될 때 중산층을 사회적 연대, 친복지 동맹의 주체로 포괄할 수 있기 때문이다.

이는 서구의 복지국가 역사에서 이미 확인되었다. 미국과 같은 자유주의 복지국가에서 중산층은 자신들의 복지를 주로 시장에서 해결한다. 복지를 시장에서 해결해야만 할 때, 사회적 연대는 불가능해진다. 자신의 복지를 온전히 시장에 의존해야 할 경우에는, 아플 때, 실업에 처했을 때, 나이 들어 은퇴했을 때를 대비하여 경제활동시기에 자신과 가족만을 위해 저축하고 민간 보험에 가입해야 하는 등 이후 생애주기 동안 예상되는 위험들을 대비하면서 하루하루를 살아가기도 벅차기 때문이다.

또한 복지 확대를 위해서는 증세를 통한 재원 마련이 필수적인데, 중산층이 공공복지에서 배제된다면 이들의 조세 저항으로 재원 마련은 어렵게 된다. 이는 이미 서구 복지국가들에서 실증적으로 검증되어 있다.

이렇게 사회보험이 비록 사회취약계층을 위한 복지는 아니라 해도 복지국가 발전에서 매우 중요한 역할을 함에도 불구하고, 제조업 중심의 정규직 보호를 목적으로 만들어진 현행 사회보험은 노동시장의 변화를 따라가지 못함으로써 여러 가지 문제를 안고 있다. 가장 큰 문제는 현행 사회보험의 경우 자신을 고용한 사용자가 누구인지 확인되어야 한다는 점이다. 그렇지 않은 자영업자들은 사회보험에서 배제되거나 더 많은 보험료를 납부해야 한다. 대표적으로 임시직, 시간제, 특수형태근로종사자 등 전통적 산업사회에서와는 다른 비표준적 고용 형태의 일들에 종사하는 사람들은 점점 더 사회보험에서 배제되고 있다.

따라서 디지털자본주의의 시계에 맞도록 사회보험시스템을 개혁하는 것은 필수적이다. 그 방향은 임금노동자 중심의 보호 체계에서 일하는 모든 사람을 사회보험시스템에 포괄하는 소득 기반 사회보험으로의 개혁이다. 그러나 소득 기반 사회보험의 강화만으로는 모든 문제가 해결되지는 않는다. 우선 소득 기반 사회보험은 일하는 사람들을 대상으로 하는 소득보장제도이기 때문에, 일하지 못하는 사람들을 포괄하는 데 한계가 있다. 그리고 소득 기반 사회보험은 안정적인 노동 이력을 가진 사람들을 더 안정적으로 보장하는 경향이 있기 때문에, 최근 확대되고 있는 비표준적 형태의 일에 종사하는 사람들에 대한 안정적 소득보장으로 작동하는 데도 한계가 있다. 이들은 특히 저소득인 경우가 많기 때문에 보험료를 적게 내고 그 결과 사회보험 급여 수준도 낮을 수밖에 없다.

따라서 소득 기반 사회보험은 완전기본소득과 결합될 필요가 있다. 비표준적 형태의 일에 종사하는 사람들, 노동 이력이 없거나 불안정한 사람들, 소득수준이 낮은 사람 등 기존 사회보험의 사각지대에 있는 사람들은 완전기본소득에 소득 기반 사회보험이 추가됨으로써 현재의 복지시스템에서보다 더 안정적인 소득 기반을 확보할 수 있을 것이다. 또한 소득 기반 사회보험은 안정적 노동 이력을 가진 중산층이 사회적 위험에 직면했을 때 시장이 아니라 공적 영역에서 표준적 생활을 유지할 수 있도록 함으로써, 이들이 사회적 연대의 공간을 확장하는 역할을 맡도록 할 것이다. 결국 완전기본소득과 소득 기반 사회보험의 결합은 기본소득이 있는 복지국가의 정치경제적 지속가능성을 확보하는 데 필수적이다.

셋째, 보편적 사회서비스가 1층의 완전기본소득, 2층의 소득 기반 사회보험과 상호 보완적이고 균형적으로 자리 잡는다. 사회서비스는 기본적으로 돌봄, 주거, 보건, 교육 등의 욕구가 있을 때 작동한다. 사회구성원 모두가 돌봄에 대한 책임과 권리를 동등하게 분담할 수 있는 사회, 영혼까지 끌어모아 부채를 지며 집을 사지 않아도 주거 부담에서 자유로워진 청년들이 보다 혁신적이고 창의적인 활동에 몰입할 수 있는 사회, 아파서 가난해지고 가난해져서 건강 위험에 더 많이 노출될 뿐 아니라 충분한 치료를 받지 못해 더 가난해지는 사람이 존재하지 않는 사회, 금수저와 흙수저 사이의 교육불평등이 계층 간의 격차로 고착화되지 않는 사회는 시장에서가 아니라 공적 영역에서 양질의 사회서비스에 대한 보편적 접근이 권리로서 보장될 때 가능하다.

그런데 이러한 사회는 양질의 사회서비스로만 만들어지지 않는다. 개인들의 삶에서 현금을 통한 소득보장과 현물의 공공사회서비스보장은 불가분의 관계에 있고 상호 보완적이다. 적정 수준의 소득보장이 양질의 공공사회서비스와 결합될 때, 사회서비스에 대한 시장 의존성은 낮아진다. 사회서비스에 대한 시장 의존성이 높아지면 사회서비스 욕구 충족에서 가난한 사람과 부자 사이의 불평등이 심화될 뿐 아니라, 저소득층은 필요한 사회서비스를 시장에서 구매하지 못하게 될 가능성이 높다. 또한 이 경우 공적 현금급여는 시장에서의 사회서비스 구매로 흡수됨으로써 소득보장제도의 목적을 충분히 달성하기 어려울 수 있다.

또한 양질의 사회서비스가 공공 영역에서 충분히 공급된다 하더라도, 적정 수준의 생존을 보장할 수 있는 기본적인 소득보장이 이루어지지 않을 경우도 문제다. 소득보장을 통해 생존의 문제가 해소되지 않는다면, 아무리 양질의 사회서비스가 제공되더라도, 사람들은 생존을 위한 노동에서 자유롭지 못하게 되고, 이는 다시 노동시장에서의 협상력 약화로 이어져 생존을 위한 노동에 종속되는 악순환이 반복될 것이다. 양질의 사회서비스만으로는 빈곤에서 해방된 사회, 모든 사람의 생존권이 보장된 사회를 만들 수 없다. 따라서 적정 수준의 완전기본소득과 양질의 보편적 사회서비스는 상호 보완적이며, 이 둘의 공존이 필수적이다.

2. 부분기본소득이 도입된 한국 복지국가의 상

완전기본소득 사회로 이행하는 단계에서 부분기본소득의 도입이 갖는 의미는 두 가지다.

첫째, 부분기본소득은 기본소득의 정치적 실현 가능성을 높이는 기획이다. 보편적 기본소득은 어느 나라에서도 온전히 실현하고 있지 못한 전혀 새로운 제도의 실행을 의미한다. 사람들은 기본소득의 실현 가능성에 대해 의심하고, 기본소득의 효과성을 불신하며, 기본소득이 기존 복지국가 시스템을 파괴할 것이라고 생각하는 경향이 있다. 이러한 비판, 불신, 왜곡은 기본소득의 정치경제적 지속가능성을 불가능하게 하는 요인이다.

따라서 다양한 실험과 부분기본소득의 시행을 통해 기본소득의 실현 가능성, 효과성에 대한 다양한 증거를 사람들이 경험하게 하는 것은 매우 중요하다. 2020년의 1회성 전국민긴급재난지원금의 경험만으로도 국가에 대한 신뢰와 사회적 연대의 가능성을 확인하기에 충분했음을 우리는 이미 경험했다. 부분기본소득을 통해 이러한 경험을 일상화하는 것은 기본소득의 정치경제적 지속가능성뿐 아니라 한국 복지국가의 패러다임 전환에도 큰 기여를 할 수 있다.

둘째, 부분기본소득의 도입은 빈곤층의 소득보장 수준을 한 단계 높이게 될 뿐 아니라, 그동안 공공복지에서 배제되었던 사람들을 공공복지의 틀 안으로 포괄하는 계기가 될 것이다. 현행의 공공부조 수준을 넘어서는 기본소득이 짧은 시일 안에 도입되기 어렵다면, 부분기본소득과 현행 공공부조제도의 공존은 필수적이다. 1차적으로는 현행의 국민기초생활보장 급여에 더해 월 30만 원의 부분기본소득을 도입함으로써 가난한 사람들의 소득보장 수준은 한 단계 높아질 것이다. 국민기초생활보장제도가 도입된 이후 생계급여는 20년 전의 수준보다 나아지지 않았다. 전체 인구의 약 3% 정도를 포괄하는 공공부조 수준을 높이는 것은 정치적 동력을 갖기 어렵기 때문이다. 사람들의 관념 속에 자리 잡고 있는 가난한 사람을 도와야 한다는 온정주의는 그야말로 관념 수준을 넘어서기 어렵다는 것이 이미 검증되었다. 따뜻한 마음으로 표현되는 휴머니즘이 복지 확대를 원하지 않는 동상이몽의 주류 '반복지세력'의 경제적 효율성 논리를 넘어서고 있지 못하기 때문이다.

그러나 부분기본소득 도입은 전체 인구를 하나의 이해관계 안에 포괄함으로써 신속하게 가난한 사람들의 소득보장 수준을 높이는 데 기여할 수 있다. 서구의 복지국가 역사는 파편화된 선별적 복지제도들보다 가능하면 이해관계를 묶어 낼 수 있는 하나의 복지제도가 가난한 사람의 복지와 불평등 및 양극화 해소에 더 효율적임을 이미 보여 왔다. 우리나라에서도 1차 긴급재난지원금은 지난 20여 년 동안 성취하지 못했던 생계급여 수급자들의 소득수준을 생계급여에 더하여 4인 가구 기준 100만 원까지 상승시키는 경험이었다.

또한 부분기본소득의 도입은 그동안 공공복지의 사각지대에 놓여 있던 청년 및 중장년에게 새로운 공적 소득보장제도를 경험하게 하는 계기가 될 것이다. 이를 통해 이들이 국가의 의미를 성찰하게 하는 계기가 될 것이다. 경기도 청년기본소득의 시행과 2020년 1차 재난지원금의 보편적 지급은 사람들에게 국가의 존재 이유를 각인하는 계기가 되었음이 이미 확인되었다. 2017년 엠브레인 조사 결과에 따르면 국가에 대한 신뢰가 4.2% 수준에 불과했으나, 1차 재난지원금이 지급된 이후인 2020년 5월 『시사인』과 KBS의 공동 조사에 따르면 그 비율이 43%로 증가한 것으로 나타났다. 국가에 대한 신뢰는 복지국가의 지속가능성, 재원 마련 등에 필수적인 전제 조건이다.

3. 부분기본소득에서 완전기본소득으로의 복지제도 이행 로드맵

우리의 기본소득 로드맵은 모두에게 지급하는 보편적 부분기본소득 (30만 원)에서 시작해서 완전기본소득(2021년 기준 중위소득 50%인 91만 원)으로 증액하는 방안이다.

〈그림 13-1〉 기본소득 이행

부분기본소득 도입 단계에서 공공부조인 생계급여는 그대로 유지하고, 향후 기본소득 수준을 높여 감에 따라 생계급여를 줄이는 방식으로 조정하여 완전기본소득 진입 시 자산조사 방식의 공공부조제도가 상당 부분 필요 없는 사회로 이행하는 안이다. 완전기본소득 진입 시 한국은 빈곤 없는 사회가 된다.

〈그림 13-2〉 기본소득과 생계급여의 조정

여기서 제시하는 급여액은 모두 2021년 현재가치를 기준으로 한 것이다. 부분기본소득(2023년)과 완전기본소득(2033년)의 급여액은 2021년 이후의 물가변동률을 반영하여 변동된다.

현행 월 55만 원의 생계급여 수급자는 부분기본소득 도입 시, 월 30만 원 기본소득과 월 55만 원 생계급여를 모두 수급하여 월 85만 원을 수급하게 된다. 현재가치 기준 중위소득 50%인 월 91만 원 완전기본소득 진입 시, 생계급여는 0이 되지만 기본소득이 91만 원이 되어 저소득층의 총급여액은 증가한다. 이행의 중간 단계에서 월 60만 원으로 기본소득 수준이 높아지면, 생계급여는 월 28만 원이 되고 총급여액은 월 88만 원이 된다.

부분기본소득 도입 단계에서는 충분한 수준의 기본소득이 아니기 때문에 현행 복지제도에서의 급여체계와의 정책조합이 필연적이다. 부분기본소득 도입으로 현재의 조세 기반 소득보장 급여 수급자가 소득 감소를 경험하지 않는다는 원칙하에, 현행 제도에서의 급여, 부분기본소득 도입 시의 급여, 완전기본소득 진입 시의 급여가 어떻게 변하는지 보면 다음과 같다.

〈그림 13-3〉 빈곤층의 급여액 변화

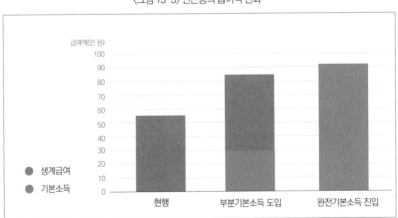

총합	55	85	91
근로장려금	0	0	0
생계급여	55	55	0
기본소득	0	30	91

1) 빈곤층과 근로빈곤층

기본소득이 없는 현행 복지 시스템에서 빈곤층은 소득, 자산, 부양의무자 조사를 거쳐 생계급여를 지급받는다. 재산 기준과 부양의무자 기준을 통과하고 근로소득이 0일 경우, 생계급여는 월 55만 원이다.

부분기본소득이 도입되는 시점에서는 생계급여 조정 없이 생계급여에 기본소득이 추가된다. 월 30만 원의 부분기본소득이 도입되면, 현행 생계급여에 기본소득이 더해져 월 85만 원을 지급받게 된다.

완전기본소득으로 상향되면, 생계급여는 0원이 되고 총급여는 월 91만 원이 된다.

〈그림 13-4〉 근로빈곤층의 급여액 변화

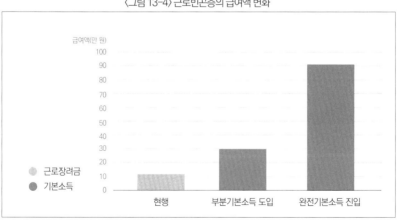

총합	12.5	30	91
근로장려금	12.5	0	0
생계급여	0	0	0
기본소득	0	30	91

현행 제도에서 근로소득이 적고 재산이 적은 근로빈곤층은 단독가구 일 경우 근로장려금을 최대 연 150만 원까지 받을 수 있다.

최대 월 12만 5천 원에 해당하는 이 근로장려금은 부분기본소득 도입 시 부분기본소득으로 통합한다.

근로빈곤층의 조세 기반 현금급여는 현행 월 12만 5천 원이고, 부분기본소득 도입 시 월 30만 원, 완전기본소득 진입 시 월 91만 원이 된다.

2) 노인

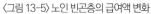

〈그림 13-5〉 노인 빈곤층의 급여액 변화

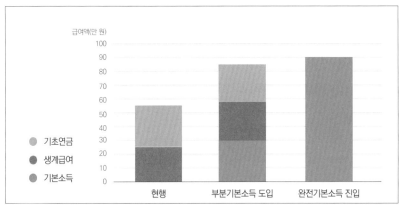

총합	55	85	91
기초연금	30	27	0
근로장려금	0	0	0
생계급여	25	28	0
기본소득	0	30	91

노인은 현행 시스템에서 소득, 재산, 근로 여부, 국민연금 수급액 등에 따라 조세 기반 현금급여의 수급액에 차이가 있다.

먼저 노인 빈곤층의 경우, 근로소득이 없어서 생계급여액이 최대라면, 현행 시스템에서는 삭감된 기초연금 월 30만 원과 생계급여 월 25만 원, 총 월 55만 원의 현금급여를 받는다.

부분기본소득이 도입되면 기초연금의 10%가 기본소득으로 통합되어 월 27만 원이 되고, 생계급여 월 28만 원에 부분기본소득 월 30만 원이 더해져 총 월 85만 원이 된다.

이후 생계급여액은 점차 줄여 기본소득으로 통합되고, 완전기본소득 진입 시 생계급여와 기초연금은 기본소득으로 통합되어 총 월 91만 원의 기본소득을 받게 된다.

그다음으로, 생계급여 수급자는 아니지만 근로장려금의 소득, 자산 기준을 충족하는 노인 근로빈곤층의 경우(〈그림 13-6〉), 현행 시스템에서는 근로장려금 최대 월 12만 5천 원과 기초연금 월 30만 원을 받는다.

부분기본소득이 도입되면 근로장려금은 기본소득으로 통합되고, 기초연금은 10%가 기본소득으로 통합되어 월 27만 원이 되고, 여기에 부분기본소득 월 30만 원이 더해져 총 월 57만 원이 된다.

이후 기초연금은 점차 줄이는 방식으로 기본소득으로 통합되고, 완

〈그림 13-6〉 노인 근로빈곤층의 급여액 변화

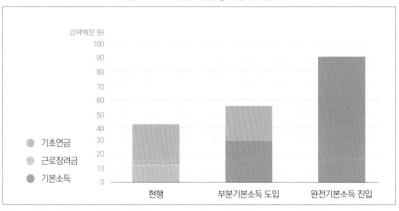

총합	42.5	57	91
기초연금	30	27	0
근로장려금	12.5	0	0
생계급여	0	0	0
기본소득	0	30	91

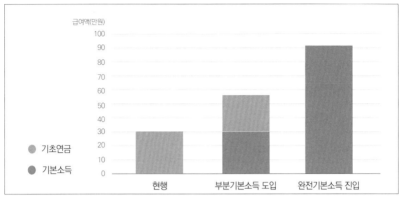

〈그림 13-7〉 빈곤 소득하위 70% 노인층의 급여액 변화

총합	30	57	91
기초연금	30	27	0
근로장려금	0	0	0
생계급여	0	0	0
기본소득	0	30	91

전기본소득 진입 시 총 월 91만 원의 기본소득을 받게 된다.

생계급여 수급이나 근로장려금 수급의 조건을 충족하는 빈곤층이 아니면서 상위 30%에 해당하지 않고 소득 하위 70%에 해당하는 노인의 경우(〈그림 13-7〉), 현행 시스템에서는 기초연금 30만 원을 받는다.

부분기본소득이 도입되면 기초연금의 10%가 기본소득으로 통합되어 월 27만 원이 되고, 여기에 부분기본소득 월 30만 원이 더해져 총 월 57만 원이 된다.

이후 기초연금은 기본소득과 연계하여 줄이는 방식으로 기본소득으로 통합되고, 완전기본소득 진입 시 총 월 91만 원의 기본소득을 받게 된다.

마지막으로, 현재 상위 30%에 해당하는 노인층의 경우(〈그림 13-8〉)에는 조세에 기반한 복지 현금급여가 전혀 없다. 부분기본소득이 도입되면 월 30만 원의 기본소득을 받고, 이후 완전기본소득 진입 시 총 월

〈그림 13-8〉 소득하위 70% 이상 노인층의 급여액 변화

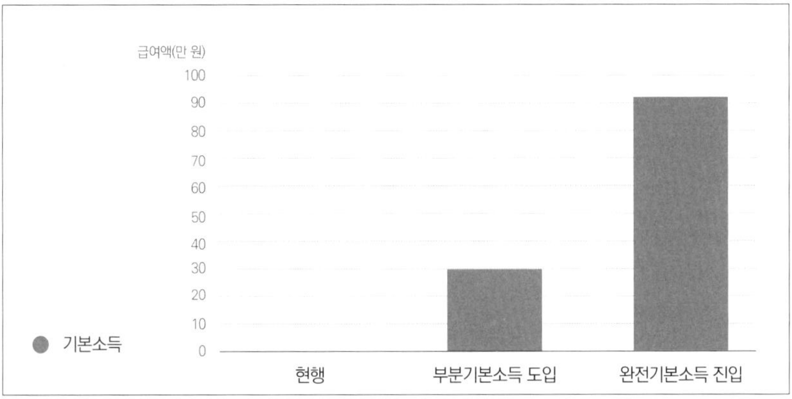

총합	0	30	91
기초연금	0	0	0
근로장려금	0	0	0
생계급여	0	0	0
기본소득	0	30	91

91만 원의 기본소득을 받게 된다.

3) 장애인

현재 장애인의 경우에는 장애 정도, 소득, 재산, 연령 등을 기준으로 조세 기반 현금급여액에 차이가 있다.

장애 정도가 심한 장애인 중 70%에게 지급되는 장애인연금 기초급여(노인 장애인의 경우에는 장애인연금 부가급여에 포함) 월 30만 원은 원칙 2-2에 따라 10%만 부분기본소득으로 통합한다. 소득수준에 따라 차등화되어 있는(월 8만 원, 7만 원, 2만 원, 0원) 비용보전급여인 장애인연금 부가급여는 소득에 따라 차등화하지 않고 보편적으로 지급하고, 현실화하여 부분기본소득 도입 시 일차적으로 월 10만 원으로 상향하고, 완전기본소득 진입 시 월 20만 원으로 상향한다.

세분화해서 살펴보면, 장애 정도가 심한 빈곤층의 경우(〈그림 13-

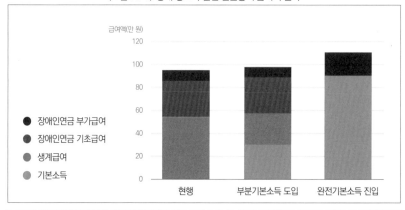

〈그림 13-9〉 장애 정도가 심한 빈곤층의 급여액 변화

총합	93	95	111
장애인연금 부가급여	8	10	20
장애인연금 기초급여	30	27	0
생계급여	55	28	0
기본소득	0	30	91

9〉), 근로소득이 없어서 생계급여액이 최대라면 현행 시스템에서는 장애인연금 기초급여 월 30만 원, 부가급여 월 8만 원, 생계급여 월 55만 원, 총 월 93만 원의 현금급여를 받는다.

부분기본소득이 도입되면 장애인연금 기초급여 월 27만 원과 생계급여 월 28만 원, 장애수당 1차 현실화분(부가급여) 월 10만 원에 부분기본소득 월 30만 원이 더해져 총 월 95만 원이 된다.

이후 생계급여와 장애인연금 기초급여는 점차 줄이는 방식으로 기본소득으로 통합되고, 비용보전급여인 장애수당을 현실화하여 상향한다. 완전기본소득 진입 시 장애인연금 부가급여 월 20만 원에 기본소득 월 91만 원이 더해져 총 월 111만 원의 급여를 받게 된다.

다음으로, 생계급여 수급자는 아니지만 소득 하위 70%에 해당하는 장애 정도가 심한 장애인의 경우(〈그림 13-10〉), 현행 시스템에서는 장애인연금 기초급여 월 30만 원과 부가급여 월 2만 원, 총 월 32만 원을 받

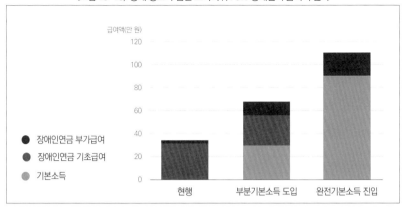

〈그림 13-10〉 장애 정도가 심한 소득하위 70% 장애인의 급여액 변화

총합	32	67	111
장애인연금 부가급여	2	10	20
장애인연금 기초급여	30	27	0
생계급여	0	0	0
기본소득	0	30	91

는다.

부분기본소득이 도입되면, 장애인연금 기초급여 월 27만 원, 부가급여 월 10만 원에 부분기본소득 월 30만 원이 더해져 총 월 67만 원이 된다.

완전기본소득 진입 시에는 장애인연금 부가급여 월 20만 원과 기본소득 월 91만 원을 더해 총 월 111만 원의 급여를 받게 된다.

마지막으로, 자산 상위 30%에 해당하는 장애 정도가 심한 장애인의 경우(〈그림 13-11〉), 현재는 조세에 기반한 현금급여가 전혀 없다. 비용보전급여인 장애수당도 받지 못한다. OECD국가 중 장애수당을 자산조사를 통한 부조 방식으로 운영하고 있는 경우는 매우 극소수에 불과하다.

기본소득이 있는 복지국가에서 장애수당은 보편적으로 지급하는 수당으로 확대한다. 부분기본소득이 도입되면, 장애인연금 부가급여 월 10만 원과 월 30만 원의 기본소득을 받아서 총 40만 원이 된다.

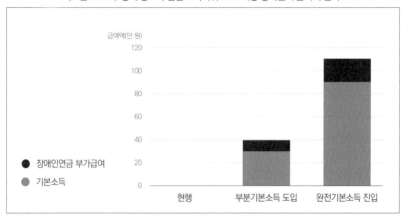

〈그림 13-11〉 장애 정도가 심한 소득하위 70% 이상 장애인의 급여액 변화

총합	0	40	111
장애인연금 부가급여	0	10	20
장애인연금 기초급여	0	0	0
생계급여	0	0	0
기본소득	0	30	91

이후 완전기본소득 진입 시 장애인연금 부가급여 월 20만 원과 기본소득 월 91만 원이 더해져 총 월 111만 원이 된다.

4) 청장년

현재는 청장년의 경우, 앞서 말한 빈곤층과 장애인연금 대상이 아니라면, 조세에 기반한 현금급여가 전혀 없다. 부분기본소득이 도입되면 월 30만 원의 기본소득을 받고, 이후 완전기본소득 진입 시 총 월 91만 원의 기본소득을 받게 된다.

제14장 _ 재원 로드맵

윤형중

1. 기본소득 도입의 시점과 금액

기본소득한국네트워크는 한국 사회에 2023년부터 모든 사람에게 월 30만 원의 기본소득을 도입해 2033년까지 월 91만 원으로 금액을 상향하는 것을 제안한다.

여기서 제시하는 급여액 역시 모두 2021년 현재가치를 기준으로 한 것이다. 따라서 부분기본소득(2023년)과 완전기본소득(2033년)의 급여액은 2021년 이후의 물가변동률에 따라 조정된다.

도입 시점을 2023년으로 한 이유는 기본소득에 대한 국민적 동의를 얻기 위해서다. 전 국민을 대상으로 하는 기본소득은 국민 다수의 동의를 얻어야 시행할 수 있다. 2022년에 대통령선거와 지방선거라는 전국 규모의 선거가 두 차례 열린다. 선거를 통해 민의를 확인할 기회다. 선거를 통해 집권한 정부가 기본소득을 위한 입법과 행정의 절차 등을 거치는 기간을 고려해 2023년을 기본소득 도입 시점으로 제안한다.

도입 단계의 기본소득 금액으로 월 30만 원을 제안한다. 이는 충분하지 않은 '부분기본소득'이지만, 도입 단계의 재정적 실현 가능성과 반대 여론 등을 두루 감안한 금액이다. 적은 금액으로 도입하고, 국민들이 효과를 체감한다면 기본소득 금액은 늘어날 수 있다.

2033년에 도달할 월 91만 원(2021년 1인 가구 기준중위소득의 50%)의 기본소득 금액은 빈곤선인 중위소득의 50%를 감안한 금액이다. 기본소득이 중위소득의 50%에 도달하면 모든 사람은 빈곤선 이상의 소득을 보장받고 빈곤율은 0%가 된다.

2. 도입 단계의 기본소득: 월 30만 원 안

도입 단계의 기본소득인 월 30만 원을 국내 체류하는 모든 거주민에게 지급하려면 총 186.7조 원의 예산이 소요된다.[1] 이 예산을 마련하기 위해 제3부에서 제시된 재원 마련 방안 중에 시민소득세, 토지보유세, 탄소세의 도입과 세제 개혁안을 적용하고, 기본소득 지급으로 감액되는 일부 복지지출분을 반영한다. 데이터 배당, 공유부 기금, 공유지분을 이용한 방안은 장기적 재원으로 2033년 기본소득 재원안에 반영한다.

〈표 14-1〉 월 30만 원 부분기본소득 기준 재원 마련 방안 (단위: 조 원)

재원 마련 방안	금액
토지보유세(0.5% 세율)	30.6
시민소득세(5% 세율)	79.5
세제 개혁(공제 축소)	46.8
탄소세	27.6
복지지출 조정	10
확보 가능한 재원	194.5
월 30만 원 기본소득 시 필요 재원	186.7

첫째, 0.5%의 비례세율로 토지보유세를 신설한다. 토지보유세 신설로 확보 가능한 재원은 30.6조 원이다. 2020년 기준 민간 보유 토지 가치가 약 7,400조 원이고, 2023년 민간 보유 토지 가치는 적어도 8,500조 원

---

[1] 통계청의 전망(통계청, 2020)에 의하면 2023년 등록 인구수는 5,183만 8천 명이고, 이는 국내에 3개월 이상 거주하는 내외국인의 합이다.

으로 추정된다. 여기에 0.5%의 비례세를 도입하면 약 42.5조 원의 토지보유세를 걷을 수 있다. 토지보유세 도입 시에 재산세에서 토지에 대해 납부한 금액을 환급한다. 『2020 지방세통계연감』(행정안전부, 2020)에 따르면 2019년 재산세 전체 세수입 12.7조 원 가운데 토지분이 6.1조 원이고, 여기에 주택에 포함된 토지 지분이 있으니 약 9조 원이 토지에 대한 재산세라고 추정할 수 있다. 2019년 기준으로 재산세 토지분은 전체 민간 보유 토지 가치의 0.014%였고, 이를 2023년도 민간 보유 토지 가치에 적용하면 재산세 토지분은 11.9조 원이 된다. 따라서 토지보유세 도입으로 확보 가능한 재원은 42.5조 원에서 11.9조 원을 차감한 30.6조 원이다. 이렇게 할 경우 월 30만 원의 기본소득 도입 시 전체 가구의 85% 이상이 순수혜 가구가 된다.

둘째, 5%의 시민소득세를 신설한다. 모든 소득이 공유부인 지식의 활용에서 비롯된 것이기 때문에, 시민소득세는 지식 공유부에 대한 과세에 해당한다. 시민소득세는 기본소득 목적에만 사용하는 목적세로 도입한다. 모든 가계귀속소득에 같은 세율로 과세하는 시민소득세의 도입으로 확보 가능한 재원은 79.5조 원이다. 제10장에서는 시민소득세의 세율을 10%로 할 경우의 확보 가능한 재원이 제시되어 있지만, 증세에 대한 저항을 감안해 도입 시기의 세율은 5%로 할 것을 제안한다. 2020년 한국의 GDP는 약 2,000조 원이고, 가계본원소득은 GDP의 약 60%인 1,200조 원, 양도소득은 약 15%인 300조 원 이상일 것으로 추정된다. 경제성장률을 다소 보수적으로 추정해 매년 2%라고 가정하면, 2023년의 GDP는 약 2,120조 원이 되고 가계귀속소득은 약 1,590조 원이 된다. 가계귀속소득에 5%의 세율을 부과하면 79.5조 원의 재원을 확보할 수 있다.

셋째, 세제 개혁을 단행하여 재원을 마련한다. 소득세 내의 역진적인 공제제도들 가운데 일부인 인적공제, 근로소득공제, 근로소득세액공제, 신용카드소득공제, 자녀세액공제, 보험료세액공제 등을 폐지하는 세금

제도 개혁을 단행할 경우, 2018년 기준으로 46.8조 원을 확보할 수 있다. 2018년의 소득세수는 84.5조 원이다. 공제 규모는 경제 규모와 소득세수 규모와 관련이 크다. 소득세 세수입이 매년 증가하는 추세이기 때문에 공제 제도 폐지로 확보 가능한 재원도 2023년에는 더 늘어날 것으로 예상된다. 다만 보수적인 추계를 위해 2018년도 기준으로 확보한 재원을 기본소득 재원안에 반영했다.

넷째, 탄소세를 신설한다. 한국의 탄소배출량을 30% 감축할 수 있는 CO_2eq 톤당 적정 세율인 7만 6천 원의 절반인 CO_2eq 톤당 3만 8천 원을 부과하면 탄소세로 약 27.6조 원의 재원을 마련할 수 있다. 탄소배출량은 2018년 한국의 탄소배출량(농업 분야와 임업 분야 탄소배출량 제외)인 7억 2,763만 톤을 기준으로 했다. 탄소세를 적정 세율로 부과할 경우 현행 교통·에너지·환경세의 일몰을 전제로 했으나, 도입 당시에는 적정 세율의 절반 수준으로 부과하므로 교통·에너지·환경세의 일몰은 당분간 유예하고 해당 세수는 에너지전환에 사용토록 한다.

다섯째, 일부 조세 기반 소득보장제도의 재원을 기본소득 재원으로 전환한다. 제7장에서 자세하게 제시된 바와 같이 근로장려금, 자녀장려금, 아동수당은 기본소득과 통합되고, 기초연금은 10%만 기본소득으로 전환된다. 이렇게 기본소득을 기반으로 사회서비스의 확대와 공공성 확대 전략이 동반된 '기본소득이 있는 복지 체제로의 재편'으로 기본소득 도입기에 10조 원의 재원을 마련할 수 있다.

아울러 제6장에서 기본소득과 소득보장정책들 간의 조정 및 설계에 대한 원칙 중 여섯 번째로 "기본소득 급여를 포함하여 모든 공적 이전 현금급여는 과세소득으로 한다"라고 제시했다. 이 원칙에 따라 개개인이 받은 기본소득 금액에 과세하면, 부자는 받은 기본소득의 상당액을 다시 세금으로 내야 하고, 결과적으로 세금의 누진도와 기본소득의 재분배효과가 커진다. 다만 이 재원안에는 기본소득을 과세소득화해서 확보하는 재원을 반영하지 않았다. 이 금액을 반영한다면 확보 가능한 재원의 규모는 더 커질 것이다.

이상의 재원 마련 방안을 종합하면 194.5조 원을 확보할 수 있다.

3. 2033년도 월 91만 원 지급안

2033년에 월 91만 원(2021년 1인 가구 기준중위소득의 50%)의 기본소득을 국내 모든 거주민에게 지급하려면 총 565.7조 원이 소요된다.[2] 이 예산을 마련하기 위해 제3부에서 제시된 모든 재원 마련 방안을 적용하고, 토지보유세와 시민소득세의 세율을 인상한다.

〈표 14-2〉 월 91만 원 기본소득 기준 재원 마련 방안 (단위: 조 원)

재원 마련 방안	금액
토지보유세(1% 세율)	74.8
시민소득세(10% 세율)	217.5
세제 개혁	134.5
탄소세	81.5
복지지출 조정	32
공유지분	7.7
화폐발행이익	33.5
확보 가능한 재원	581.5
월 91만 원 기본소득 시 필요 재원	565.7

첫째, 토지보유세는 2033년에 전체 민간 보유 토지에 1.0%의 세율을 부과한다. 2020년 기준 민간 보유 토지 가치는 GDP의 3.5배 정도가 된다. 토지보유세 도입과 세율 인상으로 부동산 가격을 하향 안정화해 2033

---

2) 통계청의 전망(통계청, 2020)에 따르면 2033년도 총인구는 5,180만 명이고, 이 중 내국인이 4,962만 명, 외국인이 218만 명이다.

년에 민간 보유 토지 가치가 전체 GDP의 3배가 된다고 가정한다. 전체 GDP는 국회예산정책처가 발표한 「2019~2028 NABO 중기 재정전망」에 따르면 2028년에 2,626조 원이고, 이때부터 경제성장률을 2%로 보수적으로 추정할 경우 2020년 약 2,000조 원에서 2033년 약 2,900조 원이 된다. 따라서 민간 보유 토지 가치는 GDP의 3배인 8,700조 원이 되고, 여기에 1% 세율을 부과하면 87조 원의 토지보유세 세수입이 발생한다. 여기에 재산세의 토지분을 차감한다. 재산세 토지분은 2019년 기준 민간 보유 토지 가치의 0.14%였던 비중이 유지된다고 가정해 12.2조 원으로 계산했다. 따라서 토지보유세로 2033년 확보 가능한 재원은 12.2조 원을 차감한 74.8조 원이다.

둘째, 시민소득세는 완전기본소득 도입 이후에 세율을 10%로 인상한다. 2033년에는 전체 GDP인 약 2,900조 원 가운데 2020년과 마찬가지로 전체의 75%가 가계귀속소득이라고 가정한다. 따라서 세금이 부과되는 가계귀속소득은 2,175조 원이고, 이에 10%의 세율이 부과돼 총 217.5조 원의 재원이 확보될 수 있다.

셋째, 세제 개혁으로 확보 가능한 재원은 2023년 재원안에서 폐지 대상으로 꼽은 항목들이 10년간 유지된 상태에서 추가로 공제제도를 도입하거나 폐지하지 않는 것을 전제로 추산했다. 공제 폐지로 확보 가능한 재원의 규모는 소득세수의 규모와 관련이 크다. 소득세수는 2014년 53.3조 원에서 2019년 83.6조 원으로 연평균 9.4%가량 증가했다. 하지만 경제성장률과 조세부담률 증가율이 정체된다는 전망을 감안하면 소득세수가 이 추세로 늘어나긴 어려울 것이다. 따라서 소득세수가 2014년부터 2019년까지의 평균 증가율이 2020년부터 매년 0.5%씩 줄어든다고 가정하여 2033년의 소득세수를 추산했다. 2018년 기준으로 공제 폐지로 확보 가능한 재원이 소득세수에서 차지하는 비중이 2033년에도 동일하다고 가정했다. 그렇게 추계할 경우 2033년의 소득세수는 248.8조 원이 되고, 앞서 언급한 일부 공제 항목의 폐지로 확보 가능한 재원은 134.5조 원이 된다. 이 안은 소득세수의 다른 공제 항목 폐지, 부가가치세 내의 감면, 면세, 간이과세제도의 축소 및 정비 등을 감안하지 않은 것이다. 기본소득을 확대하면서 추가적인 세제 개혁을 할 경우 확보 가능한 재원 규모는 더 늘어날 수 있다.

넷째, 탄소세는 도입 이후 세율을 인상해 탄소배출량을 감축시킨다. IMF는 2030년까지 탄소배출량을 지금의 23%를 감축시키기 위해서 선진국에게 톤당 75달러의 탄소세를 권장했고, 캐나다의 탄소세 계획을 좋은 사례로 소개했다. 캐나다 정부는 현재 톤당 10캐나다달러인 탄소세를 2022년 톤당 50달러, 2030년 톤당 170달러로 단계적으로 인상할 계획을 가지고 있다. 한국의 경우 톤당 3만 8천 원으로 시작한 탄소세를 캐나다 수준인 톤당 16만 원으로 인상하고, 이렇게 탄소세율을 올려 탄소배출량을 2018년 7억 2,763만 톤에서 30% 감축된 5억 934만 톤으로 줄어든다고 가정한다. 감축된 탄소배출량에 톤당 16만 원을 곱하면 81.5조 원을 확보할 수 있다.

다섯째, 기본소득이 2033년에 월 91만 원이 되면 기존 복지의 조정으로 총 32조 원의 재원을 확보할 수 있다. 기본소득이 중위소득의 50% 수준에 도달하면 생계급여, 기초연금 등은 기본소득으로 전액 통합된다.

중앙정부가 민간기업에 지급하는 보조금의 절반을 지분으로 받아 조성한 '공유기금'이 연 5%의 수익을 낸다고 가정하면 2033년에 7.7조 원을 확보할 수 있다.

상업은행의 부분지급준비제도를 폐지하고 정부가 직접 발행하는 법정화폐로 은행화폐의 역할을 대체해 중앙정부가 화폐발행이익을 온전히 확보하는 개혁을 실시하면 2033년 기준 167.3조 원을 확보할 수 있다. 이러한 개혁은 그 정당성이 충분하지만, 기존의 화폐발행 방식을 바꾸는 급진적 개혁이라는 점을 감안해 확보 가능한 재원의 1/5인 33.5조 원만을 기본소득 재원안에 반영했다.

이상의 재원 마련 방안을 종합하면 581.5조 원을 확보할 수 있다. 이는 월 91만 원의 기본소득을 지급하는 데 필요한 565.7조 원을 상회하는 규모다.

국회 예산정책처 (2019). 「2019~2028 NABO 중기 재정전망」.

통계청 (2020). 「2019년 장래인구추계를 반영한 내·외국인 인구전망: 2017~2040년」.

행정안전부 (2020). 『지방세통계연감』.

제15장 _ 기본소득의 전망

안효상

공유부에 그 정당성과 원천이 있는 기본소득은 자본주의의 노동-소유 패러다임 및 이를 보완하는 (경우에 따라서 넘어서려는) 복지국가 패러다임과는 다른 관점에서 모두의 권리와 몫을 요구한다. 따라서 자본주의 및 복지국가가 각각 자신이 천명한 원리에 따라 잘 작동할 경우, 기본소득은 잠재적인 수준에서 도덕적으로는 정당한, 하지만 현실성은 없는 낯선 아이디어에 머물러 있게 된다.

하지만 끝없는 이윤 및 축적의 추구라는 자기 목적이 있는 자본주의는 잉여가치의 착취에 따른 정당성 문제와 자본주의 외부에 대한 정복과 수탈에 따른 정당성 문제에 시달려 왔다. 게다가 자본주의는 각자의 이기심이 모두에게 혜택이 된다는 원리 혹은 밀물이 모든 배를 밀어 올릴 것이라는 바람에도 불구하고, 정반대의 결과, 즉 극심한 불평등을 가져왔을 뿐만 아니라 스스로의 힘으로 지탱할 수 없는 위기에 주기적으로 빠지기도 했다. 또한 이런 자본주의에 대해 현대 민주주의의 관점에서 보완적 역할을 하기 위해 등장한 복지국가는 (그 주창자들의 의도와 상관없이) 자본주의 메커니즘의 변동에 의존하기 때문에 시차만 있을 뿐 모순과 부정합을 드러내 왔다. 이런 점에서 기본소득이라는 제3의 패러다임은 주변에 머물러 있더라도 언제나 대안의 중심으로 등장할 가능성이 있었으며, 실제로 자본주의와 복지국가 각각이 가진 난점이 노골적으로 드러날 때마다 출현했다.

오늘날 이런 난점은 다중적 위기라는 형태로 나타나고 있다.

2007~2008년 경제위기는 신자유주의와 금융자본주의의 한계와 모순을 드러냄으로써 대중의 저항 속에서 자본주의 자체의 헤게모니를 위기에 빠뜨렸다. 서서히 진행된 것처럼 보이는 기후변화는 최근 들어 마치 종착점을 향해 가는 듯 속도를 내고 있으며, 고온과 산불, 태풍과 홍수 등 심각한 재해를 수반함으로써 우리가 기후 비상사태 속에 산다는 점을 매일매일 보여 주고 있다. 자신의 외부에서 사실상 무상으로 자원과 노동력을 동원함으로써 축적이 가능했던 자본주의는 한편으로는 극단적인 이윤추구 속에서, 다른 한편으로는 대중의 저항 속에서 사회적 재생산 위기에 빠져든 지 오래이다. 끊임없이 이루어지고 있는 기술 변화는 특히 디지털 기술의 비약적인 발전 속에서 마치 어떤 임계점을 넘어서기 직전인 것처럼 보인다. 이런 기술 변화가 현재의 사회구조와 맞물리면서 '일자리 없는 미래'라는 디스토피아적 전망을 부추기고 있다.

물론 자본주의와 복지국가의 난점이 드러나는 역사적 위기 속에서 기본소득만 새로운 대안으로 떠오르는 것은 아니다. 현대 복지국가 자체가 대공황과 세계전쟁으로 위기에 빠진 자본주의에 대한 보완물이자 대안으로 떠오른 것을 감안하면 언제나 다른 대안이 있을 수 있다. 그리고 대개는 현실성이라는 미명하에 급격하게 단절적인 대안보다는 기존 체제의 변형이라는 대안이 대개는 더 설득력이 있는 것처럼 보인다. 오늘날 부상한 '녹색 성장'이나 그린 뉴딜 또는 '일자리보장' 같은 것이 그런 예일 것이다. 따라서 기본소득이 실현되기 위해서는 낡은 질서와 싸워야할 뿐만 아니라 기본소득 이외의 다른 대안과의 대결이 필요하다.

따라서 기본소득 아이디어가 정책으로서 실현되는 과정은 역사적 위기를 낳은 기성 질서의 난점에 맞서 기본소득 고유의 정당성을 설파하는 것과 함께 동시대 위기에 대한 대응으로서의 기본소득 특유의 필요성과 효과를 말하는 것이 함께 이루어지는 과정일 것이다.

기본소득 실현의 출발점은, 비록 자본주의의 진전 속에서 희미해졌지만, 여전히 우리가 공리로 믿고 있는 원칙과 목표의 구현이다. 그것은 인간으로서의 존엄, 공유자로서의 공통성, 시민의 권리 등이다. 모든 인간은 저마다 존엄하게 살아야 하는 존재이며, 이를 위해 필요한 것들이 제대로 보장되어야 한다. 공유자로서 모든 인간에게는 공유지commons와 공유부common wealth에 대해 각자의 몫이 있다. 시민은 자신의 정치공동체에 속할 뿐만 아니라 정치공동체의 업무에 참여할 권리를 보장받아야 한다. 우리 모두는 상호 의존적 존재이며, 이런 점에서 돌봄 수혜자이자 돌봄 제공자이다. 기본소득은 공유부에 대해 각자가 가지고 있는 몫을 분배함으로써 존엄한 삶, 시민적 삶, 상호 의존적 삶의 토대를 제공할 수 있다.

이런 이성적, 도덕적 접근은 오늘날 특히 강조되어야 한다. 오늘날 우리가 겪고 있는 다중적 위기가 사람들을 단결시키고 연대하게 하는 것이 아니라 분할시키고 반목하게 만드는 상황에서는 더욱 그러하다. 정치적 부족주의 및 혐오와 배제라는 말로 상징되는 사람들 사이의 분할은 기성 질서를 유지하는 힘이며, 우리가 직면한 인류 공통의 과제를 감당하기 어렵게 할 것이다. 무엇보다 인간(과 모든 존재)의 공통성을 강조하는 기본소득은 이런 상황을 넘어설 수 있는 가장 유력한 대안이다.

이런 점에서, 과거 공화국이 시민-생산자-전사의 원리와 이미지에 따라 구성되고 추구되었다고 한다면, 오늘날 새로운 (세계) 공화국은 시민-공유자-돌봄자의 원리와 이미지에 따라 재구성되어야 한다. 그리고 이는 당연하게도 '새로운 사회계약'을 필요로 한다. 하지만 새로운 사회계약은 추상적 원리에 의해서만도, 현재의 불의에 대한 분노만으로도 이루어지기 어려울 것이다. 새로운 사회계약은 미래로 투사될 때에만 가능할 것인데, 현재의 위기와 가능한 대안을 감안할 때 그것은 생태 연합이자 혁신 연합이고 새로운 삶의 향유 연합이어야 한다.

우선 생태 연합을 구성할 때 기본소득의 원리를 차용할 탄소세-탄소배당을 생각할 수 있다. 오늘날 기본소득이 터 잡고 있는 인간의 공통성, 인간과 비인간 존재의 공통성, 세계의 연결성 등에 따라 세계를 전환하려는 시도에서 가장 시급하면서도 가장 유력한 방책 가운데 하나가 탄소세-탄소배당이다. 물론 생태적 전환을 위해서는 다른 여러 정책과 수단이 필요할 것이다. 하지만 시장이 제대로 작동할 경우 가격에 그대로 전가되어 탄소배출을 억제하는 탄소세는 꼭 필요한 정책 수단이다. 그리고 이 탄소세는 그 역진적 성격을 넘어서고 탄력적으로 적용하며 사람들이 생태적 지향을 가질 수 있도록 배당과 결합되어야 제대로 작동할 수 있다.

생태적 전환을 위한, 그리고 기본소득 원리의 구현을 위한 탄소세-탄소배당의 실행을 위해 '생태 연합'을 형성할 수 있어야 한다. 이때 생태 연합의 기초는 탈탄소 경제로의 전환을 위한 포괄적인 계획에 대한 동의이다. 이런 동의를 획득하기 위해 탄소세-탄소배당 이외에 전환을 위한 대규모 공적 투자와 정의로운 전환을 위한 합의가 필요하다. 끝으로 이런 전환에서 우리가 놓치지 말아야 할 것은 농업, 즉 먹거리를 제대로 생산하고 나누는 일에 올바른 가치를 부여하는 일이다. 최근 제기된 '농민기본소득'은 이런 열망 속에서 나온 것이리라. 이런 열망의 밑바탕에는 생태적이면서 자율적인 삶들이 연결되어 있다는 공유부 배당 기본소득의 정신이 있다.

따라서 생태 연합은 더 크고 더 심원한 목표를 가져야 한다. 사람들이 자율적이면서도 상호 의존적인 삶을 살고 있다는 것을 분명히 하는 것이 필요하다. 생태적 전환이 기존의 생산 방식과 삶의 형태를 벗어나는 것에서 출발한다고 할 때, 기본소득은 모두가 그럴 수 있는 경제적 보장을 제공함으로써 각자가 오로지 자신의 판단에 기초해서 기존의 삶을 생태적 형태로 전환할 수 있는 토대를 제공한다. 그리고 이는 새로운 생산 방식과 삶의 형태를 추구하는 혁신 연합과 새로운 삶의 향유 연합에서도 마찬가지이다.

혁신 연합은 현재의 불의 때문에 과거를 낭만화하지도 않고 미래에 대해 허무주의적 태도를 가지지도 않으면서 새로운 문명을 개척하려는 모든 사람과 세력이 함께하기 위한 것이다. 인류 역사에서 혁신은 개인의 차원에서 보자면 정당한 보상과 적절한 여가 속에서 이루어졌으며, 자아의 실현뿐만 아니라 사회적으로 헌신한다는 기쁨을 수반했다. 또한 사회적으로 혁신은 공식, 비공식 네트워크 및 제도적 뒷받침을 필요로 한다. 하지만 "지식재산권"이라는 말이 상징하고 있듯이, 오늘날 혁신은 과도한 이윤 및 소수의 부를 위해 추구되고 있으며, 사회적인 부와 공적인 부를 수탈하는 형태를 취하고 있다. 게다가 대부분의 사람은 경제적 불안전과 시간빈곤 속에서 혁신에 참여할 기회마저 박탈당하고 있다. 이런 이유로 현재 자본주의적 혁신 자체가 이루어지고 있지 않으며, 도리어 혁신을 가로막고 있는 실정이다.

민주주의혁명 이후를 살고 있는 우리는 모든 사람이 혁신에 동참하고 그 결실을 향유할 수 있는 방식과 제도를 찾아내야 한다. 이 일은 흔히 경제민주화라고 불리는 원칙과 방향 속에서, 그리고 모든 사람의 적절한 교육과 자율적인 시간 사용에 의해서만 가능하다. 경제민주화는 일하는 사람들의 적절한 환경, 보상, 목소리를 보장하는 것만이 아니라 자산을 적절히 분배하는 것과 경제활동의 제도적 구성 자체에 참여하는 것을 포함한다. 적절한 교육은 당연하게도 원하는 모두가 접근할 수 있도록 공적으로 제공되어야 한다. 여기에 더해 이윤을 추구하지 않는 한 자발적인 교육 결사체의 구성이 보장되어야 한다. 자율적인 시간 사용을 위해서는 노동시간의 단축과 돌봄 활동의 일반화가 필요하다.

경제민주화, 교육 접근권의 보장, 자율적 시간 사용의 확대 등에서 기본소득은 토대의 역할을 할 수 있다. 이런 목표들을 달성하기 위해서는 제도의 재편 이전에, 그리고 제도의 재편을 위해서도 사람들이 정치적 힘뿐만 아니라 경제적 힘도 가져야 하기 때문이다. 기존 노동시장에서 자발적으로 벗어날 수 있을 정도의 경제적 보장이 되는 기본소득이 있을 경우, 이는 말 그대로 이중의 효과를 지닌다. 먼저, 노동자의 협상력을 강화하여 임금을 포함한 노동조건의 개선을 가져올 수 있다. 또한, 사람들이 실질적으로 노동시장에서 벗어나 교육, 여가, 돌봄 등을 포함해서 자율적인 영역으로 옮겨 갈 수 있다.

기본소득은 재원을 어떻게 마련하는지에 따라 경제민주화에 직접 기여할 수 있다. 대표적인 것이 공유지분권이다. 기존의 혁신이 대개는 어떤 수준에서든 공적 자금 지원에 의해 이루어지고 있다는 것은 이제는 상식이 되었다. 하지만 이로부터 나온 결실이 사적으로 전유되는 것이 현실이다. 이를 다시 공적인 부로 돌리는 일이 필요한데, 공유지분권을 확보하고 이로부터 발생하는 수익을 기본소득으로 분배하는 것이 하나의 방법이다. 더 나아가 어떤 단위로 이루어지든 모든 경제활동은 모두의 것인 공유지와 공유부에 근거하고 있거나 그런 것을 포함하고 있다는 점을 감안해서, 공유지와 공유부에서 나오는 수익의 일부를 기금으로 만들고 이를 기본소득 지급을 위한 모두의 금고로 삼을 수 있다.

현재 한국에서 과도한 부동산 가격 및 지대추구에 대한 교정 수단으로 제시되고 있는 토지보유세-토지배당은 원리와 효과 모두 기본소득에서 가져온 것이다. 토지의 물리적 성격상 특정 시점에 누군가가 점유할 수밖에 없지만, 토지는 모두의 것이며 따라서 점유자는 사회 전체에 대해 어떤 명목으로든 점유의 대가를 지불해야 한다. 그리고 특정 위치의 토지가 다른 곳의 토지에 비해 가격이 높고 이에 따라 더 높은 지대 수입의 가능성이 생기는 것은 사회적 효과에 따른 것이기 때문에 모두에게 환원해야 한다. 따라서 적절한 수준의 토지보유세를 매기는 것을 통해 지대 수입을 환수하고, 부동산 가격을 안정화하는 것에 더해 이를 배당으로 모두에게 나누어 주는 것이 정의로운 일이다. 기본소득은 이런 점에서 정의에 부합할 뿐만 아니라 해당 사회가 가진 에너지를 지대추구가 아닌 혁신의 방향으로 돌릴 수 있는 효과적인 수단이기도 하다.

생태적 전환과 디지털 전환이 진행되고 있는 오늘날은 그 어느 때보다 제대로 된 혁신이 필요하다. 하지만 화석연료에 기초한 자본주의는 이를 가로막고 있다. 이는 자본에만 해당되는 일이 아니다. 이 부문에 있는 노동자들도 생계를 잃을 우려 때문에 변화에 쉽게 순응하지 못하고 있다. 이런 우려에 대한 대응으로 나온 것이 '정의로운 전환'이다. 그런데 정의로운 전환이 일자리보장 방식으로 이루어지는 것은 혁신의 방향으로 가는 것이 아니라 기존 체제를 이름만 바꾼 것이 될 것이다. 그것은 고용 노동에 사람들의 삶을 고정하는 일이다. 일자리보장이 아니라, 생태적 전환과 디지털 전환의 과정에서 공적 투자와 산업정책 속에서 일의 창출이 이루어져야 한다. 그리고 제대로 된 혁신은 모두에게 경제적, 시간적 보장이 이루어지는 실질적 자유 속에서만 가능할 것인데, 기본소득은 이를 위한 것이다.

끝으로 기본소득은 새로운 삶의 향유 연합일 수 있다. 오늘날 우리가 겪고 있는 경제위기, 기후위기와 환경위기, 불평등의 위기, 재생산의 위기 등등이 이윤추구, 성장 강박, 소비주의 등에서 발생한 것이라고 한다면, 우리가 추구해야 할 생태적, 사회적 전환은 여기서 벗어나는 일이다. 이는 앞서 말한 혁신의 추구와 겹치는 일이다. 여가, 즉 자율적인 시간의 증대와 자율적 영역에서의 활동 등은 혁신의 원동력일 수 있지만, 그 자체로도 인간으로서 누려야 할 어떤 것이다.

세계사적으로는 68년혁명 이후를 살고 있으며, 한국으로 보자면 민주화 이후를 살고 있는 우리는 해방이라는 근대적 프로젝트를 어떻게 추구해야 하는지에 대한 부정적, 긍정적 경험을 다 가진 셈이다. 인간은 인간 및 비인간 존재와 상호 의존적이기 때문에 개인들의 해방은 관계 속에서의 해방이어야 한다. 이렇게 보면 해방은 기존의 억압적 관계에서 벗어나는 것일 뿐만 아니라 새로운 공생과 공락의 관계를 형성하는 일이 된다.

새로운 공생과 공락의 관계를 형성하기 위해 우리가 염두에 두어야 할 것은 사회 재생산의 위기와 여성을 비롯한 소수자의 인정투쟁에서 기본소득이 가지는 함의이다. 이때 기본소득은 돌봄노동에 대한 보상이 아니라 누구라도 돌봄노동을 수행할 수 있는 조건을 마련해 준다는 의미를 가진다. 즉 경제적 보장을 통해 개인들이 자기결정권을 실제로 행사할 수 있도록 하여, 가족과 사회 내에서 특정한 성이나 집단에게 불리한 권력관계를 교정하는 한편, 경제적 제약 없이 누구라도 자기 의사에 따라 돌봄노동을 수행할 수 있게 한다는 것이다. 인정투쟁의 두 차원과 관련해서 기본소득은 현재로서는 주어지지 않은 한 차원, 즉 모두의 동등성과 공통성의 기반을 제공한다. 예를 들어 장애인의 경우, 현재는 특별 평등 원칙에 따라 비장애인과의 격차를 메워 주는 수당과 서비스에 의해서만 동등한 시민으로서의 권리를 누릴 수 있다. 하지만 이는 언제나 비장애인과의 거리를 전제로 하는 것이며, 비장애인이 아무런 조건 없이 누리는 권리를 장애인의 필요라는 관점에서 정당화하는 것이기 때문에 가변적이며 제한적일 수밖에 없다. 기본소득은 장애인과 비장애인의 동등성과 공통성을 분명히 하는 형태의 경제적 보장이다. 이런 경제적 보장이 충분히 이루어질 경우, 범주로서의 장애인의 필요가 사라질 수 있으며, 필요는 오직 개인들의 필요라는 측면에서만 사고되고 실천될 수 있을 것이다.

기본소득은 개인들에게 해방의 물적 토대를 제공하는 데 그치는 것이 아니라 그 물적 토대가 우리의 상호 관계 속에서 형성되었다는 점을 드러냄으로써 새로운 공생과 공락의 관계를 드러낸다. 이럴 경우 타인에게 해를 끼치지 않는 한 우리 각자는 자신이 원하는 것을 추구할 수 있다는 자유의 진정한 의미를 현실에서 구현할 수 있을 것이다.

현대 민주주의에서 권력을 행사하거나 특정 정책을 실현하기 위해서는 당연히 다수파를 형성할 수 있어야 한다. 자유주의적 관점의 대의제 민주주의하에서는 원칙적으로 자격 있는 시민이 공공의 이익이라는 관점에서 판단하여 다수를 형성할 수 있다고 본다. 하지만 현실에서는 계급정치의 관점에서 보건, 다원주의나 코포라티즘corporatism의 관점에서 보건, 집단들의 연합을 구성하는 것이 다수파를 형성하는 길이다. 이때 연합은 '공통의 이익'에 기초하여 그리고 '헤게모니'에 의해 구성될 수 있다. 이때 헤게모니는 기본소득의 도덕적 정당성뿐만 아니라 효과에 의해서도 뒷받침되어야 한다.

이런 이유로 우리는 위에서 이성적, 도덕적 판단에 기초한 시대적 과제를 해결하는 유력한 수단으로서의 탄소세-탄소배당을 제시했으며, 이것이 장기적으로는 소멸해야 할 촉매이지만 단기적으로는 기본소득 도입을 이끌 수 있는 도선 역할을 할 수 있다고 생각한다. 하지만 이때에도 생태적 전환을 위한 포괄적인 계획이 함께 제출되어야 이 정책이 실현될 수 있는 현실적인 연합을 구성할 수 있다는 점도 밝혔다. 이는 토지보유세-토지배당의 경우에도 마찬가지이다. 이 정책은 제대로 된 공공주택의 공급이나 지역균형발전 등과 같이 갈 때에만 사람들의 삶에 구체적인 효과를 발휘할 수 있을 것이다. 이는 혁신 연합과 새로운 삶의 향유 연합을 구성할 때도 마찬가지일 것이다.

넓은 의미에서 기본소득 연합을 구성하기 위해서, 다시 말해 기본소득의 잠재적 효과가 제대로 발휘되기 위해서는, 그 자체로도 진보적인 의제와 정책이지만 기본소득과 결합될 때 그 온전한 효과를 발휘할 수 있는 의제와 정책을 기본소득과 함께 제시해야 한다.

현재 노동의 현실, 정의로운 전환, 자율적 시간 사용의 확대 등을 염두에 둘 때 노동과 관련해서 우리는 기본소득과 연동하여 다음과 같은 정책을 제시할 수 있을 것이다. 노동시간 단축, 건강한 노동환경의 보장, 노동자의 발언권 제고. 이런 목표들이 기본소득과 어울릴 경우 한편으로는 노동자의 협상력을 강화할 것이고 다른 한편으로 실질적 자유를 향한 토대가 되어 사회적, 생태적 전환을 위한 커다란 동력이 될 수 있다.

기본소득은 오늘날 난관에 봉착한 사회복지에 대해서도 중요한 의미와 효과가 있다. 오늘날 복지국가는 최소한 세 가지 면에서 난점을 보이고 있다. 첫째, 모두가 알고 있듯이 신자유주의하에서 재정 삭감과 사영화 등에 의해 전성기의 복지 체제는 위축되고 곳곳에 구멍이 뚫린 상태이다. 둘째, 고용 형태의 변화 속에서 남성 전일제 (완전) 고용, 사회보험, 공공부조라는 구조를 가진 복지국가가 제대로 작동하지 않고 있는 게 현실이다. 셋째, 여성의 인정투쟁 및 사회 재생산의 위기 속에서 이런 복지국가의 가부장적 성격이 드러나고 흔들리고 있다. 기본소득은 모두에게 아무런 조건 없이 개별적으로 지급되기 때문에 기존의 복지국가가 보이고 있는 난점과 결여를 메울 수 있다. 하지만 기본소득의 제기는 복지국가의 (재)강화와 관련해서도 중요하다. 그것은 기본소득이 조세개혁을 통해서 (재)분배 문제를 새롭게 제기하기 때문이다. 기존의 노동-소유 패러다임을 넘어서서 공유부의 존재 및 이에 대한 모두의 몫을 요구하는 기본소득이 실현되기 위해서는 당연하게도 조세개혁이 수반될 것이고, 이는 현실에서 증세라는 형태를 띠게 될 것이다. 이는 현재 난관에 봉착한 복지국가를 (재)강화하는 데 중요한 계기를 제공할 것이다. 이런 점에서 우리는 복지국가 강화를 위한 증세 연합을 구성할 가능성이 있다. 이는 기본소득의 도입이 복지국가 강화와 함께 가야 한다는 우리의 주장의 현실적인 모습이다.

기본소득 연합을 구성할 때 가장 중요한 힘은 시민-공유자-돌봄자로서 주권적이면서도 자율적인 삶을 살고자 하지만 현실에서는 좌절을 느끼고 분노를 표시하고 있는 사람들이다. 우리는 이들을 이제는 익숙한 이름인 "프레카리아트"라고 부를 수도 있다. 좁은 의미의 프레카리아트는 말 그대로 불안정하고 불안전한 고용 형태와 노동조건에 처해 있으며, 이로 인해 대개는 가난하고 정치적, 사회적, 문화적으로 온전한 시민의 지위와 권리를 누리지 못하는 사람들이다. 이런 이유로 우리는 이들을 비정규불안정노동자라 부르기도 한다. 하지만 이들이 그저 '대지의 빼앗긴 자들'인 것만은 아니다. 이들은 프레카리아트의 지위 속에서 새로운 자유를 꿈꾸고 있다. 따라서 이들은 정상적이고 안정적인 고용관계에 들어가는 것을 말하는 정규직화만을 바라는 게 아니다. 이들은 말 그대로 새로운 삶의 형태와 이를 가능하게 하는 조건을 열망한다.

그렇다면 넓은 의미의 프레카리아트는 정규직인지 비정규직인지로 정해지는 것이 아니라, 현재의 삶이 불안하고, 정치적, 사회적, 문화적 삶을 온전히 누리지 못하는 모든 사람일 수 있다. 그리고 이들은 기성 질서가 자신들을 현재의 처지로 내몰았다고 생각하기 때문에 기성 질서에 편입되는 것이 자신의 처지를 바꾸는 유일한 길이라고 생각하지 않는다. 이들의 불안정의 근원과 이들에게 결여되어 있는 것은 새로운 삶의 형태를 꿈꾸고 이를 가능케 하는 물적 토대이다. 우리는 충분한 기본소득이 이 토대의 일부를 이룬다고 말한다. 프레카리아트라는 조어의 어원인 "프레카리우스precarius"는 '간청한다'는 뜻이다. 따라서 프레카리아트에서 벗어난다는 것은 아무런 조건 없이 얻을 수 있는 지위로 옮겨 간다는 것을 말한다. 기본소득이 바로 그런 것이다.

이런 기본소득을 현실에서 실현하기 위해서는 정치과정이라는 통로를 지나야 한다. 제도화된 민주주의하에서 이는 통상 선거를 통해 이루어진다. 한국을 포함해서 대통령제를 채택하고 있는 나라는 특히 대통령선거가 언제나 전환을 위한 문턱의 역할을 한다. 하지만 정권의 변화가 체제의 변화를 가져오지 않는다는 것을 우리는 경험적으로 알고 있다. 이는 특히 신자유주의하에서 강화된 자본의 힘 때문인데, 이런 사태를 포스트민주주의라고 말하기도 한다. 주기적인 선거도 있고 정부의 교체도 이루어지지만 사회의 세력 관계는 별로 변화하지 않는다는 것이다. 물론 기본소득은 모두에게 경제적 보장을 함으로써 기존의 세력 관계를 바꿀 수 있다. 하지만 그런 기본소득 자체를 어떻게 도입할 것인가? 이에 대해 우리가 알고 있는 유일한 대답은 다수의 힘을 모아야 한다는 것이며, 위에서 우리는 이를 위한 여러 방책과 기본소득이 다수의 사람에게 가지는 의미를 말했다. 이를 가지고 우리는 선거, 사회운동, 법적, 제도적 절차 등을 모두 활용해서 말 그대로 다수파를 형성하는 노력을 지속적으로 벌여야 한다. 그렇다면 2022년 대통령선거는 하나의 사건에 머물지 않고 장기지속적인 체제 변화의 출발점이 될 수 있을 것이다.

　기본소득은 분명 유토피아적이다. 말 그대로 그 어디에도 없는 곳을 가리킨다. 하지만 18세기 말의 위대한 민주주의혁명은 유토피아가 다만 시간이 걸릴 뿐 바로 '여기에서' 가능하다는 것을 보여 주었고, 그 이후의 모든 민주주의운동은 이런 패러미터 속에서 움직였으며, 언제나 이것이 가능하다는 것을 입증했다. 하지만 시간이라는 축은 언제나 유토피아를 잠재적인 수준에 머물게 하고, 모두에게 시시포스의 고된 노동을 강요했다. 항상 유토피아는 오늘이 아니라 내일에 속하는 것이었다. 시간이 흘러 또 다른 위대한 혁명인 68년의 사태는 유토피아가 '여기에서' 가능할 뿐만 아니라 '지금' 가능하다는 것을 보여 주려 했다. 지금 우리가 겪고 있는 다중적 위기는 사실 다른 것을 강요하고 있긴 하다. 오래된 구호를 빌려 말하자면 '**인가 야만인가!' 새로운 구호를 가져다 쓴다면 '파멸인가, 생존인가!' 하지만 인류의 오랜 노력과 지혜는 주어진 양자택일 속의 선택이 아니라 제3의 길을 열라고 말한다. 그것은 지금 여기에서 유토피아가 가능하다는 것이다. 기본소득은 '아무 데도 없는 곳'(utopia)을 가능하게 하는 '장소'(topos)이다.

기본소득한국네트워크

오늘날 지속가능한 삶을 위협하는 문제들을 해결할 "사회적 생태적 전환"에서 중심 역할을 할 기본소득을 한국 사회에서 실현하기 위해 2009년에 설립되었다.

기본소득이 있는 복지국가: 리얼리스트들의 기본소득 로드맵

지은이   기본소득한국네트워크
펴낸곳   박종철출판사

주소   경기도 고양시 덕양구 화중로104번길 28 (화정동, 씨네마플러스) 704호
전화   031.968.7635(편집) 031.969.7635(영업)
팩스   031.964.7635

초판 1쇄 2021년 10월 29일
초판 2쇄 2022년 10월 07일

값   18,000원

ISBN   978-89-85022-89-7   93330